HISTOIRES VÉCUES DU DÉBARQUEMENT

DES MÊMES AUTEURS

ALAIN STANKÉ

La Politique ? Vous voulez rire ?, Del Busso, 2012.
Romans des bois, Éditions de l'Homme, 2011.
Complètement livre ! Ce qui s'est dit sur ce qui s'est écrit, Éditions de l'Homme, 2011.
Ceci n'est pas un roman, c'est ma vie !, Michel Brûlé, 2010.
Proverbes et Citations qui font du bien, Michel Brûlé, 2010.
Le français a changé ma vie, Michel Brûlé, 2010.
Malheureusement, c'est tout le temps que nous avons, Éditions de l'Homme, 2007.
Le Tueur, confessions d'un ex-tueur à gages, Éditions au Carré, 2004.
Conte à régler avec le temps, Stanké, 1999.
Petit manuel du parfait entarteur, avec Daniel Pinard, Stanké, 1999.
Mon chien avait un z'an, Stanké, 1998 ; rééd. sous le titre : *Y a-t-il une vie après la guerre ?*, L'Archipel, 2005.
Le Renard apprivoisé, Stanké, 1997 ; Soulières, 2013.
Livre S, qu'importe le livre pourvu qu'on ait l'ivresse, Misumeci, 1996 ; Stanké, 1997.
Je parle plus mieux française que vous et j'te merde, ou les joies de la francacophonie, Stanké, 1995.
Occasions de bonheur, Stanké, 1993 ; Hurtubise HMH, 2008.
Guide pratique des Montréal de France, avec J.-M. Bioteau, Stanké, 1992.
Vive la liberté !, Stanké, 1992.
Lituanie, l'indépendance en pleurs ou en fleurs, Stanké, 1990.
Le Livre des livres, Stanké, 1988.
Pierre Elliott Trudeau, portrait intime, Stanké, 1977.
So much to forget, Gage Publishing, 1977.
Guide des vacances inusitées, La Presse, 1974.
Rampa, imposteur ou initié ?, La Presse, 1973 ; Stanké, 1980.
J'aime encore mieux le jus de betterave, Éditions de l'Homme, 1969 ; rééd. sous le titre : *Des barbelés dans ma mémoire*, Stanké, 1981 ; L'Archipel, 2004.
Cent ans déjà, Éditions de l'Homme/Radio-Canada, 1968.

(suite en fin d'ouvrage)

ALAIN STANKÉ
JEAN-LOUIS MORGAN

HISTOIRES VÉCUES DU DÉBARQUEMENT

6 juin 1944 : le matin des Canadiens

préface du capitaine Éric Marmen
postface de Nathalie Worthington

l'Archipel

Notre catalogue est consultable à l'adresse suivante :
www.editionsarchipel.com,
Éditions de l'Archipel,
34, rue des Bourdonnais
75001 Paris.

ISBN 978-2-8098-1470-5

Préface

Nous tenons trop souvent les choses pour acquises. En tant qu'Occidentaux, nous vivons dans des pays souffrant relativement peu de précarité ou d'indigence chroniques. Pourtant, combien maugréent contre les impôts, le froid en hiver, la chaleur en été, nos élus, les défaites de nos équipes sportives, le prix de l'essence… ? Nous oublions trop souvent que nous vivons dans des pays libres, ouverts, et que la démocratie, malgré ses imperfections, est source de bien-être pour la population.

Nous n'avons pas souvent à nous interroger sur notre sécurité et sur celle de nos enfants. Nous n'avons pas à nous cacher chaque jour en espérant ne pas tomber dans les griffes de tortionnaires ou de fanatiques impitoyables. La faim nous tenaille-t-elle ? Nous tournons la clé de contact et hop ! au restaurant ou à l'épicerie. Savons-nous seulement que nous vivons en paix ? Oui, probablement. Mais il s'agit avant tout du fruit d'une évidence plus que celui d'une réflexion, une évidence que nous acceptons sans nous poser de questions. « La paix est relative », diront certains, car, à l'échelle planétaire, des fous furieux se relaient pour accabler et torturer une foule de malheureux. Notre monde est dans un équilibre précaire constant – ce qui n'est pas nouveau –, et les prophètes de mauvais augure invoqueront la théorie du perpétuel recommencement. Malheureusement, trop d'aspirants potentats assoiffés de pouvoir, taraudés par des sentiments haineux, se justifient derrière des motivations grotesques. L'abject peut même être cautionné ou pardonné par ceux et celles qui profitent de la situation, ne se sentent pas concernés, ou encore sont terrorisés.

La réaction est bien humaine, mais il est aussi humain de dire « non » ! Non aux carnages, aux abominations, aux tueries, aux massacres, aux envahisseurs. Il existe des femmes et des hommes de bonne volonté dans notre monde. Il y en a toujours eu et, à ce titre, le passé sera garant de l'avenir. Certains ont marqué de façon indélébile notre histoire récente par leurs actions exemplaires et leurs sages paroles. Gandhi, Martin Luther King, Nelson Mandela… L'existence de ces hommes était nécessaire. Ils ont changé le cours de l'Histoire, ont redonné espoir, sauvé des vies, arrêté des massacres, rendu la dignité à leurs frères, ramené la paix dont nous profitons chaque jour sans même nous demander comment elle s'est instaurée. Cette paix, hélas ! est trop souvent acquise par le pouvoir des armes. Moyens imparfaits dans un monde imparfait. Mais, au-delà des moyens, il y a le service que l'on rend à son prochain, souvent au prix de son sang.

J'ai eu le privilège de rencontrer d'anciens combattants, des hommes de bonne volonté, des hommes de cœur. Je les côtoyais au Québec et ne le savais même pas, du moins pendant un certain nombre d'années. Au cours de mes études primaires, dans les années 1960, les livres d'histoire étaient parsemés de potentiels héros utiles à l'émancipation d'une société en recherche d'affirmation. Ces livres ont disparu. Mais nous, jeunes ignorants, prêts à assimiler des tonnes d'informations, à recevoir les grands secrets de notre petite existence, à apprendre ce que nous étions dans notre immense et paisible pays, nous nous faisions raconter des histoires souvent par trop rocambolesques. Pourtant, il y avait à peine plus de quinze ans que des Québécois avaient endossé l'armure de laine de l'Armée canadienne pour aller « botter le cul à Hitler » (une expression que j'ai entendue chez d'anciens combattants). Mais nous n'en parlions pas. Pas plus par la suite, lors de mes études à l'école secondaire, au collège et à l'université. J'ai ignoré ces faits trop longtemps. Même après mon enrôlement au sein des Forces armées canadiennes, en 1978, je ne me suis pas posé de questions.

Ma perception du monde a toutefois changé au fil des ans. Je ne tiens plus les choses pour acquises, ou du moins je m'efforce de ne pas céder à cette facilité. Je me sens privilégié de vivre où je vis, dans un pays où règne une saine démocratie et où nous pouvons jouir de la paix et de la liberté. Certains me contrediront, à tort, je pense. À ces gens qui oublient que tout est perfectible, je dis : « Ouvrez quelques livres d'histoire, regardez les bulletins de nouvelles internationales, et vous constaterez qu'il n'est pas vain de prendre conscience que notre vie est celle d'êtres humains, et ce grâce à des gens qui ont énormément donné pour nous permettre à nous, Occidentaux, de vivre libres et en paix. »

Comme je l'ai mentionné, j'ai eu le privilège de rencontrer de vieux soldats, qui sont aujourd'hui ceux que j'appelle sans aucune hésitation mes héros. Dans les années 1940, ils étaient de jeunes gens provenant de tout le pays, décidés à accomplir leur mission. Lors de la Seconde Guerre mondiale. Au Québec, autant que dans les autres provinces canadiennes, on trouvait bien plus de volontaires que de conscrits. Les unités qui prirent part au débarquement du 6 juin 1944 en Normandie étaient composées de ces volontaires, aguerris par trois années de formation intensive au Royaume-Uni.

Et ce 6 juin, première journée d'une longue route périlleuse vers la libération de l'Europe de l'Ouest, parmi un contingent de plus de cent cinquante mille hommes à majorité anglosaxonne, on trouvait près de neuf cents francophones du régiment de la Chaudière[1] *– mon unité. La plupart de ces jeunes militaires étaient des descendants d'anciens immigrants originaires du nord de la France. Un retour aux sources drôlement*

1. Du nom de la rivière Chaudière, qui prend sa source au lac Mégantic et rejoint le Saint-Laurent en face de Québec.

orchestré. Ces jeunes gens ont joué un rôle primordial dans les combats, bien au-delà de la figuration ou du simple soutien ! Au sein d'un front commun de plusieurs pays de la communauté internationale, ils ont payé un prix élevé pour sauver des vies et redonner la paix et la liberté à des gens qui habitaient des pays pourtant très éloignés du leur. Il s'en est fallu de peu pour que toutes les démocraties occidentales succombent, ou du moins soient sévèrement affectées par la dictature nazie. Même l'Amérique n'aurait pas été épargnée. Ces hommes, à qui nous devons beaucoup, ont ainsi combattu pour nous permettre de continuer à vivre en toute quiétude chez nous, et développer démocratiquement notre pays.

Je suis heureux d'avoir connu certains de ces combattants. Je me sens privilégié par leur existence. Je sais qu'une partie de ma personnalité a été façonnée par et grâce à eux. Ils m'ont fait grandir et, dans une certaine mesure, permettent à mes enfants de vivre en paix.

Tous ces vaillants militaires ont fait preuve d'une digne abnégation. Leurs efforts auraient été vains sans l'appui magnifique de tous les civils, femmes et hommes, impliqués dans l'effort de guerre. Chacune de ces personnes opposait inlassablement à l'envahisseur un « non » catégorique en lui signifiant par ses actes qu'il ne passerait pas ! C'est ainsi qu'ensemble ils ont réussi à repousser l'ennemi.

Voici donc une histoire avec de vrais personnages, à cent lieues des téléréalités qui encombrent nos écrans. Ces braves méritent tous d'être connus et reconnus. La plupart demeureront toutefois dans l'oubli, comme ceux ensevelis sous les milliers de pierres tombales en sol européen. Mais s'il nous est possible de parler à l'un de ces héros ou de l'évoquer, eh bien ! qu'attendons-nous ? Je l'ai moi-même compris bien tard, mais, aujourd'hui, je tente de faire ma modeste part en soulignant le courage et les réalisations de nos vétérans.

J'ai été ravi de rencontrer Alain Stanké il y a quelques années, et de reconnaître en lui un homme qui avait sincèrement à cœur de valoriser nos anciens combattants, leur dévouement et leurs récits. Des histoires véridiques, des exploits inimaginables méritant d'être connus, car ils font partie de notre vécu. Ces faits d'armes et anecdotes doivent être relatés, ne serait-ce que pour remercier nos héros.

Le présent ouvrage constitue un recueil émouvant de nombre de ces histoires méconnues. Les auteurs y rendent hommage à la vaillance de gens de chez nous, militaires et membres des opérations spéciales, en agrémentant les textes de témoignages personnels touchants et étonnants. Ces récits nous éclairent également sur le vécu des Normands et des Bretons qui combattaient simultanément, ou depuis bien plus longtemps, pour leur survivance. Cet ouvrage arrive à point pour le soixante-dixième anniversaire du Débarquement en Normandie, mais aussi, ce qui est capital, pour nous permettre de réaliser, avant qu'ils nous aient tous quittés, le rôle prépondérant de certains de nos compatriotes sur l'issue toutefois heureuse d'un cataclysmique conflit mondial, d'une sale guerre.

Nous savons maintenant, nous nous souviendrons, nous ne vous oublierons pas, vous et tous vos compagnons d'infortune.

AERE PERENNIUS[1] !

Capitaine ÉRIC MARMEN
capitaine régimentaire, directeur du musée
au régiment de la Chaudière

1. « Plus durable que l'airain » : devise du régiment de la Chaudière, inspirée des *Odes* d'Horace.

Avant-propos

À l'occasion du soixante-dixième anniversaire du Débarquement de Normandie, nous avons cherché à retrouver « libérateurs » et « libérés » afin que chacun nous raconte ce qu'il avait vécu lors du prélude de ce que le général Eisenhower appelait sa « Croisade en Europe ».

Au hasard du tournage d'un documentaire produit pour la télévision de Radio-Canada, mettant en relief une série de « Belles histoires d'une sale guerre », nous nous sommes plus particulièrement intéressés à un groupe de combattants alliés moins connus du grand public : les Canadiens. Leur rôle fut déterminant dans la libération de l'Europe. Sur les 798 000 soldats canadiens qui prirent part à la Seconde Guerre mondiale, 161 000 étaient des Québécois ou des francophones des autres provinces du Canada. Leur fraternisation avec la population normande ou bretonne fut spontanée et merveilleuse. Des combattants dont les Français n'avaient qu'une connaissance diffuse, mais qu'ils savaient être d'une lointaine parenté, jaillissaient brusquement des profondeurs de l'Histoire pour voler à leur secours.

On trouvera donc dans ces pages l'épopée oubliée de ces Canadiens de l'ombre qui s'illustrèrent en Normandie. On y lira aussi le récit de nombreux civils qui ont bien voulu nous raconter comment ils ont vécu l'Occupation, le jour J et les suivants, jusqu'au départ des troupes allemandes.

Affirmer que toute guerre est abjecte est un truisme. On découvre cependant qu'au milieu du bruit, de la fureur et de l'ignominie propres à tous les conflits survivent, telles des fleurs poussant dans des gravats, la compassion et la solidarité humaine.

Stendhal définissait le roman comme « un miroir que l'on promène le long d'un chemin ». Les présents témoignages et vignettes s'inspirent de la même technique. Le miroir du journaliste est toutefois différent de celui de l'écrivain ; il ne réfléchit pas un monde fictionnel, mais celui de personnages de chair et de sang, un monde de sacrifiés et aussi de survivants souvent surpris d'avoir surmonté d'incroyables épreuves.

Introduction
L'OPÉRATION OVERLORD ET LA PREMIÈRE CONFÉRENCE DE QUÉBEC

Pour expliquer la décision de l'opération Overlord du point de vue canadien, donnons la parole au sénateur Serge Joyal, dont l'intérêt pour l'histoire s'est manifesté entre autres par de précieux dons à plusieurs musées, ainsi que par ses écrits. Il a notamment codirigé la publication d'un ouvrage sur les relations entre la France, le Canada et le Québec[1].

« Imaginons-nous entre les 17 et 24 août 1943, lors de la première Conférence de Québec, dont le nom de code était Quadrant, rappelle le sénateur. Cette conférence militaire, tenue à la Citadelle et au château Frontenac entre les gouvernements britannique et américain, regroupait des délégations dirigées par Winston Churchill, Franklin Delano Roosevelt et William Lyon Mackenzie King. La guerre dure déjà depuis trois ans. Les Alliés décident alors d'intensifier les bombardements sur l'Allemagne et de libérer la France, de reprendre l'Italie, ainsi que la Corse.

« La Normandie est occupée depuis trois ans par les Allemands, qui ont eu le temps de fortifier leurs positions. Pour pénétrer ce "mur de l'Atlantique", les Alliés décident de débarquer sur cinq plages différentes que l'on pourrait

1. Serge Joyal, Paul-André Linteau, *France-Canada-Québec, 400 ans de relations d'exception*, Presses de l'Université de Montréal, 2008.

représenter comme les cinq doigts de la main. D'ouest en est, le commandement suprême réserve les plages Utah et Omaha aux Américains, Gold et Sword aux Britanniques et, entre ces deux dernières, Juno aux Canadiens. Il s'agira non seulement d'attaquer les Allemands de front, mais aussi leurs positions arrière pour les prendre en étau grâce aux forces alliées aéroportées. Cette opération va monopoliser près de deux cent mille personnes, si l'on inclut les aviateurs et les marins. Les plages sont réputées imprenables. Les Allemands ont construit des bunkers, des souterrains avec des embûches dans chaque coin, sans compter les obstacles explosifs qui jonchent les abords. »

Avec Overlord, il n'était en effet plus question de répéter le fiasco de Dieppe en 1942. Tout échec du débarquement planifié par les Alliés fût revenu à laisser la machine de mort nazie régner sur l'Europe pendant de longues années encore. C'est pourquoi, instruit par les échecs du passé, le haut commandement de l'opération Overlord (« Chef suprême ») planifia l'opération avec la précision d'un mouvement d'horlogerie, ne laissant rien au hasard. Ce grand pari, ou « *grand gamble* » comme l'appelaient certains organisateurs, ne pouvait que réussir.

Des facteurs comme l'heure de la marée, la date et l'heure de l'assaut, le quartier de lune, l'état des travaux de défense de l'ennemi furent pris en compte. Les dates du 5 et du 6 juin 1944 semblant présenter toutes les conditions requises, dès le 17 mai, le général Dwight Eisenhower annonça à ses collaborateurs que l'opération aurait lieu le 5. Malheureusement, les 4 et 5 juin, les conditions météorologiques se montrèrent défavorables. Allait-on encore retarder le Débarquement, avec tous les inconvénients qu'un tel report ne manquerait pas d'impliquer ? Malgré son amplitude et le nombre de participants, l'opération avait été gardée secrète. Toute fuite en aurait diminué l'efficacité et la combativité des troupes, prêtes à enfin intervenir, mais languissant dans les embarcations.

Malgré une météo discutable, la date du 6 juin fut confirmée et l'heure « H » fixée à 7 h 45 pour les Canadiens. On remit donc aux officiers des sacs de toile cachetés contenant les cartes sur lesquelles figuraient les coordonnées des divers groupes devant intervenir. Chacun savait la place qu'il prenait dans ce puzzle que constituait l'invasion de la côte normande.

Les allocutions des chefs

En soirée du 5 juin, les soldats des trois armes reçurent des messages des généraux Eisenhower et Montgomery. On y discerne nettement les références culturelles de leurs auteurs. En termes alambiqués, voire grandiloquents, « Monty », le Britannique, enrobe ses souhaits de bonne chance en citant notamment le verset 8 du Psaume 24, où il est question de « Yahvé, le vaillant des combats », et fait allusion au poème d'un personnage anglais relativement oublié de la guerre des Trois Royaumes (XVIIe siècle), James Graham, premier marquis de Montrose. On peut douter de l'effet galvanisant de telles citations sur les soldats du rang, même britanniques de souche, mais cette référence littéraire reflétait la personnalité plutôt excentrique de son auteur.

Plus pragmatique, dans le texte de son message, « Ike », l'Américain, forge une expression appelée à connaître un grand succès en qualifiant la prochaine opération de « Grande Croisade » des peuples libres contre la tyrannie. Le généralissime met ses combattants en garde en les exhortant à ne pas sous-estimer la pugnacité et l'excellence militaire de l'ennemi et conclut que les Alliés ne sauraient accepter rien de moins que la victoire totale.

Dans la soirée du 5 juin, malgré l'orage, des flottilles d'embarcations disparates quittent leur port d'attache pour se regrouper dans une zone de concentration située au large de l'île de Wight. On en compte plus de six mille neuf cents, du croiseur lourd aux destroyers en passant par les navires marchands, les chalands et petits bateaux. Il y a des Landing Crafts de toutes sortes, depuis la petite péniche de débarquement de 10 tonnes accrochée aux bossoirs des navires à celle capable de transporter trois chars d'assaut de 40 tonnes. Cette opération amphibie, la plus grande de l'Histoire, représente un effort titanesque de la part de la marine britannique. En effet, seuls quelque trois cent cinquante bâtiments, parmi les deux mille cinq cents principaux qui constituent la force d'invasion, sont des bateaux américains. C'est l'opération Neptune, la phase d'assaut de l'opération Overlord.

L'amiral anglais Bertram Ramsay, qui dirige cette armada transportant cent soixante mille hommes et vingt mille véhicules, est persuadé de la victoire. « Ce que Philippe d'Espagne ni Napoléon n'ont pu réaliser, ce qu'Hitler n'a jamais eu le courage de tenter, nous sommes sur le point de l'accomplir et, avec la grâce de Dieu, nous réussirons », dit-il. L'amiral est également responsable de la construction des ports artificiels Mulberry et du pipe-line Pluto, qui traversera la Manche entre l'île de Wight et Cherbourg pour approvisionner les forces alliées en carburant et qui deviendra opérationnel en août 1944.

La flotte traverse la Manche sur un front de 34 kilomètres, puis se sépare pour s'engager dans des couloirs marins sécurisés par les dragueurs de mines, car les Allemands ont pris leurs précautions en s'efforçant d'interdire toute approche des côtes françaises. Malgré le gros temps et les obstacles, le grand patron de l'opération, l'amiral Ramsay, et ses subordonnés font honneur aux traditions les plus légendaires de la marine britannique en respectant strictement l'emploi du temps. La Royal Air Force, l'US Air Force et les appareils alliés qui composent une puissance aérienne de quelque treize mille aéronefs ne sont pas en reste. Depuis le début de 1944, ces corps d'aviation intensifient les bombardements stratégiques dans la partie nord de la France pour sécuriser l'opération Overlord en isolant la Normandie. Une quarantaine d'objectifs en France et autant en Allemagne sont visés, puis on se concentre sur les cibles françaises et belges, au risque que ces opérations ne dévoilent aux Allemands les plans du Débarquement par déduction.

Dans la Manche et dans l'Atlantique Nord, la Kriegsmarine n'est plus ce qu'elle était. Elle n'aligne que cinq destroyers, trente-sept sous-marins, une quarantaine de vedettes et quelque cinq cents bâtiments de faible tonnage. La Luftwaffe ne fait pas meilleure figure sur le front de l'Ouest : elle est tenue en respect par ses homologues anglais et américains. Restent de considérables forces terrestres : soixante divisions réparties en France, en Belgique et en Hollande. En mai 1944, cinq cent mille obstacles ont été installés sur les futures plages du Débarquement, dont trente mille sont piégés à l'aide d'explosifs. Les terrains plats de l'arrière-pays sont inondés et parsemés d'obstacles destinés à éventrer les planeurs alliés. Et puis, le long des plages de la Manche, on trouve cinq millions de mines et quelque cent vingt batteries sous casemates. Les forces du Reich, quoique n'ayant pas épaissi leur cordon de défense autant qu'elles l'auraient voulu, ont bon espoir de repousser toute attaque et s'attendent d'ailleurs à une opération du côté de Calais, une idée erronée qu'encouragent les Alliés.

Le décor est planté. Bientôt, ce sera l'heure de vérité.

« Telle fut l'importance historique de la première conférence de Québec, reprend le sénateur Joyal. Du côté canadien, elle se révéla capitale pour le Premier ministre Mackenzie King, dont la campagne avait été affaiblie par le plébiscite de la conscription, une éventualité qu'il tenta d'éviter jusqu'au bout puisque la loi sur la conscription pour service outre-mer ne fut entérinée que le 7 décembre 1944. »

Une majorité d'engagés

Ce refus d'appel aux armes, s'il fut réel et explicable pour nombre de raisons, se révéla moins important que lors de la Première Guerre mondiale. L'historien et chercheur Serge Bernier estime le nombre d'engagés volontaires canadiens à 797 784, dont 161 603 Canadiens français. Parmi ces derniers, 84 225 étaient québécois francophones et 77 378 canadiens français hors-Québec, soit plus de 20 % des effectifs volontaires du pays : pourcentage remarquable si l'on considère les tiraillements auxquels les Québécois furent soumis du fait des prises de position de nombre de membres de leurs élites traditionnelles et ecclésiastiques, souvent bien disposées à l'égard du régime de Vichy et des intellectuels français d'extrême droite. L'historien canadien Jack Granatstein remarque pour sa part que la conscription ne causa pas les coupes les plus sévères dans les effectifs canadiens. En effet, sur les 2 463 soldats conscrits, seuls 69 d'entre eux perdirent la vie, 132 furent blessés et 13 faits prisonniers. Rappelons que les pertes canadiennes totales au cours de la Seconde Guerre mondiale s'élèvent à près de vingt-trois mille combattants et cinquante-huit mille blessés et disparus.

« Cette première conférence de Québec fut vraiment le prélude à l'opération Overlord, conclut Serge Joyal, et ses décisions ont été gardées aussi secrètes que les “messages personnels” de la BBC, tel le célèbre poème de Verlaine “Chanson d'automne” :

Les sanglots longs
Des violons
De l'automne
Blessent mon cœur
D'une langueur
Monotone...

« Il fut diffusé le 5 juin en soirée pour prévenir le réseau de résistance française Ventriloquist de l'imminence du Débarquement. Un autre message, “Les carottes sont cuites”, très explicite pour certains groupes de résistants français comme pour les agents canadiens du SOE en France, est resté célèbre. Ces personnes n'avaient presque pas besoin de connaître les codes, l'expression en elle-même signalant que les dés étaient jetés, que l'attaque alliée était imminente et que la désintégration de l'empire nazi ne tarderait plus… »

PREMIÈRE PARTIE

LES CANADIENS DE L'OMBRE

1
L'HOMME DE TERRAIN

Les exploits des Canadiens français sur le sol de France furent bien antérieurs au débarquement du 6 juin 1944. Lucien Dumais, héros inattendu, n'avait pas un physique à la OSS 117 et autres agents secrets de romans dits d'« action ». De petite taille, avec sa moustache et son accent du terroir prononcé, il aurait pu passer pour un artisan ou un petit commerçant, un « père tranquille » peu enclin à organiser une filière d'évasion pour les aviateurs alliés abattus en mission, au nez et à la barbe des forces d'occupation nazies. D'un sang-froid et d'un courage inimaginables, c'est pourtant ce qu'il fit avec son associé, Raymond Labrosse.

Lucien Dumais, le chanceux de service

La légende veut que Dumais, officiellement entrepreneur de pompes funèbres, prit un jour la route dans la région de Plouha aux rênes d'un corbillard emplumé. Un officier allemand qu'il croisa se serait mis au garde-à-vous et aurait fait le salut hitlérien par respect pour le défunt. L'objet discret de ce triste cortège n'était nul autre qu'un aviateur britannique que l'on déplaçait vers ce que l'on appelait alors une « maison sûre », dans un cercueil, avant son exfiltration vers l'Angleterre. Connaissant l'intrépidité de Lucien Dumais, nous ne pouvons que prêter foi à ce « coup du corbillard » qui, dévoilent les archives, se répéta plusieurs fois mais cessa finalement lorsque des résistants se firent démasquer ailleurs en usant du même stratagème pour passer la ligne de démarcation qui coupait la France en deux : la zone occupée et la zone dite libre. Il ne faudrait pas naïvement sous-estimer l'intelligence des services de renseignement allemands. On raconte même que Dumais transporta des fugitifs en les faisant monter près de lui sur le banc du cocher, prétendant qu'il s'agissait de croquemorts adjoints.

La saga Dumais avait commencé le 19 août 1942 lors du funeste débarquement de Dieppe. Le général canadien John Hamilton Roberts, surnommé « Ham », avait promis à ses hommes que cette opération serait « du gâteau ». Elle se solda par un fiasco : sur les cinq mille Canadiens débarqués, près de mille furent tués et plus de mille neuf cents faits prisonniers et emmenés en Allemagne. Le sergent-major Lucien Dumais, des Fusiliers Mont-Royal, âgé de trente-huit ans – un des rares soldats alliés à pénétrer dans la ville de Dieppe à la tête de ses hommes –, bouillait de rage. Il était réduit à l'état de prisonnier, se traînant en route vers l'Allemagne sous les quolibets et les coups de ses gardiens triomphants. On était le 20 août. Les captifs moins résistants recevaient l'aide de leurs camarades, tandis que les blessés graves étaient restés à Dieppe, les tripes à l'air, à la merci des vainqueurs. Dans le petit village de Martin-Église, au sud de Dieppe, les habitants eurent la gentillesse de donner de l'eau aux prisonniers épuisés par la longue marche vers la gare. Lucien Dumais, qui connaissait assez peu de choses sur les Français, put réaliser que la grande majorité d'entre eux exécraient l'Occupant, dont ils subissaient les caprices pour la deuxième fois en vingt-cinq ans. Ces braves gens étaient étonnés de voir des Tommies – c'est-à-dire des soldats sous uniforme britannique – parler une langue qui ressemblait bigrement à la leur ; ils comprirent qu'il s'agissait de cousins méconnus venus des grands espaces d'outre-Atlantique. Arrivé à la gare, parqué dans un wagon fait pour transporter « quarante hommes ou huit chevaux », écœuré par ce gâchis et surtout par l'amateurisme de son chef, comme beaucoup d'autres combattants, le sergent-major rendait responsable le général Harris… et préparait déjà une évasion.

La rage du refus

Il déplorait sa reddition, à laquelle il avait dû se résoudre pour permettre aux blessés de se faire soigner, et n'avait aucune intention de profiter de la rustique hospitalité de l'ennemi dans un stalag jusqu'à la fin de la guerre. Alors que les gardiens enfermaient leurs prisonniers dans les sinistres wagons à bestiaux pour les envoyer en Allemagne, Dumais et deux irréductibles camarades de combat francophones observaient la manière dont le train était surveillé. Il y avait de quoi se décourager : un wagon sur trois était gardé par une sentinelle armée d'un fusil ou d'une mitraillette. Le train parti, un groupe ne tarda pas à disjoindre une des lattes formant le plancher ; mais que faire ensuite ? Dans la pénombre, les candidats à la liberté constatèrent que, quand bien même le trou du plancher aurait-il été suffisamment grand pour s'y faufiler et se laisser tomber sur la voie, il se trouvait juste au-dessus du boggie arrière du wagon, dont l'axe était trop près du sol. Cette initiative ne pouvait que réserver une mort affreuse aux téméraires évadés. Il fallait trouver autre chose.

Après avoir replacé la latte, ils s'attaquèrent à un panneau de contreplaqué qui bouchait l'une des lucarnes du train. Ils le déclouèrent et virent qu'il suffisait de se couler dans cette issue, de s'accrocher aux parois du wagon et de se laisser tomber sur le talus au moment opportun. C'est alors que quelqu'un remarqua un soldat tentant frénétiquement, par une ouverture d'aération, de faire des signes aux gardes allemands qui se trouvaient dans le wagon suivant.

Le sergent-major envoya un de ses camarades anglophones se renseigner sur ce gesticulateur. Prétendant venir de Glasgow et appartenir aux commandos de la 6e compagnie, il parlait un anglais abominable, n'avait rien d'un Écossais… et surtout pas l'accent des Lowlanders. Une rapide concertation avec d'autres prisonniers permit de découvrir qu'aucun commando de la 6e n'avait pris part au raid sur Dieppe ! Il s'agissait probablement d'un mouchard ennemi ayant revêtu l'uniforme d'un soldat britannique. Plusieurs proposèrent d'assommer le « mouton » et de s'en débarrasser par le trou du plancher, mais un tel acte ne pouvait que leur attirer de violentes représailles. Les hommes se contentèrent de cerner le délateur et de lui promettre une mort pénible s'il se manifestait bruyamment ou par d'autres gestes.

L'occasion propice de s'évader se présenta lors d'un ralentissement du train dans une courbe qui offrait l'avantage de masquer la paroi du wagon à celui qui le précédait et à celui qui le suivait. Collés au véhicule, Dumais et ses deux compagnons, le caporal Vermette et le soldat Cloutier, s'apprêtaient à sauter lorsque le convoi déboucha sur un quai de gare occupé par des soldats de la Wehrmacht. Ils s'attendaient au pire. Heureusement, dans le noir, personne ne prêta attention au côté du train sur lequel ils s'agrippaient. Le miracle se reproduisit quelques kilomètres plus loin. Enfin, les trois prisonniers purent sauter sur le remblai, dans une côte, en faisant des roulés-boulés.

Le sergent-major se retrouva dans un fossé et se mit à courir. C'est alors que, dans le train, des gardiens ameutés ouvrirent un feu nourri auquel Dumais échappa en zigzaguant. Repéré, il s'attendait à ce que le train s'arrête et que des gardiens furieux lui mettent la main au collet à l'aide de chiens policiers. Rien de cela ne se produisit, et le train s'éloigna dans la nuit en ahanant. Lucien Dumais était libre. Il avait gagné son pari : s'évader avant de passer en Allemagne, augmentant ainsi ses chances dans un pays dont lui et ses compagnons connaissaient la langue. Il tenta de retrouver ces derniers en sifflotant de temps à autre l'air de son régiment, « Un Canadien errant », parfaitement adapté aux circonstances. Il n'eut aucune réponse et en déduisit qu'ils avaient choisi une autre direction.

La bonne hôtesse

Rien n'était gagné : il était toujours en uniforme canadien, sans ressources et sans amis. N'ayant rien bu depuis Martin-Église, affamé, le fugitif aperçut un ruisseau dans lequel il se désaltéra. Il en profita pour se rafraîchir et laver ses habits imbibés du sel de l'eau de mer où il avait trempé lors du débarquement. Mouillé, il se rhabilla en espérant ne pas attraper quelque congestion. Après avoir pu manger des fruits à satiété dans un verger, il s'effondra, exténué, dans une meule de foin.

Au petit matin, le réveil marmiteux du fugitif n'eut rien de très réjouissant. Il portait un uniforme étranger, de quoi effrayer les gens du cru, avertis par affiches qu'ils risquaient la mort en aidant des évadés. En revanche, son accent québécois ne posait guère de problème : dans les années 1940, un grand nombre de Français avaient encore l'accent de leur terroir, et ceux qui parlaient une langue dite « classique », ou « universelle », ne s'en étonnaient pas. Lucien Dumais avait d'ailleurs été formé en Angleterre pour éviter d'utiliser certains des anglicismes, techniques ou non, qui émaillent le langage du Québec. Il n'était sûr que d'une chose : la grande majorité des Français détestait l'occupant, et seule une minorité de collaborateurs était, par choix politique ou intérêt sordide, prête à dénoncer un soldat allié évadé. Restaient les inévitables victimes de chantage de la part des forces d'occupation, que l'on menaçait de représailles familiales s'ils ne collaboraient pas.

Arrivé à l'entrée d'un village, avec toute la discrétion requise, Lucien Dumais frappa au hasard à la porte d'une ferme. Une dame lui répondit. D'abord effrayée par l'aspect négligé de l'homme, elle comprit vite qu'il s'agissait d'un soldat évadé. Comme tout le monde, elle avait écouté les informations à la radio.

— Quelqu'un vous a-t-il vu ? demanda-t-elle.

Le sergent-major répondit par la négative. Elle lui ordonna d'attendre et disparut quelques minutes, tandis qu'il se réfugiait dans l'embrasure de la porte comme s'il en faisait partie, prêt à filer au moindre grabuge. La fermière, qui s'appelait Mme Collet, revint. Après lui avoir offert à boire et à manger, elle lui remit des habits civils un peu trop grands et fit disparaître l'uniforme canadien. Puis elle demanda à son valet d'arracher les clous des bottes ferrées du sergent-major, qui trahissaient son état de militaire. Elles furent ensuite barbouillées de boue de la cour afin que son propriétaire ait l'air d'un vrai travailleur agricole. Elle remit enfin au fugitif un béret, ce qui complétait l'illusion d'avoir affaire à un cultivateur du cru.

Mme Collet, une mère de famille qui risquait sa vie en agissant de la sorte, passa ensuite aux choses sérieuses.

— Que comptez-vous faire maintenant ? lui demanda-t-elle.

— C'est simple, voler une chaloupe puis retraverser la Manche…

— Je vous ne le conseille pas ! Les embarcations sont sous clé et étroitement surveillées. Il faut un laissez-passer spécial appelé *ausweis* pour circuler dans la région. En bord de mer, on trouve plein de fortifications allemandes et traverser la Manche n'est pas une sinécure, reprit-elle tandis que le valet approuvait. Vous feriez mieux d'aller vers le sud, de franchir la ligne de démarcation du côté de Poitiers et de tenter de passer en Espagne puis à Gibraltar, en territoire anglais.

La dame semblait bien informée : elle ne devait pas en être à son premier dépannage de proscrit. Il suivrait donc les conseils de sa bienfaitrice et reprendrait sa route le lendemain. On l'installa pour dormir dans une cabane abandonnée, en plein milieu d'un boisé. Le 22 août, Mme Collet lui remit des provisions, des accessoires de toilette, des tickets de pain, tout l'argent qu'elle avait sur elle et une carte de France arrachée au manuel de géographie de l'un de ses enfants.

Lucien Dumais se rendit ensuite à la gare la plus proche et, malgré ses habits mal ajustés et son air un peu négligé, n'eut aucun problème à obtenir un billet pour Poitiers. C'est arrivé au Mans qu'il prit peur, lorsque des soldats allemands montèrent à bord pour vérifier les papiers des voyageurs. Il parvint toutefois à éluder le contrôle en descendant à contre-voie. Il poursuivit son chemin à pied, en se cachant dans les fossés au passage de tout véhicule suspect. Il dut une fois de plus compter sur sa chance en frappant à la porte d'une ferme où l'on se méfia de lui. La patronne, craintive, le prit pour un agent provocateur, ne voulut rien savoir et s'en débarrassa en le traitant comme un vagabond – mais en lui donnant néanmoins quelques victuailles.

À la gare suivante, Lucien Dumais prit un train pour Tours. Là, il aida une femme surchargée de bagages et apprit qu'elle se rendait aussi à Poitiers, non loin de la ligne de démarcation. Elle le prit pour un cultivateur français évadé d'un camp de prisonniers de guerre et lui fournit quelques informations utiles. Il ne la dissuada pas de l'identité qu'elle lui prêtait, et en déduisit qu'il pourrait fort bien, après tout, s'intégrer à la population du pays de ses ancêtres. Cette idée lui servirait plus tard.

Une série de patriotes obligeants

Arrivé de nuit à Poitiers, il dormit sur un banc de gare et, à l'aube, s'achemina vers la ligne de démarcation sans trop savoir comment la franchir. Une fois de plus, il s'en remit à sa chance et frappa à la porte d'une exploitation agricole. La fermière le fit attendre et alla chercher son mari, un robuste forgeron qui, après avoir serré la main du fugitif comme dans un étau, lui demanda quand les Alliés débarqueraient pour de bon afin de nettoyer « la peste vert-de-gris ». Le sergent-major n'était pas dans les secrets des grands planificateurs alliés ; il s'attira néanmoins la sympathie de l'artisan qui, émerveillé par le chemin parcouru en si peu de temps par le Canadien dans une France parsemée d'embûches, s'offrit de l'aider en lui dessinant une carte de la région indiquant l'emplacement des sentinelles et des nids de mitrailleuse sur la ligne de démarcation. Un client de la forge proposa de transporter Lucien Dumais à la limite d'un point de passage sécurisé où il pouvait attendre tranquillement le moment favorable pour traverser, à la faveur de l'obscurité. Il s'allongea dans un fossé et prit son mal en patience.

Alors que, dans la pénombre, il se faufilait vers la liberté, il oublia sa méfiance et se heurta quasiment à un patrouilleur qui le mit en joue. Reculant d'abord précautionneusement, il prit ensuite ses jambes à son cou et, en louvoyant, échappa aux balles du garde. Il parvint à traverser la frontière et se retrouva sur un territoire un peu plus sûr – puisque les Allemands contrôlaient la zone dite libre, mais par l'entremise du gouvernement collaborationniste de Vichy. Après s'être reposé sur une meule de foin, il décida de mettre, une fois de plus, sa chance insolente à contribution en faisant de l'auto-stop. Il risquait gros, car les seules personnes habilitées à utiliser des véhicules routiers étaient certains commerçants, paysans et notables, les médecins et, enfin, des privilégiés… dont ceux du régime vichyste qui entretenaient d'harmonieuses relations avec l'ennemi.

Il tomba sur un couple. Se fondant sur son intuition, il les mit au courant de sa situation et n'eut pas à le regretter : il s'agissait de sympathisants gaullistes qui le confièrent à des membres des Forces françaises de l'intérieur (FFI) de Lussac-le-Château, une bourgade de deux mille âmes de tradition fortement résistante – le 5 juin 1944, la veille du jour J, il y eut dans cette agglomération un engagement historique entre les FFI et la Wehrmacht. Les résistants fournirent au sergent-major de faux papiers et le dirigèrent sur Marseille grâce à leur filière d'évasion, qui comprenait soixante-cinq autres évadés. Du sud-est de la France, le groupe se rendit dans le Sud-Ouest, à Perpignan, puis, par tramway, jusqu'au Canet-en-Roussillon, près de la frontière espagnole.

Ils furent accueillis à bord du *Tarana*, un vieux chalutier battant pavillon portugais dont le capitaine se faisait fort de les emmener jusqu'à Gibraltar. Une fois en mer, Lucien Dumais, qui ne connaissait pas un seul mot de portugais, fut surpris de comprendre tout ce que disait l'équipage : les gens parlaient anglais entre eux ! Le capitaine lui avoua que ce rafiot appartenait en réalité à la Royal Navy, et qu'il était donc « en mission ». En route, des navires allemands stoppèrent le chalutier pour le contrôler, mais les marins anglais, soigneusement entraînés, passèrent pour d'inoffensifs pêcheurs lusitaniens tandis que les passagers se cachaient dans les cales derrière les chargements de poissons. De Gibraltar, le voyage vers Londres fut aussi banal qu'un déplacement en métro.

Les aventures rocambolesques de Lucien Dumais retinrent l'attention de ses supérieurs, mais surtout celle du Special Operations Executive (SOE), ou Direction des opérations spéciales, créé par Churchill pour la durée de la guerre. Cette organisation un peu déjantée était sujette à controverse – et suscite encore maints commentaires chez les historiens. Son champ d'action était plus étendu que le renseignement. Son mandat consistait à encourager les organisations de résistance dans les territoires européens et asiatiques occupés par l'ennemi, en y envoyant des agents prêts à former les résistants dans les techniques de sabotage, de guerre secrète, de perturbation des réseaux de communication, sans oublier les activités d'espionnage classiques. Churchill lui-même parlait de cet ambitieux programme comme étant destiné à « embraser » l'Europe pour la rendre invivable aux Allemands. Malheureusement, contrairement au MI-5 (le contre-espionnage) et le MI-6 (le Service de renseignements extérieurs du Royaume-Uni), le SOE n'avait pas d'expérience de fonctionnement en temps de paix et pas de traditions. Même au faîte de sa gloire, en 1944, avec ses quelque treize mille agents, il n'avait jamais perdu ce que les anciennes barbouzes de l'Intelligence Service traditionnelle lui reprochaient : son statut d'amateur, son esprit d'improvisation, ses gaffes monumentales et son excentricité. Malgré ses défauts, le SOE obtenait des résultats, mais au prix de pertes tragiques.

Retour dans la gueule du loup

Lucien Dumais, après avoir été débriefé par les autorités militaires et par lord Louis Mountbatten en personne, se vit offrir, pour la suite de la guerre, un travail de bureau à Londres. Son caractère soupe au lait ne le poussait guère à jouer au bureaucrate pendant que les autres se battaient. Il pensait à ses camarades blessés, abandonnés à leur sort sur la tragique plage de Dieppe, à sa reddition forcée, à l'hilarité des fiers-à-bras teutons donnant des coups de crosse aux prisonniers canadiens, à l'imbécillité de certains de ses chefs, responsables de la débâcle. « Les Boches trouvent ça drôle…, disait-il, mais ils ne trouveront pas ça drôle bien longtemps. Et puis, nous ne sommes pas obligés d'accepter ces humiliations et de tendre l'autre joue… Excusez-moi, Seigneur ! Je me suis enrôlé pour me battre ! »

À la recherche de personnel pugnace, voire un peu exalté, le SOE fut impressionné non seulement par la combativité du Québécois et son habileté à se débrouiller sur le terrain, mais surtout par la chance exceptionnelle dont il jouissait et savait si bien tirer parti. Napoléon évaluait déjà ses généraux en raison de la chance dont ils bénéficiaient. Or, Dumais semblait béni des dieux à ce chapitre, grâce à ses exceptionnelles qualités guerrières. Les *spooks* – ou barbouzes – du SOE lui proposèrent donc de travailler pour eux en France. La manière dont il était arrivé à se fondre dans le décor ainsi que sa connaissance de la langue en faisaient un candidat idéal. C'est avec joie qu'il sauta sur cette occasion et se retrouva lancé dans d'autres incroyables aventures.

Jean-Louis Morgan a eu l'honneur de rencontrer Lucien Dumais en 1964, dans la région de Lachute, au Québec. D'une simplicité remarquable, le vétéran omit de mentionner qu'il avait déjà écrit deux livres sur son odyssée, *Un Canadien français à Dieppe*[1] et *Un Canadien français face à la Gestapo*[2]. Il menait une vie tranquille de retraité et s'intégrait tout aussi parfaitement dans le décor québécois qu'il avait dû se fondre dans celui du nord-ouest de la France des années 1940. Il mentionna toutefois son passé d'ancien combattant et ne put résister à l'envie de raconter les bons tours qu'il avait joués aux Allemands. On aurait cru que, pour lui, l'humour avait prévalu sur le danger. « Il fallait être complètement fou pour se lancer dans une telle aventure, car c'était le plus sûr moyen de se suicider, déclara-t-il, et il ne fallait pas trop penser aux conséquences… Alors, pourquoi ne pas sourire en affrontant le danger ? »

De taille plutôt modeste, il n'avait rien de l'agent secret tel qu'on se l'imagine, mais on devinait que sous son apparence de petit père peinard avait dû se dissimuler une machine de guerre calculatrice et impitoyable. « C'était le prix qu'il fallait payer pour notre sécurité, surtout lorsque des espions ennemis tentaient de s'infiltrer dans notre réseau, précisa-t-il lors de cette rencontre. Les enjeux étaient vraiment trop importants. Là, on ne rigolait plus… »

Comme on le verra plus loin, il ne s'agissait pas de vains propos.

---

1. France-Empire, Paris, 1968.
2. Éditions du Jour, Montréal, 1970.

Le croque-mort magnifique

Les aviateurs alliés qui empruntaient la route de la « maison d'Alphonse » se demandaient qui étaient vraiment ces deux « Français » bizarres qui s'occupaient d'eux et s'assuraient de leur faire rejoindre Londres en toute sécurité. Les Canadiens anglophones du Québec – et surtout de Montréal – remarquaient bien que l'anglais et le français que les deux hommes employaient entre eux étaient curieusement truffés d'expressions utilisées par les *French Canadians* bilingues. Ils se gardaient cependant de poser des questions, car ils avaient été prévenus : on leur avait recommandé de ne pas aborder le sujet. Moins ils en savaient, plus leur protection était assurée. En effet, s'ils se faisaient prendre, ils ne pouvaient point citer de noms. Comme le disait Jacques Cœur, le grand argentier du roi de France Charles VII : « En bouche close n'entre mouche. »

Ces deux organisateurs d'évasions n'étaient autres que Lucien Dumais, alias Desbiens, l'un des survivants évadés du fiasco de Dieppe, et son associé Raymond Labrosse, alias Desjardin (sans *s*), un expert en transmissions rescapé d'une autre opération au cours de laquelle des aviateurs alliés s'étaient fait prendre. Les instigateurs de filières d'évasion travaillant avec la Résistance ne bénéficiaient pas des dispositions de la convention de Genève, même s'ils étaient de vrais soldats. Considérés comme des espions, ils risquaient fort d'être livrés à la Gestapo, qui leur infligeait d'interminables tortures avant de les exécuter sauvagement. Le traitement le plus optimiste auquel ils pouvaient s'attendre était d'être envoyés dans un camp d'extermination.

La fine équipe

De retour en Angleterre, n'ayant toujours pas digéré la défaite de Dieppe, Lucien Dumais, en soldat professionnel, fut d'abord désigné par le MI-9 (Bureau de renseignements militaires n° 9) pour espionner en Afrique du Nord avec la 1re armée britannique. Déguisé en Arabe et se déplaçant à cheval derrière les lignes ennemies, entouré de soldats qui étaient d'anciens hommes de chevaux – lads, jockeys – en Angleterre, il servit quatre mois sous le drapeau britannique avant d'être réintégré vers juin 1943 dans son unité originelle : les Fusiliers Mont-Royal. Las de la vie de garnison, stimulé par l'existence dangereuse d'agent secret et ses expériences au Maghreb, toujours pressé de venger l'humiliation de Dieppe, il demanda au MI-9 de l'affecter dans un poste de combat, ce que les responsables acceptèrent avec joie. Ils avaient pu apprécier le courage et le jugement de l'homme sur le terrain et ne pouvaient que lui reprocher son esprit « tête brûlée » et son mépris du danger. Toutefois, bien exploités, ces petits défauts pouvaient devenir des qualités et le servir, car il serait appelé à prendre de grands risques et des décisions rapides.

Afin de tempérer ses ardeurs, on lui adjoignit Raymond Labrosse, un sergent beaucoup plus flegmatique que lui, ayant également vécu de remarquables aventures en France dès 1940, alors qu'il n'avait que dix-huit ans. Lui aussi avait survécu à l'échec, car son réseau avait été infiltré par des espions allemands. Il avait réussi à faire traverser les Pyrénées à un groupe d'une trentaine d'aviateurs alliés. Une chose était certaine : les deux combattants avaient hâte d'établir une filière d'évasion cohérente, car les opérations aériennes anglo-américaines s'intensifiant, de plus en plus d'aviateurs se faisaient « descendre » en France occupée et moisissaient dans des cachettes en attendant qu'on les récupère pour les renvoyer au Royaume-Uni. Ce confinement mettait en péril leur liberté et la vie des patriotes français les hébergeant. De plus, il en coûtait au Trésor public allié quelque 40 000 dollars de l'époque pour former un pilote de chasse, et beaucoup plus pour un officier. Enfin, on avait besoin de tous les hommes disponibles.

Dumais et Labrosse furent présentés dans un restaurant londonien et sympathisèrent immédiatement. Les *spooks* du MI-9 leur demandèrent de cohabiter quelque temps, pour se familiariser avec leurs caractères respectifs, puis on leur donna quelques cours sur le métier d'agent secret qui, dans leur cas, ressemblait davantage à ce que l'on peut voir dans les films d'action que dans certains romans d'espionnage où les personnages se contentent de se livrer des assauts de mots d'esprit en prenant un whisky. Cela comprenait l'apprentissage d'« armes » apparemment aussi peu létales qu'un journal et autres objets innocents, ainsi que la pratique des arts martiaux – mais sans les courtois règlements que les pratiquants de ces sports observent habituellement sur un tatami. Ils furent également entraînés aux sauts en parachute. Enfin, comme dans les aventures de James Bond, les gadgets tenaient une place de choix : vêtements militaires transformables en vêtements civils, couteaux multilames comprenant des scies et des outils pour crocheter les serrures, stylos-armes ou à réservoir de gaz toxiques, boussoles dissimulées dans des boutons, talons creux, cartes imprimées sur soie et déguisées en mouchoirs, etc. Restait la remise aux agents de sommes non négligeables – en monnaie française –, de tickets d'alimentation, de faux papiers d'identité et d'un numéro de code que même leurs associés ne devaient pas connaître. Bien formés et armés, ils se préparèrent à être infiltrés en France. Nous étions en novembre 1943.

Avec la Résistance

L'un des moyens d'infiltration était le Lysander, un petit avion monomoteur du poids d'une grosse voiture et ne dépassant guère les 260 kilomètres à l'heure. Son avantage était de pouvoir se poser et décoller sur des pistes très courtes. Les tentatives de transport des agents connurent des difficultés. Ils furent d'abord interceptés par un Nacht Jäeger (chasseur nocturne) de la Luftwaffe qui, manquant de « décrocher » à cause de la vitesse trop faible du Lysander, abandonna la poursuite. Une autre fois, ils ne purent se poser à cause d'un autre Lysander embourbé. Le pilote les avait prévenus par radio que la piste de fortune était impraticable ; il put finalement repartir grâce à des cultivateurs qui le tirèrent d'affaire en remorquant son appareil avec des chevaux. La DCA allemande prit leur petit aéronef pour cible et ils furent obligés de rentrer à leur base à toute vitesse. À leur troisième tentative, ils étaient prêts à sauter en parachute, plutôt que de tenter de se rendre en France par avion, lorsque leurs chefs au MI-9 leur suggérèrent de donner une ultime chance au transport aérien, qui offrait l'avantage de pouvoir exfiltrer d'autres agents ou des résistants, et de transporter davantage de matériel.

Ils étaient enfin en territoire ennemi, devant compter sur les maquisards des Forces françaises de l'intérieur et éviter toute friction avec eux. Lors du déchargement du matériel, Labrosse, ordinairement d'un calme olympien, se montra renfrogné avec un résistant qui voulait à tout prix l'aider à transporter son appareil de radio.

— Laissez ça tranquille ! lâcha-t-il d'un ton autoritaire en défendant son précieux bagage, seul lien avec le monde libre.

Le résistant comprit que le Canadien était à cran et eut la sagesse de ne pas insister, sans commenter ce contact plutôt décevant. Malgré la connaissance préalable des lieux, s'infiltrer dans un pays de culture différente présentait évidemment des difficultés qu'il fallait aplanir. La sécurité du réseau dépendant des uns comme des autres, le moment était mal choisi pour exacerber les susceptibilités et froisser des compagnons d'armes voulant se montrer serviables. Labrosse se ressaisit rapidement et reprit son calme habituel.

Une fois sur place, il s'agissait de recruter des hommes pour l'opération Bonaparte, partie intégrante du Réseau Shelburne, et de trouver des « maisons sûres » où loger les aviateurs avant leur récupération. Il fallait également leur fournir de faux papiers, leur venir en aide, voire leur trouver un médecin en cas de maladie ou de blessures. On décida de surnommer ces aviateurs les « colis ». Les résistants français devaient les guider vers une douzaine de fermes sécurisées dans la région de Plouha, dans le département des Côtes-du-Nord (de nos jours, les Côtes-d'Armor). Les aviateurs tombés en France passaient par Paris où on les interrogeait afin de contrer toute forme d'espionnage. Puis ils étaient acheminés vers Saint-Brieuc par train, et ensuite vers Plouha ou Guingamp, où se trouvaient les familles qui les accueillaient au péril de leur vie. Lorsque au moins une quinzaine de « colis » se trouvaient prêts à partir, Labrosse envoyait des messages codés à Londres. Lucien Dumais rassemblait les fugitifs dans la ferme de pierre de la famille Gicquel, qui devint connue, dans le réseau, sous le nom de « maison d'Alphonse ». La BBC envoyait alors de Londres un de ses énigmatiques « messages personnels ». Ainsi des mots comme « Bonjour tout le monde à la maison d'Alphonse » indiquaient aux organisateurs du réseau qu'un *motor gunboat* de la Royal Navy (une canonnière de 117 pieds se déplaçant à plus de 25 nœuds à l'heure) était en route pour récupérer les « colis ». Un autre message personnel indiquait l'heure de passage du bateau salvateur.

Il suffisait alors aux aviateurs de descendre à l'anse Cochat, surnommée « plage Bonaparte », par un sentier de chèvres d'une centaine de mètres bordé de traquenards, notamment de mines, dont l'emplacement était bien connu des FFI. Mais les choses n'étaient pas si simples. En effet, les Allemands variaient fréquemment la disposition de leurs engins de mort et seules les observations minutieuses effectuées par les résistants, à la jumelle, permettaient aux passeurs de relever ces modifications et de les indiquer sur le terrain à l'aide de chiffons blancs, le temps de l'embarquement. Une fois celui-ci achevé, il suffisait de les récupérer. Il eût été facile de déminer les lieux ou de modifier l'emplacement des explosifs, mais de tels gestes auraient vendu la mèche aux Allemands, qui auraient alors intensifié leur surveillance et rendu l'anse inutilisable. Mieux valait donc apprendre à signaler les pièges en ne touchant à rien.

Des « colis » imprévisibles

Lucien Dumais, travaillant sous le nom de Lucien Desbiens, entrepreneur de pompes funèbres originaire d'Amiens (Somme), et Raymond Labrosse sous celui de Marcel Desjardin, représentant en appareillage médical, se déplaçaient dans le secteur nord de la France afin de récupérer les aviateurs anglais, américains, canadiens, polonais ou autres, dont les appareils avaient été abattus au-dessus du territoire occupé. Voyager à travers le pays dans les transports en commun avec des étrangers ignorant tout des coutumes françaises était périlleux. Les aviateurs pouvaient fort bien se trahir par leur manière de manger, de fumer, par un juron lâché dans leur langue ou tout simplement par leur physionomie ou leur comportement tranchant un peu trop avec ceux de la population. Il fallait peu de chose pour trahir sa personnalité face aux mouchards, agents de la Gestapo, miliciens et collaborateurs zélés qui traînaient partout.

Le danger pouvait également se trouver dans les maisons d'accueil où les aviateurs anglophones s'ennuyaient mortellement, car ils étaient incapables de converser avec leurs hôtes, rarement bilingues. Certains insistaient pour se rendre au café local, où les gens du cru risquaient de se douter de leur identité et de bavarder un peu trop. Il fallait les retenir et les encourager à prendre leur mal en patience. Comment amener à la raison de bouillonnants jeunes gens souvent insouciants ? Le duo Dumais-Labrosse dut user d'une empirique psychologie pour les calmer et leur faire prendre conscience des risques que les fugitifs faisaient courir à ceux qui les aidaient. Il y eut bien des cas où l'on frisa la catastrophe, comme celui de cet aviateur au physique caricaturalement « british » qui, dans une foule, de mit à siffloter « It's a Long Way to Tipperary » ! Bien des têtes se retournèrent. Heureusement, il ne se trouvait pas de mouchard parmi ces gens. Il y eut aussi ce fugitif qui jeta sur le sol, à la vue de tous, un paquet vide de cigarettes américaines...

Le 29 janvier 1944 inaugura le « Ferry ou Autobus de la Manche », comme le surnommaient certains. Par une nuit sans lune, seize aviateurs et deux agents britanniques rappelés, se tenant à la queue leu leu par un pan de leurs habits, se dirigèrent dans le plus grand silence vers la plage Bonaparte accompagnés de leurs guides, dont un seul, Lucien Dumais, était armé d'un pistolet de calibre 7,65. Ces moments furent particulièrement angoissants pour les fugitifs, car les Allemands s'attendaient de plus en plus à un débarquement. De précédentes exfiltrations avaient été annulées à cause du mauvais temps, ce qui rendait les « colis » particulièrement nerveux. Un message était parvenu à 21 heures, annonçant l'arrivée de la canonnière. Les guides envoyèrent des messages en morse vers la mer à l'aide de lampes électriques dont les réflecteurs étaient entourés d'un tube de carton afin que la lumière ne puisse être vue de la côte. Vers 1 heure du matin, le bateau jeta l'ancre en utilisant des haussières de chanvre pour éviter le cliquetis des chaînes. Trois canots légers sortirent de l'ombre, débarquèrent des armes, du matériel et de l'argent, puis prirent livraison de leur précieuse cargaison. Seize combattants qualifiés allaient pouvoir reprendre le combat au lieu de moisir dans quelque camp de prisonniers. Puis la canonnière prit de la vitesse pour franchir les 185 kilomètres qui la séparaient de son port d'attache, Dartmouth. Le commandant du *gunboat* était un certain Mike Marshall, et le chef des opérations le lieutenant commandant David Leslie Birkin (1914-1991), époux de la grande comédienne britannique Judy Campbell et père de la future actrice Jane Birkin. Le souvenir de ce gradé est resté vivace chez les vétérans du maquis de Plouha, dont les effectifs s'élevaient à environ cent soixante-dix personnes.

Nous ne pouvons malheureusement donner ici le nom de tous les patriotes bretons qui contribuèrent au succès du réseau Shelburne. Qu'on nous permette toutefois de citer le Dr Le Balch, de Plouézec ; François Le Puluard, ancien maire de Plouha ; François Le Cornec ; Job Menguy, capitaine de la marine marchande, Jean Gicquel ; Pierre Huet, pilote de l'aéronavale. Des femmes faisaient également vaillamment partie de la Résistance locale, dont Marie Gicquel et Marguerite Le Saux. Lucien Dumais aimait dire que Shelburne avait à sa disposition « deux sacrées lanceuses de grenades ». Étaient-ce ces dames ? Il est trop tard pour le lui demander. La chanteuse et actrice Jane Birkin a déjà expliqué que son père estimait que les vrais héros du réseau Shelburne étaient les Bretons, car ces Armoricains faisaient preuve d'un courage exceptionnel et ne refusaient jamais de donner abri à des aviateurs alliés en dépit des dangers qu'ils couraient.

Pas de pitié pour les agents boiteux

Pour Lucien Dumais, remettre des guerriers en circulation était une autre vengeance contre les « Boches » et l'arrogance dont ils avaient fait preuve à Dunkerque et à Dieppe.

— Ils voulaient du *Blitzkrieg* ? Grâce à notre aviation, on va leur en donner en masse du blitz à ces maudits-là ! C'est pour ça qu'on travaille, disait-il parfois à ses associés avec une détermination très québécoise.

Dumais ne tolérait aucun écart de comportement de la part de ceux qui travaillaient avec lui. Un agent anglais – en fait, son ancien patron –, ayant failli faire disparaître toute l'organisation pour cause de beuveries et d'imprudences flagrantes en public, fut rappelé en Angleterre et remis en question par les autorités militaires. Il était temps : Lucien Dumais s'apprêtait à le liquider ! Lorsque Londres voulut renvoyer le coupable repenti en France, Dumais prévint ses chefs que, s'il voyait ce dernier traîner dans sa région, il l'abattrait sans discussion. Londres ne renvoya donc pas l'homme, car on savait en haut lieu comment Lucien Dumais avait déjà disposé d'un pseudo-pilote norvégien qui avait tenté de se faire engager par le réseau. Dumais avait réussi à lui faire avouer qu'il était un espion nazi, à tirer de lui un maximum d'informations, puis, bien que l'homme eût promis de servir dorénavant la Résistance et affirmé avoir été « retourné », il l'avait froidement abattu dans un bois. Le mot d'ordre était « risque zéro ». Les services secrets n'ont jamais fait partie du monde des bisounours.

Pour en revenir au Ferry, l'embarquement était bâclé en quinze minutes, les aviateurs en route pour l'Angleterre et d'autres raids contre l'ennemi. Les archives militaires du Canada estiment que, fin mars 1944, cent vingt-huit aviateurs et sept agents furent exfiltrés en toute sécurité en Angleterre, grâce au dévouement de Lucien Dumais et de Raymond Labrosse. Au total, trois cent sept aviateurs retrouvèrent la liberté grâce au réseau Shelburne et à sa principale composante, l'opération Bonaparte. Il convient de noter que le réseau Shelburne ne perdit jamais un seul des « colis » qu'on lui confia. Mieux, après la guerre, lorsque les Alliés consultèrent les archives allemandes, ils découvrirent que jamais la Gestapo ne fut près de démanteler le réseau, tant le duo Dumais-Labrosse l'avait bien sécurisé.

Le jour J, soit le 6 juin 1944, ne sonna pas la fin des aventures de nos héros. Lucien Dumais et Raymond Labrosse se trouvaient alors à Paris, à la recherche de fugitifs, trimballant leur encombrant appareil radio. Leurs chefs à Londres leur donnèrent l'ordre de rentrer en Bretagne. Les voies de chemin de fer ayant été presque toutes bombardées dans le nord du pays, il ne leur restait qu'à utiliser de vieilles bicyclettes pour parcourir les 450 kilomètres de route entre Paris et Saint-Brieuc – où ils étaient attendus –, en passant par Chartres, Le Mans, Laval et Rennes. Après trois jours de voyage, croisant des gares détruites et bien d'autres dommages de guerre, évitant les lieux attaqués par les légendaires bimoteurs américains Lightning, ils se trouvaient à une journée de bicyclette de Saint-Brieuc lorsqu'un sergent allemand les arrêta.

Un incroyable culot

Le sang de Labrosse se figea dans ses veines, car il transportait sur son porte-bagages son compromettant appareil de radio. Si l'Allemand ouvrait cette valise, ils étaient fichus.

— Vous, foutez le camp ! *Machen sie schnell !* ordonna dans un langage hybride le sergent de la Wehrmacht à Labrosse.

Ce dernier ne se fit pas prier et fila en se demandant comment son associé se tirerait de ce pétrin. En fait, il le considérait comme perdu. Le vaillant sans-filiste arriva finalement à Saint-Brieuc et eut la surprise de sa vie lorsqu'il découvrit, à la terrasse d'un café ami, Lucien Dumais attablé devant deux cognacs bien tassés.

— Mais comment se fait-il que… ? balbutia Labrosse.

— Le cave de Boche n'en voulait qu'à mon vélo ! se contenta de répondre Dumais en lui passant un des verres de cognac.

Il s'expliqua. Pour une raison obscure – peut-être pour déserter –, le sergent allemand avait réquisitionné la bicyclette de Dumais pour son usage personnel, ce qui était illégal selon l'éthique officielle des forces d'Occupation. Aussi, avec un culot monstre, Lucien Dumais s'était-il rendu à la Kommandantur la plus proche pour se plaindre qu'un citoyen français, bon commerçant et bon collaborateur, ait pu se faire voler son vélo par un militaire de la glorieuse Wehrmacht ! Il fallait que la Kommandantur fasse quelque chose, ou bien ses amis de la Gestapo en entendraient parler ! Après lui avoir demandé où il allait, un officier très *korrekt* ordonna de conduire Dumais à Saint-Brieuc dans un véhicule militaire qui se rendait également dans cette ville. Pendant ce temps, Labrosse s'essoufflait sur sa ruine ambulante en appréhendant le passage du moindre motocycliste vert-de-gris.

Le dernier chargement de « colis » eut lieu vers la fin de juillet 1944, époque à laquelle les Allemands, soupçonneux, brûlèrent la « maison d'Alphonse » des Gicquel, un peu trop voisine de la plage Bonaparte. Pourtant, on raconte que les occupants n'eurent jamais vent de la filière. Mais la guerre n'était pas finie. Avec du matériel parachuté ou pris aux Allemands, Lucien Dumais combattit avec le maquis de Plouha et organisa sa propre unité pour faire la chasse aux occupants dans la péninsule bretonne sous uniforme canadien – un arrangement peu officiel. En août 1944, le groupe de Lucien Dumais avait connu cinq engagements, dont l'interception de convois ennemis se rendant en Normandie. Après la Libération, notre ordonnateur de pompes funèbres improvisé resta en France pour repérer les agents nazis et les collaborateurs. Labrosse fut détaché à la section parisienne des Services de renseignement britanniques. Tous deux rentrèrent finalement au Canada couverts de médailles. En militaires fidèles, ils « rempilèrent » pour participer à la guerre de Corée, avant de prendre leur retraite.

On trouve dans les archives du MI-9 que les filières d'évasion parvinrent à récupérer plusieurs centaines de soldats à travers l'Europe, et près de trois mille aviateurs. À ce titre, le réseau Shelburne s'était montré exemplaire. Il convient de rendre un vibrant hommage aux hommes de ces filières car, toujours selon les statistiques, le MI-9 a calculé que les réseaux perdaient un résistant par soldat allié évacué. Ces courageux patriotes moururent au cours d'engagements, fusillés, dans les salles de torture de la Gestapo ou dans les camps de concentration.

La liberté n'est jamais disponible en solde.

2
INTELLECTUELS, ASSUREURS ET SÉMINARISTES

« *Entre ici, Jean Moulin, avec ton terrible cortège. Avec ceux qui sont morts dans les caves sans avoir parlé, comme toi ; et même, ce qui est peut-être plus atroce, en ayant parlé.* »

(André Malraux, discours à l'occasion de la translation des cendres de Jean Moulin au Panthéon, le 19 décembre 1964)

Parmi le « terrible cortège » évoqué par Malraux, on retrouve nombre de militaires canadiens, francophones comme anglophones, dont les noms subsistent principalement dans les archives officielles. Ces personnages de cette « Armée des ombres », comme l'écrivain Joseph Kessel appelait les combattants de la Résistance et leurs amis, ne firent guère l'objet de commentaires de la part des autorités gouvernementales canadiennes ; les survivants, une fois leur mission accomplie, se gardèrent de publier leurs souvenirs. Refusant de les évoquer, ils les considéraient comme des actes faisant partie de leur devoir, un simple « secret défense », et passèrent à autre chose.

Un certain « commandant Guy »

À ce propos, une anecdote.

Au cours des années 1960, Jean-Louis Morgan, l'un des auteurs du présent ouvrage, fit une curieuse rencontre. Il venait de déménager dans une banlieue de l'ouest de Montréal. Alors qu'en bon banlieusard, il était en train de soigner sa pelouse et de laver sa voiture en short et torse nu, il se vit interpeller par un voisin, un homme d'affaires, propriétaire dans la même rue. Ce monsieur, qui ne s'était jamais adressé à lui sinon que par un hochement de tête poli, l'interpella en termes insolites tout en faisant sa promenade vespérale :

— Dis donc, mec, comme ça on s'achète une crèche et une tire à croume et après on se retrouve à loilpé[1] ?

Intrigué par la gouaille faubourienne plutôt agressive du personnage, Jean-Louis Morgan, amateur de langue verte, s'apprêtait à apostropher l'homme qu'il prenait pour quelque Français parvenu plutôt mal élevé, lorsque l'homme opéra un rétablissement verbal :

— Sachant que vous êtes d'origine européenne, j'ai voulu vous faire une blague. Vous excuserez, j'espère, mon ton un peu trop familier, reprit-il.

Son accent aurait pu être celui d'un Québécois bien éduqué. Époustouflé, le journaliste se demanda d'abord s'il n'avait pas affaire à quelque artiste imitateur, mais son voisin lui expliqua avoir appris le langage vernaculaire des titis parisiens dans les Services secrets britanniques. Il avait été plusieurs fois parachuté en France et avait opéré au nez et à la barbe des Allemands. À l'occasion d'autres rencontres, cet ex-agent secret se mit à raconter une partie de ses aventures devant un verre. De quoi écrire plusieurs livres.

---

1. « Dis donc, mon gars, comme ça on se paie une maison et une voiture à crédit et après on se retrouve à poil ? »

Renseignements pris, ce monsieur était un ancien membre important des Services de renseignement canadiens. Enthousiasmé, Morgan lui proposa de consigner son histoire par écrit et de la faire publier. Le voisin refusa net au nom d'une certaine discrétion militaire, certainement très dépassée, et se montra inflexible. Le journaliste n'insista pas, respecta l'anonymat de son interlocuteur et s'empressa d'oublier les implications personnelles de l'homme au cours de la dernière guerre, au nom de la règle journalistique du sacro-saint « off the record » (déclarations d'ordre privé). Combien sont comme cet ancien agent ou n'eurent jamais l'occasion d'évoquer leurs souvenirs de combattants de l'ombre ?

Parmi les quatre cent quatre-vingts agents du SOE (direction des opérations spéciales) envoyés en France occupée, cent trente furent capturés par la Gestapo et vingt-six seulement survécurent. Le major Gustave Daniel Alfred Biéler, dit « le commandant Guy », est l'un de ceux-ci. S'il eut une influence importante dans les milieux résistants de France, il ne put échapper à un sort atroce.

De la traduction à l'infiltration

Lorsqu'on consulte sa fiche militaire, on note que ce Canadien d'origine suisse, né en 1904 en France d'un père pasteur, était au départ un paisible père de famille, chef traducteur pour la compagnie d'assurances Sun Life. Après s'être inscrit au Corps-école des officiers canadien (COTC) de l'université de Montréal en 1939, il fut nommé lieutenant à la suite de son engagement dans le régiment de Maisonneuve, le 11 juin 1940. Le 24 août de la même année, il s'embarquait pour l'Angleterre et déposait ses valises à Londres, chez sa sœur, Mme Madeleine Dale, à qui il ne confia jamais à quelle organisation il appartenait : en d'autres termes, les services secrets.

C'est le chef de la section française du SOE, le colonel Maurice Buckmaster, qui le convainquit de se joindre à sa direction et, en juin 1942, Gustave Biéler quittait son régiment pour devenir un agent des opérations spéciales. Contrairement à de purs phénomènes de terrain comme Lucien Dumais ou Raymond Labrosse, Gustave Biéler était un homme que l'on pourrait qualifier d'intériorisé. Passionné de linguistique et de philologie, comme beaucoup de traducteurs, il aimait les belles lettres, la musique classique et la vie de famille. Ce chef de bureau apparemment inoffensif était pourtant un redoutable organisateur et un homme d'action.

À l'entraînement, il subit sans broncher les lancinantes interventions des psychologues et les inévitables brimades des sergents instructeurs britanniques lors des cours préparatoires qu'il dut suivre pendant un mois à Warnborough Manor, dans le Surrey. Puis, en Écosse, il apprit, pendant un autre mois, les techniques de commando. Celui qui n'avait jamais tenu qu'un stylo et dont la taille ne dépassait guère 1,70 mètre dut apprendre à tuer silencieusement un ennemi, si nécessaire, à lire des cartes, à se familiariser avec le morse et la radio. Puis ce furent les cours de parachutisme et les techniques policières : comment semer un suiveur, changer de personnalité et ne pas trahir sa provenance. D'origine européenne, Gustave Biéler n'avait rien à craindre pour son accent. À condition d'éviter tout canadianisme et de ne pas rêver en anglais, il pouvait passer pour un Français type.

Il fut l'un des meilleurs élèves du SOE. Ses supérieurs le montraient en exemple aux élèves en disant de lui :

— Les gars, si vous n'obtenez que la moitié des résultats de Guy, vous serez déjà extraordinaires.

Il ne s'agissait pas de flagornerie. Il faut admettre que « Guy » (c'était le nouveau nom de code de Biéler) faisait preuve d'une maturité parfaite. Il avait déjà trente-huit ans et manifestait un indéniable esprit de corps. Certains l'appelaient affectueusement « grand-papa », car les recrues du SOE étaient en majorité plus jeunes que lui.

Gabriel Chartrand, un autre excellent agent canadien qui suivit la formation du SOE en même temps que Biéler, avait remarqué que ce dernier était un fataliste : « Guy disait qu'il savait fort bien n'avoir que 50 % de chances de sortir vivant de cette aventure et que, si nécessaire, il irait vers sa mort sans sourciller, car il serait sans peur et sans reproche. Il ajoutait : "Si je dois servir, je servirai jusqu'à la fin..." » Cette attitude, au-delà du simple devoir, est peu commune. Les mots « sans peur et sans reproche » – ceux-là mêmes par lesquels on qualifie le mythique chevalier Bayard – peuvent sembler un peu grandiloquents, mais donnent la mesure que Gustave Biéler accordait à la grandeur de l'homme. Lorsqu'on lui faisait remarquer qu'à son âge il aurait pu rester au chaud à Montréal dans les imposants bureaux de la Sun Life, il répliquait :

— On ne peut permettre de laisser les nazis propager leur idéologie pernicieuse. De plus, n'oubliez pas que j'ai de la famille en France, dont un frère. Je suis un soldat et je suis ici pour aider les opprimés.

Des auspices peu favorables

Dans la nuit du 17 au 18 novembre 1942, « Guy » Biéler et deux collègues, le capitaine Michael Trotobas, dit « Sylvestre », et le lieutenant Arthur Staggs, un opérateur radio, furent parachutés d'un bombardier à une centaine de kilomètres au sud de Paris, dans le Loiret. Leur mission consistait à établir un réseau de saboteurs : à Saint-Quentin pour Biéler et à Lille pour les deux autres. Leur zone d'influence devait s'étendre d'Armentières, à la frontière belge, jusqu'à Soissons et Senlis, une région parcourue par un réseau ferroviaire d'une nécessité vitale pour l'occupant. Le seul hic est que le capitaine Biéler se retrouvait seul, sans radio, et qu'il lui fallait compter sur les sans-filistes d'autres agents pour communiquer avec Londres. En effet, à cette époque, les opérateurs étaient rares au SOE et l'équipement fragile et encombrant. De plus, il fallait installer d'interminables antennes, et donc bien choisir les maisons sécurisées, car les véhicules de détection de fréquences et les mouchards de la Gestapo s'agitaient fébrilement pour débusquer les émetteurs de messages.

La mission commença sous des auspices peu favorables pour le capitaine Biéler. En touchant le sol de France, il atterrit sur un sol rocailleux et se blessa gravement le dos, au point d'éprouver de grosses difficultés à marcher. Malgré ce handicap, il refusa d'être renvoyé en Angleterre lors d'une prochaine exfiltration par Lysander. Ses compagnons, Trotobas et Staggs, parvinrent à l'amener jusqu'à Paris, où il trouva refuge dans un hôpital en prétextant une chute accidentelle, puis dans un appartement sécurisé, 38 avenue de Suffren, où une dame âgée, Mme Marie-Louise Monnet, prit le risque de l'héberger plusieurs mois. Il ne perdit pas de temps à se lamenter sur ses douleurs, devenues chroniques, et en profita pour rejoindre ses contacts de la Résistance, pour laquelle œuvrait son frère René-Maurice.

En février 1943, des mésententes de chefs se révélèrent dangereuses pour notre Canadien errant. Il devait être le représentant du SOE auprès d'un certain Réseau Carte, qui opérait en ex-zone libre, appelée dorénavant Zone Sud. Ce réseau était dirigé par un artiste peintre résistant, André Girard (qu'il ne faut pas confondre avec son homonyme du réseau Alliance). Farouchement antigaulliste, refusant de s'incorporer au mouvement de résistance Combat, Girard rompit avec le SOE, puis fut rappelé à Londres. Comme les Anglais ne voulaient pas le renvoyer en France, pour éviter les frictions, il s'exila aux États-Unis. Les instructions reçues par Biéler étaient donc caduques ; tout devait être réorganisé.

Opérations sabotages

Ce n'est qu'en avril qu'il put se rendre en Picardie, à Saint-Quentin, puis à Fonsomme, à 10 kilomètres, où il fut hébergé par un arpenteur-géomètre, Eugène Cordelette. C'est avec la famille de ce dernier que, déguisé en ouvrier local, le capitaine Biéler, nommé major en juin par ses supérieurs, mit sur pied le Réseau Tell-Musician – peut-être ainsi nommé à cause de l'ouverture du *Guillaume Tell* de Rossini, un compositeur qu'il aimait beaucoup. Il obtint notamment l'aide des cadres et cheminots résistants travaillant pour la Société nationale des chemins de fer français (SNCF). Seize parachutages d'armes se soldèrent par des succès. Ils permirent la formation de vingt-cinq groupes de sabotage au bilan impressionnant : la destruction spectaculaire d'un convoi de troupes qui inspira, dit-on, la célèbre séquence du film de René Clément, *La Bataille du rail* ; une vingtaine de déraillements de convois et autant de locomotives mises hors d'usage par l'utilisation de graisse abrasive ; la destruction de réservoirs de carburant, d'un atelier de réparation de trains et d'une douzaine de locomotives ; l'interruption à treize reprises de la ligne Paris-Cologne ; la démolition d'écluses et de matériel flottant pour entraver la circulation fluviale des fournitures allemandes.

La Gestapo devint hystérique et tenta de se rapprocher du « commandant Guy », sobriquet sous lequel il était désormais connu. Marchant difficilement, portant la tête et une épaule de travers à cause de ses blessures dorsales, il n'a livré son véritable nom à personne, pas même à ses adjoints. Il se déplaçait à bicyclette ou en train sous les noms de Guy Morin ou de Maurice Alfred Léger. Il prenait soin de ne pas choisir de patronymes trop courants – et trop utilisés –, comme Duval ou Durand, ou à consonances étrangères, toujours suspectes. De toute façon, la découverte de sa fausse identité ne pouvait que mettre sa vie en danger.

En septembre 1943, le SOE envoya une opératrice radio officielle pour le Réseau Musician : Yolande Beekman, dite « Mariette ». Cette adjointe se révéla d'une grande aide pour Biéler, qui devait jusqu'alors utiliser les services du sans-filiste du Réseau Prosper-Physician, avec toutes les complications que cela pouvait occasionner.

À Lille, en décembre, alors que la Gestapo s'apprêtait à l'arrêter, Michael Trotobas, dit « Sylvestre », animateur du réseau de sabotage Farmer, tomba sous les balles de ses agresseurs. Biéler dut donc assumer la responsabilité du réseau en deuil de son chef. Il n'avait guère besoin de cela, car il était épuisé et souffrait toujours de ses blessures. Il fêta Noël 1943 dans le foyer de Camille Boury, un résistant saint-quentinois. L'atmosphère était nostalgique. Son hôte rapporte que, sur le coup de minuit, Biéler lui demanda un crayon et inscrivit cette adresse au dos d'une photo : « Au chef du Service français de la compagnie d'assurances Sun-Life, square Dominion, Montréal, Canada. »

Le nœud coulant

Il lui remit la photo et ajouta :

— Si quelque chose devait m'arriver, veuillez écrire à mon épouse Marguerite à cette adresse. Racontez-lui comment nous avons passé Noël, combien je pensais à elle et à mes enfants, Jean-Louis et Jacqueline...

Prémonition ? Il savait pertinemment que plus il faisait parvenir de messages à Londres, plus il s'exposait. Depuis octobre, des camions détecteurs allemands passaient près des lieux d'émissions radio. Le commandant Guy et Mariette avaient beau changer d'endroit, le nœud coulant de la Gestapo se resserrait. Le 10 janvier 1944, ils remarquèrent un homme bizarre, le col de manteau relevé, le chapeau rabattu dissimulant des écouteurs, près de la maison des Boury. Trois jours plus tard, le major Biéler et son opératrice se trouvaient au Café du Moulin brûlé à Omissy en compagnie des propriétaires, Georges Tixier et sa femme, lorsque deux voitures arrivèrent en trombe : c'était la Gestapo. Au cours de cette rafle, une quarantaine de membres du Réseau Tell se retrouvèrent en prison ; vingt-six ne survécurent pas à la torture ou furent exécutés. Il n'y avait que quatorze mois que le commandant Guy avait touché le sol de France.

Eugène Cordelette, également détenu, croisa le major Biéler dans un couloir de la prison de Saint-Quentin. « Ses mains et ses pieds étaient entravés, explique le géomètre, son visage était horriblement tuméfié mais, dans ses yeux, je voyais qu'il m'ordonnait de ne parler sous aucun prétexte. » Cordelette ne parla pas. Le commandant Guy non plus. Pourtant, son interrogatoire, digne de ceux de l'Inquisition, s'étala sur sept mois, jusqu'en avril 1944. Les tourments reprirent de prison en prison, puis, en septembre, au camp d'extermination de Flossenbürg, en Bavière. Là, les irréductibles résistants mouraient généralement par lente strangulation, suspendus à des crochets de bouchers. Gustave « Guy » Biéler eut droit à un traitement particulier. Un officier suédois, survivant de ce camp, raconta comment, le 5 septembre 1944, les SS firent au Canadien un genre de haie d'honneur pour rendre hommage à son courage avant de le fusiller. « Il s'est rendu à son supplice en boitant, à cause de sa colonne vertébrale mal en point et d'une rotule fracturée, mais en conservant une grande dignité malgré le fait qu'il n'avait presque plus figure humaine. Ensuite, ils l'ont incinéré au crématoire », rapporte le témoin. À Londres, le colonel Buckmaster souligna que c'était la première fois qu'il entendait parler de SS rendant de tels honneurs à un adversaire qu'ils s'apprêtaient à exécuter.

Nécrologie

Le commandant Guy avait quarante ans. Pendant ce temps, non loin de Saint-Quentin, son régiment, celui de Maisonneuve, avec son frère d'armes Charly Forbes, contribuait à fermer la poche de Falaise, un événement majeur, annonciateur du crépuscule de la présence nazie en France.

René-Maurice, le frère du major Biéler, et sa femme furent capturés par la Gestapo. René-Maurice périt dans un bombardement. Les Tixier, les patrons du Café du Moulin brûlé, Eugène Cordelette ainsi que Mme Monnet, la vieille dame de l'avenue de Suffren, furent déportés. Mmes Tixier et Cordelette survécurent aux sévices qu'elles subirent. Yolande Beekman, dite Mariette, fut exécutée à Dachau. Malgré ces pertes terribles, le Réseau Tell survécut et son action illustra ces mots du « Chant des partisans » : « Ami, si tu tombes, un ami sort de l'ombre à ta place… » Tell-Musician poursuivit ses actes de sabotage jusqu'à la Libération, perturbant les déplacements routiers des Allemands et coupant leurs lignes téléphoniques.

Gustave « Guy » Biéler fut décoré à onze reprises, essentiellement à titre posthume, dont une médaille de DSO (Distinguished Service Order), une de MBE (Member of the Order of the British Empire), et la croix de guerre française avec palme. Si, pour des raisons obscures, le major Biéler n'eut pas droit à la Légion d'honneur, son nom est loin d'être oublié en France. On le retrouve jusqu'à Valençay, en Indre. Trois villes de l'Aisne – Saint-Quentin, Fonsomme et Morcourt – ont leur « rue du Commandant-Guy ». Une plaque commémore ses exploits au Centre Juno Beach de Courseulles-sur-Mer.

Au Canada, un mémorial le mentionne dans un parc de Westmount, un groupe de logements pour vétérans porte son nom à Montréal, ainsi qu'un lac marécageux et sans intérêt de l'île de Baffin, dans le Grand Nord. Singulière distinction lorsqu'on sait que, rien qu'au Québec, on compte pas moins de quatre cent mille lacs dont certains, parmi les plus beaux et les plus accessibles, portent parfois plus de dix fois le même nom (comme « lac du Roi », « lac des Français », etc.) ! Comme quoi la toponymie n'aide pas toujours le souvenir. Mais il est certain que le major Biéler se serait gardé de faire grief aux bureaucrates qui eurent l'idée discutable de donner son nom à un plan d'eau stagnante perdu, que pratiquement personne ne fréquente. Sa modestie naturelle l'en aurait empêché ; il considérait n'avoir fait que son devoir… et que l'accomplissement de celui-ci valait tous les honneurs fugaces de la célébrité.

Les perdants héroïques

Quand l'ex-étudiant canadien Frank Pickersgill se retrouva sur le pavé de Paris en septembre 1939, ses sentiments étaient pour le moins ambigus. Détenteur d'une maîtrise ès arts de l'université de Toronto et d'une licence d'études anglaises de l'université du Manitoba, il était déjà un observateur perspicace des affaires européennes lorsqu'en 1934, après avoir poursuivi ses études en pleine crise économique grâce à de petits boulots, il s'était engagé sur un rafiot en partance pour l'Europe. Il comptait visiter le Vieux Continent à bicyclette, grâce à une modeste aide financière de son frère aîné Jack, un homme politique qui servit notamment les Premiers ministres William Lyon Mackenzie King et Louis Saint-Laurent en qualité d'assistant, et connut une très longue carrière.

Lors d'un séjour en Allemagne au début du règne hitlérien, Frank Pickersgill avait frémi en constatant le climat malsain provoqué par la montée du nazisme dans la patrie de Goethe et avait pleuré de bonheur en revenant en France. Puis il était rentré au Canada, et avait repris ses pérégrinations en Europe en 1938. Féru de littérature et d'humanités, il avait établi des relations à Paris et fréquenté des écrivains, dont Jean-Paul Sartre, pour qui il devait traduire un roman. Il n'en eut malheureusement pas le temps. Poursuivant une vie précaire de journaliste pigiste transeuropéen pour des médias canadiens tels le *Free Press* de Winnipeg, le *Sun* de Vancouver ou *Le Devoir* de Montréal, il visita l'Allemagne, l'Italie, la Belgique, la Pologne et la Roumanie dans l'atmosphère délétère des accords de Munich.

En septembre 1939, de retour de Bucarest, le chroniqueur passa avec succès, à l'ambassade canadienne de Paris, un examen pour postuler au Service des relations extérieures du Canada en qualité d'agent d'information. Il avait toutefois un dilemme : ou bien rentrer dans son pays, ou bien demeurer en France pour écrire et faire ce qu'il considérait être son apport à la lutte contre le fascisme. Ses articles, éminemment critiques à l'égard des nazis, ne passaient d'ailleurs pas inaperçus aux yeux des services de renseignement allemands. Il choisit de demeurer en France, pensant peut-être naïvement y jouir d'une immunité quasi diplomatique. Le jeune homme ne se rendait pas compte de ce qu'il risquait, alors que les troupes nazies étaient à quelques mois de parader sur les Champs-Élysées. Le 11 juin 1940, il décida pourtant, à regret, de gagner Londres pour y être examiné par un jury des Affaires extérieures. La légation canadienne, sous la direction du major-général Georges Vanier, s'étant repliée sur Tours, Pickersgill décida de la rejoindre à bicyclette. Trop tard ! Les diplomates canadiens avaient évacué les lieux.

Plutôt que de les imiter et de passer par l'Espagne, le journaliste remonta vers la Bretagne dans l'espoir de gagner l'Angleterre. Il se retrouva à Quimper où il donna des cours d'anglais pour survivre. Le 3 août, les Allemands l'arrêtèrent en tant qu'« ennemi étranger » (*alien ennemy*) et l'envoyèrent dans un camp à Saumur, puis à Saint-Denis, près de Paris, où il vécut des conditions de détention assez difficiles. Il demeura prisonnier deux ans, au bout desquels il parvint à s'évader en compagnie d'un autre sujet britannique, par un procédé d'une banalité presque caricaturale : il se fit remettre, par des amis français, une lame de scie dissimulée dans une miche de pain.

Les deux évadés parvinrent à gagner la zone libre contrôlée par Vichy, mais Pickersgill dut attendre six mois un visa pour le Portugal. Il l'obtint grâce à l'intervention du vice-consul américain à Lyon. En octobre 1942, il se trouvait en sécurité à Lisbonne, rêvant non point d'un travail de bureaucrate à Ottawa, mais d'en découdre avec les nazis, dont il avait perçu un échantillon de la brutalité lors de sa détention en France. Dans la capitale portugaise, il rencontra des représentants des services secrets anglais et, une fois rendu à Londres, se fit recruter comme agent de renseignement avec le grade de lieutenant, puis « prêté » à la direction des opérations spéciales, le célèbre SOE.

Les « intellos »

Sa connaissance des langues française, allemande, et de la culture européenne en faisait une recrue de choix. N'ayant rien d'une barbouze, avec son physique passe-partout et sa calvitie précoce, il avait plutôt l'apparence d'un intellectuel tranquille, davantage enclin à discuter de subtilités sémantiques chez les philosophes aristotéliciens que d'organiser un sabotage en règle ou de se débarrasser d'un ennemi encombrant.

Pendant son entraînement, « Picks », comme on le surnommait, rencontra un compatriote, John Kenneth Macalister, diplômé en droit des universités de Toronto et d'Oxford, projetant en 1939 de suivre à Paris les cours de l'Institut de droit comparé. À la déclaration de guerre, marié à une

Française, il avait demandé de s'engager dans l'armée de son pays d'accueil, ce qui lui fut refusé du fait de sa mauvaise vue. Il essuya le même refus de la part des armées anglaise et canadienne. Voulant faire sa part pour lutter contre la barbarie nazie, il retint l'attention du SOE qui, malgré le fait que son français laissât à désirer, l'engagea comme officier de liaison avec la France libre.

En juin 1943, les deux agents furent parachutés dans la région de Valençay, dans l'Indre, afin de réorganiser une section du réseau Physician (également appelé Prosper), dirigé par un agent dynamique : l'avocat franco-britannique Alfred Francis Suttill. Hélas ! ce réseau était beaucoup plus mal en point qu'ils ne pouvaient l'imaginer, non seulement à cause de la présence de plusieurs agents incompétents ou imprudents, mais aussi de celle d'un personnage douteux, Henri Déricourt, un ancien aviateur, organisateur de parachutages, un peu trop intéressé aux activités de Londres. Le rôle de cet aventurier n'a jamais été clairement élucidé. Il échappa aux foudres de l'Épuration en réussissant à se faire innocenter pour mieux disparaître, sans doute sous une nouvelle identité.

Les agents capturés

Pickersgill, dit « Bertrand », et Macalister, surnommé « Valentin », qui devait être opérateur radio, furent pris en charge par le lieutenant Pierre Culioli et Yvonne Rudellat, une femme qui n'avait pas attendu les militantes féministes pour s'illustrer dans un emploi traditionnellement réservé aux hommes, puisqu'elle était formatrice en opérations de sabotage. Ils rencontrèrent le patron du réseau Prosper, qu'ils devaient revoir à Paris. Suttill prit le train ; les quatre se rendirent vers la capitale en voiture. Ils furent arrêtés de manière fortuite le 21 juin 1943, lors d'un contrôle d'identités à Dhuison, Loir-et-Cher. Culioli et Rudellat avaient réussi à passer le contrôle et attendaient leurs compagnons plus loin dans la voiture, lorsque les deux Canadiens soulevèrent des soupçons chez les Allemands, peut-être à cause du français bancal de Macalister. Les gardes firent alors signe aux deux autres de descendre de l'auto. Comprenant que l'affaire tournait au vinaigre, le conducteur tenta de prendre la fuite. Les deux automobilistes furent mitraillés, le véhicule s'écrasa contre un obstacle, et ils se retrouvèrent en sang sur le bord de la route tandis que Pickersgill et Macalister se faisaient appréhender sans ménagement.

On pourrait gloser longtemps sur les chances de survie opérationnelle des Canadiens dans un réseau substantiellement rongé par l'infiltration de taupes ennemies, mais la capture des deux intellectuels constituait un incroyable bonus pour la Gestapo. Le duo transportait avec lui deux postes de radio du dernier modèle, des codes, des messages adressés à des agents opérant en France et des notes qui auraient dû être mémorisées. Les services de contre-espionnage nazis opérèrent une véritable curée sur le réseau Prosper, dont la plupart des agents furent arrêtés, y compris Suttill. Les prisonniers résistèrent à des passages à tabac particulièrement brutaux pendant les quarante-huit heures nécessaires à leurs collègues pour se cacher. Le sans-filiste de Suttill craqua et fournit de précieux renseignements à ses tortionnaires. Pour leur part, Pickersgill et Macalister se révélèrent les victimes de leurs erreurs et des gestes d'amateurisme du SOE. Après avoir résisté à la torture, à Blois et à Fresnes, les deux amis furent envoyés à la forteresse de Ravitsch, près de la frontière germano-polonaise. Le pire restait à venir.

Le « jeu radio » de la Gestapo

Nantie des précieux renseignements qu'elle avait récoltés – certains avaient été notés en clair par Macalister ! –, la Gestapo se livra à un *funkspiel*, ou « jeu-radio » diabolique qui débuta en août 1943 et se termina en mai 1944. Se faisant passer pour « Valentin », l'officier SS Josef Placke se mit à envoyer des messages à Londres. Au cours des mois qui suivirent, le SOE, qui avala le leurre et la canne à pêche, parachuta sans arrière-pensée, à une vingtaine de reprises, quelque deux cent cinquante containers remplis d'armement, de matériel et d'argent nécessaires au réseau. Plusieurs agents furent arrêtés, dont Robert Byerly, un Américain engagé dans l'armée canadienne, François Deniset, de Saint-Boniface (Manitoba), Alec Rabinovitch et Roméo Sabourin, de Montréal, qui n'eurent que le temps de se faire interpeller par le « comité de réception » allemand. Rabinovitch et Sabourin tuèrent des gestapistes en se défendant, se firent torturer – bien que n'ayant que peu de choses à dévoiler, étant donné leur très court séjour dans le pays – et finirent au camp de concentration de Buchenwald.

Ce n'est qu'à la mi-avril 1944 que la section F (pour « France ») du SOE commença à se poser de sérieuses questions, malgré le feu nourri de messages provenant du Continent et émis en toute impunité par le SS Placke, qui manifestait tous les signes d'un agent de contre-espionnage comblé. Certains indices ayant semé le doute chez des agents perspicaces du SOE, ces derniers exigèrent de celui qui se faisait si bien passer pour Pickersgill une conversation radio vocale en direct au moyen d'un « S Phone ». Ce détail semblera peut-être superflu, mais il faut se replacer dans le contexte.

Le téléphone de type « S », ancêtres des radiotéléphones à ultra-haute fréquence, avait une portée de moins de 50 kilomètres à partir d'un aéronef volant à 10 000 mètres d'altitude. Avec une confiance inébranlable, Placke récupéra un Pickersgill affaibli de la prison de Ravitsch et lui promit un adoucissement substantiel de ses conditions de détention s'il acceptait de rassurer ses amis du SOE sur la conduite normale des opérations de l'organisation en France occupée.

« Picks » refusa net. Placke essaya de lui substituer un agent ayant déjà parlé sous la torture mais, après avoir d'abord accepté, le malheureux refusa également, dans un suprême effort. Ce fut finalement un Allemand parlant l'anglais et imitant l'accent canadien qui tint le rôle de « Bertrand » sur un « S Phone » saisi par la Gestapo. Ce petit numéro ne convainquit personne à Londres. Le SOE continua à communiquer pour donner le change, mais cessa ses parachutages et ce *funkspiel* particulier prit fin en mai 1944.

Frank Pickersgill n'abandonna pas le combat pour autant. Détenu dans les bâtiments du siège de la Gestapo, au 84 de l'avenue Foch à Paris, cet agent, plus penseur qu'homme d'action, tenta de s'évader en tranchant la gorge d'un garde SS à l'aide d'une bouteille brisée et en sautant du deuxième étage. Ce fut l'ultime effort d'un homme physiquement affaibli, mais au moral irréductible. Blessé à quatre reprises par une rafale de mitraillette, il fut soigné, puis fut expédié à Buchenwald à la fin d'août 1944. C'est là que, le 10 septembre, il fut exécuté lentement, dans le crématoire, pendu à un crochet de boucher à l'aide d'une corde de piano. Il mourut en compagnie de Macalister et de Sabourin, ainsi que de plusieurs collègues du SOE appartenant au groupe de l'ancien coureur automobile français Marcel Benoist, dit « Robert ».

Pickersgill, Macalister et des dizaines d'autres essuyèrent les conséquences des cafouillages et des erreurs de membres du réseau et du SOE. On peut qualifier ces faux pas opérationnels de tragiques bavures. Elles coûtèrent très cher aux soldats de l'ombre qui semblent avoir été bien seuls dans la détresse de leur défaite. La mort de ces héros n'en a pas moins aidé l'organisation à rectifier son tir et à faire adopter par les sections « F » et « RF » des mesures pour hâter la fin d'une guerre dans un pays qui, du moins en ce qui concerne les Canadiens, n'était pas le leur, mais qu'ils aimaient et appréciaient suffisamment pour lui sacrifier leur vie.

Un vendeur d'assurances… tous risques !

Presque tout le monde au Québec se souvient du syndicaliste Michel Chartrand (1916-2010), connu pour son exceptionnel engagement social, son franc-parler et sa personnalité colorée, mais seuls les amateurs d'histoire et les anciens combattants évoquent aujourd'hui la mémoire de son frère aîné Gabriel, dit « Gaby », engagé volontaire en 1939, qui fut le troisième agent du SOE à travailler en France avec la Résistance pour préparer le Débarquement.

Cet ancien agent d'assurances, admirateur de Gustave Biéler, se fit déposer dans la nuit du 14 avril 1943 près d'Amboise, avec le résistant français Philippe Liewer et deux autres agents. Les deux Lysander qui les avaient transportés furent réceptionnés par Henri Déricourt, un agent aux allégeances douteuses dont nous avons déjà parlé. Sous le pseudonyme de « Dieudonné », Gaby Chartrand se rendit avec Liewer à Rouen, pour organiser le réseau Salesman en compagnie des deux demi-frères de l'écrivain André Malraux. Il ne tarda pas à être transféré au réseau Butler, dans la région de Tours, dirigé par le journaliste François Garel.

Se déplaçant à bicyclette pour éviter les contrôles dans les transports en commun, il instruisait les résistants sur les techniques de sabotage de voies ferrées dans les départements avoisinants et l'utilisation des armes parachutées par les Anglais. Il se faisait passer pour « Claude Carton », un inspecteur des affaires sociales. Mais Garel, dont le défaut principal était l'imprudence, avait une maîtresse que l'on soupçonna plus tard de travailler pour l'ennemi. La situation se compliqua par l'arrestation à Nantes d'un messager qui avait parlé sous la torture. Garel se fit arrêter le 7 septembre, à Paris, avec son opérateur radio et d'autres agents. Il mourut finalement à Buchenwald.

Chartrand, trouvant la situation intenable, changea encore une fois d'identité et devint « Georges Chenier », représentant en prêt-à-porter. Alors qu'il se trouvait chez sa logeuse en compagnie d'un aviateur américain cherchant à regagner l'Angleterre, il s'arrangea pour accompagner ce dernier vers une « maison sûre ». Malheureusement, en approchant de son logement à vélo, Chartrand fut intercepté par deux gestapistes en chapeau mou et pardessus de cuir. Les policiers politiques décidèrent de l'emmener à leur bureau pour « vérification d'identité »... ce qui signifiait un passage à tabac suivi de savantes tortures pour le faire parler.

L'agent canadien avait toutefois bien appris ses leçons au centre de formation du SOE. « On nous avait expliqué à plusieurs reprises que si nous étions faits prisonniers notre seul espoir était de nous évader car, en demeurant captifs, notre sort était réglé d'avance, raconta-t-il plus tard. C'était la torture et, au mieux, une mort rapide ou l'envoi dans un camp d'extermination. Selon les lubies des gardiens, on pouvait également vous conserver dans des conditions de survie abominables (dans l'éventualité de pouvoir être encore utiles, comme ce fut le cas pour Pickersgill), ou encore vous gazer ou vous étrangler lentement – un trépas réservé aux espions alliés. En s'évadant, on risquait d'essuyer des coups de feu, mais aussi de recouvrer sa liberté. Choisissez... »

L'un des sbires ordonna à Chartrand de dégonfler les pneus de son vélo afin que le prisonnier ne puisse l'utiliser pour s'enfuir, tandis que l'autre brandissait un revolver. En route vers le siège de la Gestapo, alors que Chartrand poussait la bicyclette, l'un de ses gardiens demanda à son camarade de surveiller le suspect et de continuer à l'accompagner pendant qu'il s'absentait. Il avait, croit-on, aperçu quelque résistant qu'il désirait interpeller et s'éloigna.

Quinze enjambées vers la liberté

Chartrand et son gardien étaient presque parvenus à un coin de rue, et à 300 mètres du bureau de la Gestapo, lorsque le Canadien prit une initiative folle en une de ces fractions de seconde qui font toute la différence dans les jeux du stade : il empoigna la bicyclette par le centre du guidon et par la selle, puis la projeta avec précision dans les jambes de son accompagnateur qui s'effondra. Le temps que le policier retrouve ses esprits, qu'il saisisse son arme et qu'il vise le fugitif, ce dernier avait tourné le coin de la rue et pris une confortable avance. Plusieurs balles se perdirent et ricochèrent sur la chaussée.

« On m'avait appris au SOE que si l'on pouvait devancer ses poursuivants d'une quinzaine d'enjambées, nos chances de leur échapper étaient substantielles, rappela plus tard Chartrand. Ce jour-là, je vous prie de me croire, j'ai sûrement battu le record du 500 mètres ! » Il était libre, mais sans le sou… et la Gestapo à ses trousses. Comme Lucien Dumais, il avait une auxiliaire précieuse de son côté : Dame Chance, celle que Napoléon appréciait tant chez ses généraux. Elle se manifesta lorsque, déambulant sur les Champs-Élysées, il rencontra son ancien chef Charles Liewer qui, avec l'aide de Claude, l'un des demi-frères Malraux, lui trouva des logements sécurisés en attendant de pouvoir regagner l'Angleterre.

Chartrand ne perdit pas son temps et contribua à faire sortir de France un chef d'escadrille de l'Aviation royale australienne avant de se diriger vers Rennes en compagnie de deux agents de la France libre et d'un mitrailleur américain à exfiltrer. Déguisés en ouvriers français, ils s'occupèrent en faisant pendant plusieurs jours des travaux de maçonnerie dans un vieux moulin, en attendant la canonnière qui devait les recueillir. À la dernière minute, des fusées éclairantes allemandes firent avorter leur embarquement. Ils retournèrent à Rennes et firent une autre tentative le 9 décembre 1943. Cette fois, ils réussirent sans peine. Le trio devançait en quelque sorte les activités du « Ferry (ou Autobus) de la Manche » de Lucien Dumais, qui devint opérationnel le 29 janvier 1944.

Intrépide, Gabriel Chartrand voulut, de retour à Londres, retourner organiser ses sabotages en France, mais ses chefs décidèrent de ne pas remettre en jeu la bonne fortune dont il avait bénéficié jusqu'alors et de le garder en Angleterre, car il était bien trop connu des autorités nazies. Il retourna toutefois à Paris peu après la Libération et fit encore œuvre utile en donnant un coup de main aux censeurs de dépêches alliés.

De retour à Montréal et à la vie civile, le capitaine Chartrand, combattant de l'Armée des ombres, s'engagea une fois de plus en assumant la fondation et la direction, jusqu'à sa retraite en 1986, de deux immeubles réservés aux vétérans et aux veuves de ces derniers : les maisons Biéler et Jean Brillant.

Des « religieuses » au gosier pentu

Nous avons vu comment la Résistance française a préparé la voie, au prix de son sang, à la réalisation du jour J. Dans certains cas, ces actes héroïques n'ont pas eu de répercussions tragiques, et nous font même penser à des scènes désopilantes du film de Gérard Oury, *La Grande Vadrouille*, avec Bourvil et Louis de Funès.

Un de ces épisodes tragicomiques met en scène deux séminaristes travaillant pour des résistants du réseau de Jean Moulin. L'un de ces futurs prêtres, d'origine lituanienne, s'appelait Jonas Kubilius. Cet homonyme d'un éminent mathématicien de l'université de Vilnius potassait alors la théologie en France, et devait par la suite devenir un père jésuite très estimé au Québec.

On se demandera peut-être ce qu'un futur homme d'Église, pacifique par surcroît, fabriquait avec des gens d'action qui n'hésitaient pas à se servir d'armes pour atteindre leurs objectifs. Ne lui avait-on pas appris que, selon la parole de Jésus, celui qui se servait de l'épée périrait par l'épée ? Disons que son arme n'était pas la mitraillette ou la grenade, mais l'astuce, et qu'il avait des comptes à régler avec les nazis pour leurs exactions commises dans son pays natal et en France.

À la fin de 1942, ces séminaristes furent chargés d'une mission périlleuse : libérer un agent américain détenu à la Kommandantur par des soldats allemands de l'armée régulière avant son transfert chez les tortionnaires de la Gestapo. Il fallait faire vite et profiter de l'absence des officiers. Ce n'était certes pas avec les textes sacrés de l'Évangile que les deux jeunes gens espéraient amener les geôliers allemands à la raison, et encore moins par la violence – qu'en bons disciples du Christ, ils s'interdisaient.

« Je ne sais si le Saint-Esprit nous a inspirés, raconte le père Kubilius, mais nous avons eu l'idée de nous déguiser en sœurs de Saint-Vincent-de-Paul, avec cornettes SVP, pour investir la Kommandantur. Nous pouvions passer pour d'acceptables nonnettes en rasant soigneusement le timide duvet qui recouvrait nos joues. Afin d'endormir la méfiance des soldats, nous avons décidé de recourir non pas au vin de messe, mais à plusieurs bouteilles de champagne bien frappé que nous avons mises dans des cabas et chargées sur nos bicyclettes. »

Lorsque les « religieuses » arrivèrent sur les lieux, elles furent bien reçues, mais lorsqu'elles montrèrent les bouteilles de champagne, l'un des hommes leur demanda pourquoi elles apportaient un tel cadeau. Jonas Kubilius se lança alors, au nom des citoyens de l'agglomération, dans une suite de louanges dithyrambiques sur les grandes qualités et la présence rassurante des troupes d'occupation, sur le nouvel « Ordre européen » prôné par l'Allemagne et sur les bienfaits de la *collaboration*, encouragée par le gouvernement de Vichy.

— Nos concitoyens n'osent pas vous déranger et nous chargent donc de vous apporter cette modeste preuve de leur cordial esprit de coopération, déclara Kubilius en allemand – car, en digne futur érudit, comme le sont souvent les jésuites, il était multilingue.

Joyeusetés monacales

— Accepteriez-vous de trinquer avec nous, mes sœurs ? demanda celui qui semblait être le porte-parole du groupe de soldats.

C'est alors que Jonas Kubilius eut cette réponse digne d'un dialogue de Michel Audiard :

— Nous sommes religieuses, mais nous n'en sommes pas moins des femmes !

— *Ach so !* opina l'homme, ordonnant d'aller chercher des verres afin de faire la fête avec ces gentilles nonnes qui réveillaient en eux de vagues réminiscences de gaillardises monacales dignes du *Décaméron* de Boccace.

Plus les gardes buvaient, plus ils se montraient entreprenants et décomplexés. « Lorsque ces hommes nous ont serrés d'un peu trop près, j'ai eu peur qu'ils se permettent un geste déplacé qui aurait révélé notre véritable sexe ! », nous a confié le père Kubilius. On ne sait combien il y avait de catholiques et de luthériens parmi ces soldats, mais après avoir été rappelés à l'ordre par les « sœurs », les gardiens se calmèrent quelque peu et certains s'assoupirent même. Prétextant quelque besoin urgent, le complice de Kubilius en profita pour inspecter les locaux et tourner la clé de la serrure de l'unique cellule, ce qui permit au prisonnier américain de prendre la poudre d'escampette par une fenêtre après le départ hâtif des séminaristes. Mission accomplie ! Nous ne pouvons que plaindre les lourdauds qui s'étaient laissé prendre par ce stratagème...

En 1944, à l'occasion du débarquement de Normandie et de ses actions de résistance, Jonas Kubilius rencontra des militaires canadiens, dont des aumôniers, avec lesquels il se lia s'amitié. Ravis de leur accueil chaleureux, ils n'eurent pas de mal à le convaincre d'exercer plus tard son ministère à Montréal où, en 1951, il fonda la paroisse lituanienne Notre-Dame-Porte-de-l'Aurore, dans le sud-ouest de la ville.

Voilà comment ce Balte d'origine, devenu résistant français par adoption, s'est transformé en prêtre canadien et représentant d'un royaume « qui n'est pas de ce monde ».

« Les voies du Seigneur sont impénétrables », nous dit la Bible. Et elles peuvent même passer par le Canada...

DEUXIÈME PARTIE

LES MILITAIRES

3
LA NORMANDIE DE CHARLY FORBES

Descendant de Highlanders francisés dont l'origine canadienne remonte à la conquête britannique, le lieutenant-colonel J. Charles, dit Charly, Forbes était considéré comme le soldat canadien le plus décoré. Avant sa mort, en 2010, il nous avait confié ce qu'avait été sa campagne de Normandie avec le régiment de Maisonneuve.

Un mois après le jour J, soit le 6 juillet 1944, le régiment de Maisonneuve ainsi que la 3e division d'infanterie et la 4e division blindée canadiennes quittèrent Newhaven et posèrent le pied à Courseulles-sur-Mer, en Normandie. Si la chanson « J'irai revoir ma Normandie » était sur les lèvres de bien des Québécois depuis des générations, nombreux étaient les soldats du régiment de Maisonneuve – et d'autres régiments canadiens – qui ne virent la légendaire province de leurs ancêtres qu'un bref moment avant d'y mourir. Triste retour aux sources, mais la 7e armée allemande comptait plus de quatre cent mille hommes et s'accrochait farouchement. Sur les hauteurs de Verrières, May-sur-Orne et Bretteville-sur-Laize se trouvaient des divisions de *Panzer* SS, dont la tristement célèbre 12e Hitlerjugend qui, contrairement à son nom (Jeunesses hitlériennes) et à ce que prétendront certains révisionnistes cryptofascistes ou gauchistes toujours prêts à diminuer la bravoure et la détermination des Alliés, était une division formée non pas de gamins inexpérimentés, mais de jeunes gens endurcis dont la détermination et la cruauté étaient au moins aussi grandes que celles de certains fanatiques religieux et criminels de guerre actuels.

Le 8 juillet, les Canadiens attaquèrent et délogèrent les SS de Buron et d'Authie. Le 9 juillet, ils prirent Carpiquet, Saint-Germain-la-Blanche-Herbe, Venoix, La Maladrerie, et pénétrèrent dans Caen, dont la rive gauche fut libérée. Le 18 juillet, Caen brûlait ; près de 6 000 civils périrent. Guidés par les résistants, les Canadiens et les Anglais prirent la rive droite de l'Orne. Charly débarqua avec ses hommes dans le faubourg de Vaucelles. Le 20 juillet, Caen était libéré. Qu'en dit notre héros ?

« Au départ, j'avais peur d'avoir peur, raconte Charly Forbes. Allais-je reculer devant la pluie de projectiles ? Allais-je être pétrifié ? Non, je n'étais pas hanté par la crainte de mourir, seulement par mes réactions possibles. La traversée de l'Orne a été difficile, mais elle était impérative. Elle nous ouvrait la route de Falaise. Avant d'être fantassin, j'ai été officier d'artillerie pendant dix-huit mois, puis instructeur dans cette arme. Je possédais deux formations. Une de soutien aux forces armées sur le champ de bataille, et l'autre de combattant direct. Lorsque nous arrivons sur le boulevard Lyautey, dans la ville de Caen en ruine, je fais face aux tristesses de la guerre. De par ma formation, malgré les derniers cours où on nous a entraînés à la guerre de mouvement, je m'imaginais tout de même ce conflit comme une guerre de tranchées, de combats corps à corps, de vagues d'assaut, bref, toute l'imagerie de 1914-1918. Mais là, nous sommes dans autre chose : une guerre de secteurs vitaux, une guerre moderne. On saisit un passage de bœufs, un chemin, un village, car le lieu est utile au niveau des communications. Ce n'est plus la même chose. Le boulevard Lyautey est l'un de ces objectifs, comme l'était autrefois telle ou telle crête. Nous ne voyons toutefois pas l'ennemi dans le blanc des yeux. Ensuite, c'est Saint-André-sur-Orne, à 2 ou 3 kilomètres de Caen, ainsi que le faubourg de Vaucelles.

« Je suis commandant du peloton 18 de la compagnie D du régiment de Maisonneuve et mon commandant est Léon Brosseau, un homme dans le début de la trentaine qui n'a guère plus de connaissances de la guerre que j'en ai, et possède une formation académique moins poussée que la mienne. Il fait partie de ce qu'on appelle communément, dans les opérations militaires canadiennes, le "haut groupe", celui où l'on donne les ordres. La brigade des commandants du bataillon a décidé d'attaquer le faubourg de Vaucelles en procédant par le boulevard Lyautey, en direction nord, de la façon suivante : la compagnie C suit la compagnie D ; celle-ci prend sur la gauche par le boulevard et nous nous dirigeons vers l'intérieur de la ville de Caen à partir de l'Orne. Nous avançons vers les positions ennemies depuis un barrage d'artillerie divisionnaire… »

Pris entre deux feux

« Cette artillerie représente environ deux cents canons tirant plus d'une douzaine d'obus par minute, explique Charly. Je ne parle pas du vacarme. Le major hurle :

— Forbes, prenez le peloton de tête de la compagnie D. La compagnie C va vous suivre avec le major Ostiguy. Les autres suivront à gauche du boulevard Lyautey.

« Nous fonçons donc vers le faubourg de Vaucelles. Nous nous rendons aussi loin que nous le pouvons, derrière le barrage divisionnaire. En termes d'artillerie, cela veut dire trois régiments de vingt-quatre canons chacun, donc soixante-douze bouches à feu…

— Avez-vous des questions ? demande le major.

— D'où partons-nous exactement ?

— C'est marqué sur la carte. Vous voyez, DP… Il y a un tracé établi par les géomètres…

— Major, il y a erreur, il nous reste une demi-heure avant l'assaut…

« En termes d'artillerie, les initiales DP veulent dire chez nous *datum point*, un point de référence aux coordonnées connues ou présumées, à partir duquel il y a moyen d'effectuer des mesures. C'est l'endroit d'où le barrage d'artillerie se déchaîne. Or, si les hommes partent de la *start line*, ou SL, expression employée en infanterie pour désigner le point d'où les troupes montent à l'assaut à l'heure zéro, ils se retrouvent en plein barrage. Je demande au major :

— Me comprenez-vous bien ?

— Je vous comprends très bien. Avez-vous peur ?

— Assurément…

— Vous prendrez le peloton en arrière.

— Merci, je n'ai plus de questions à poser…

« Tout le drame est là, dans ces ordres. »

Charly rassembla ses hommes et leur commanda de reculer. Un soldat lui fit remarquer qu'il ne s'en allait pas dans la bonne direction. Il lui ordonna de la fermer et de le suivre avec les autres, puis leur enjoignit de consulter leur montre. Le tir de barrage se déchaîna. Pris sous celui-ci, Léon Brosseau, commandant de la compagnie D du régiment de Maisonneuve, y laissa la vie, et une centaine d'hommes se retrouvèrent sous une pluie de fer et de feu. De tous les gars de la compagnie, il n'en restera que quarante-deux et… le peloton de Charly.

— C'est pour ça que vous couriez vers l'arrière, mon lieutenant ? lui demande plus tard un soldat, trop content d'avoir sauvé sa peau.

— Effectivement…

— Qui vous a renseigné ?

— Mon pif, câlisse ! répond-il vertement, à la québécoise.

Une guerre en retard

Charly était alors monté en ligne loin derrière le barrage, et non collé sur celui-ci, comme on le lui avait commandé de façon inepte.

« Il est évident que lorsqu'on fait un barrage d'artillerie devant les troupes, explique Charly, on vient de révéler à l'ennemi qu'on est en avance, et ce dernier tire dans le tas. L'artillerie adverse riposte, et tant pis pour ceux qui se trouvent entre les deux barrages d'acier !

« Nous étions des ignorants, reprend-il, et je veux le faire remarquer sans amertume, mais lorsqu'on s'engage dans un conflit, il faut s'assurer d'être préparé. À ce titre, les Allemands avaient une grosse longueur d'avance. Un soldat ne se forme pas en vingt-quatre heures. C'est une profession. Et si les nôtres ne manquaient pas de courage, de cœur et de bras, en haut lieu on cafouillait tragiquement, au prix de vies humaines. Que dire de certains de nos hauts gradés ? Que les seules balles qui avaient sifflé à leurs oreilles étaient des balles de golf ou de tennis… Pour sa part, l'adversaire possédait l'impeccable formation militaire héritée des Prussiens, plus le fanatisme des divisions *Schutzstaffel* ou “échelons de protection”, les fameux SS, des unités politisées, spécialistes des jobs sales ; des tueurs endoctrinés qui, selon les plans des nazis, devaient par la suite remplacer les hommes de la Wehrmacht, l'armée régulière, par attrition – ou par des méthodes moins orthodoxes.

« Oui, la vie de soldat est une profession. Les Allemands connaissaient la musique, alors que nous arrivions avec des techniques d'une guerre en retard. Sur le théâtre des opérations, nous ne nous leurrions pas et avions un dicton à l'intention de ceux qui n'avaient pas encore compris. Il disait à peu près ceci : “Le premier jour, si tu passes à travers, t'es bon… T'es bon pour trois jours. Si tu vis trois jours, t'es peut-être bon pour trois mois, parce que tu vas acquérir la science du métier, tu vas te méfier, devenir futé, aguerri, et tu vas reconnaître les astuces de l'ennemi. Après trois mois, tu comptes les heures…”

« Nous parvenions à identifier les mitrailleuses comme autant d'instruments d'un orchestre infernal, poursuit Charly. La MG42 boche, c'est brrrrrr-brrrrrr-brrrrrr, mille deux cents à mille quatre cents balles par minute ; la Bren tchécoslovaque des nôtres, c'est ta-ta-ta-ta-ta-ta, de quatre cent quatre-vingts à cinq cent quarante balles par minute. Mais on ne disserte pas sur ces spécifications techniques et on n'a pas le temps de se poser des questions existentielles. On reconnaît le bruit et on sait juste que l'on cherche à vous trouer la peau. Pas le temps de se frotter les bosses, on fonce en essayant d'éviter par instinct la ferraille volante. Il y a certes des techniques de base pour ne pas s'exposer inutilement, mais, hormis cela, on s'en remet à cet instinct du combattant et, si l'on est croyant, on s'en remet à la grâce de Dieu. À ce régime, si on dure plus de trois mois, on vieillit de plusieurs années en quelques semaines et ça vous donne des cauchemars pour toute une vie. »

Les chars alliés : des autocuiseurs à tankistes

Charly avait vite remarqué les lacunes de l'armement des Canadiens par rapport à celui des Allemands. Non seulement ces derniers avaient une meilleure préparation, mais ils avaient aussi de meilleures armes, dont les chars. « Le nôtre était le Sherman M4 de 32 tonnes à canon de 75 mm avec un blindage de 55 à 75 mm, fonctionnant à l'essence à haut indice d'octane. Plus ou moins bien protégé, il s'enflammait si facilement que les Américains l'avaient affublé du surnom de Ronson [une marque de briquets] et les Allemands, de celui de Tommy Cooker [autocuiseur à Rosbifs]. D'ailleurs, certains troupiers alliés eux-mêmes, amateurs d'humour noir, disaient que lorsque le char était touché, l'équipage infusait [*brewed up*] ou jouait les Jeanne d'Arc à coup sûr. Face à ce tank – qui connut certaines améliorations par la suite – s'alignaient les Panthers de 45 tonnes au blindage plus épais et au canon de 75 mm, et surtout les redoutables chars Tigre de 56 tonnes, au canon de 88 mm, conçus selon la technique des armes antiaériennes. Il ne fallait pas trop y penser… »

Le major Ostiguy se distingua à Étavaux lorsque son estafette fut touchée par une rafale. Le major s'élança sur les nids de mitrailleuses qu'il neutralisa à la grenade. Au moment de se mettre à l'abri avec son signaleur et son estafette, des tirailleurs cachés dans des haies s'en prirent à eux. Il se précipita sur les deux agresseurs et les élimina rapidement. Il reçut un Distinguished Service Order, ou DSO, mais Charly estime qu'un tel exploit aurait bien valu une croix de Victoria.

Étavaux pris, c'est l'avance vers Saint-André-sur-Orne, qui changera trois fois de mains. La 5e brigade, composée du Black Watch, des Calgary Highlanders et du régiment de Maisonneuve, y subira une dure défaite. Des six cent vingt hommes du Black Watch – que, selon la légende, les Allemands auraient surnommés « Les Dames de l'enfer », *Ladies from hell*, à cause du kilt qu'ils portaient et de leur combativité –, une centaine seulement s'en tireront indemnes.

« J'entre dans le village dans la nuit du 2 août et fais face à un bombardement au mortier, se rappelle Charly. Trois de mes hommes, dont un brancardier, périssent. Pour corser le tout, le lendemain, un obus de 88 tombe en plein dans la cuisine de la compagnie. Dix-huit morts d'un seul coup. L'ennemi ne fait pas dans le détail... »

Lâché par ses hommes

Le même jour, on confia à Charly une mission importante. Le colonel Bisaillon lui ordonna de nettoyer deux nids de mitrailleuses qui stoppaient l'attaque de la compagnie A du major Anger en face de Saint-André. Appuyé par un feu de soutien, Charly se lança à l'assaut des nids. Il s'agissait toujours d'une opération très périlleuse. Deux mitrailleuses, cela représente plus de deux mille balles par minute qui tapissent votre environnement immédiat. Une seule balle peut vous régler votre compte... Il se lança à l'assaut avec un sergent nommé Cayer, mais aucun de ses huit autres fantassins ne les suivit. Que faire ? Reculer ? Ils étaient à moins de 50 mètres de leur objectif. De toute façon, les tirs de mitrailleuses clouaient les deux hommes au sol, tandis que les balles labouraient la terre. Ils parvinrent à contourner le premier nid et à en abattre les servants. Cayer se saisit de la mitrailleuse allemande, une MG42, pour la retourner contre les fuyards. La compagnie D hésitait à attaquer, croyant que les Allemands avaient toujours le contrôle des lieux.

Inutile de dire que le lieutenant Forbes servit par la suite une admonestation de première classe à ses hommes. Le lendemain, à 4 heures du matin, « en joyeux calvaire », selon ses propres termes, il décida de réunir ses soldats, car il savait qu'il ne pouvait gagner la guerre à lui tout seul. Il convoqua ses hommes non armés, sauf le sergent Cayer. L'un d'eux lui fit remarquer qu'ils avançaient dans la mauvaise direction, vers les lignes ennemies, car la région pullulait de chars allemands – de quoi se faire « dessouder » rapidement. Il lui dit de la boucler et les emmena en face d'un verger de Saint-André-sur-Orne, au nord de May-sur-Orne. Un simple obus de 88 et c'en était fini de la « bande à Charly ».

— Vous m'avez chié dans les mains hier matin, leur dit-il. Aujourd'hui, c'est le temps de vous rattraper. S'il y en a un de vous qui panique, qui quitte les rangs, je l'abats, et le sergent Cayer fera de même. Il vous surveillera par l'arrière. Je vais vous montrer ce qu'est le courage. Je vais compter jusqu'à vingt. Qu'un seul d'entre vous bouge et il est mort.

Le dos tourné à l'ennemi, il commença à compter : un, deux, trois… jusqu'à vingt.

Une leçon de *leadership* qui, sous un autre commandement et dans d'autres pays, aurait pu valoir la Cour martiale et le peloton d'exécution à ceux qui s'étaient abstenus de suivre Charly et Cayer. Par la suite, les hommes les soutinrent merveilleusement, en fonctionnant comme les doigts d'une même main. Au feu, la faiblesse, comme l'erreur et l'indécision, est trop humaine.

Les hommes de Charly tinrent le coup jusqu'à ce que les Fusiliers Mont-Royal vinssent renforcer, au matin, leurs positions. Pendant six jours et six nuits, l'ennemi s'accrocha. Cela piétinait. C'était pourtant une guerre de poursuite. L'objectif était la poche de Falaise, qui ouvrait la voie à la mer. Les Allemands tentèrent évidemment de retarder l'avance alliée en laissant çà et là des tireurs d'élite et des nids de mitrailleuses. Les snipers visaient les officiers et sous-officiers, dans l'espoir de désorganiser les troupes. Les gradés devaient donc enlever insignes et épaulettes pour garder l'anonymat. L'intendance ne suivait pas. Des croûtons et des reliquats de nourriture glanés chez des habitants, démunis mais généreux, dépannèrent l'armée canadienne qui, encore très anglaise, n'utilisait pas couramment ou n'était pas approvisionnée en rations américaines, C, D ou K, livrées dans de petites boîtes en carton paraffiné. Ce qui ressemblait le plus aux rations yankees était les « rations de fer » – une invention anglaise datant de la Première Guerre mondiale –, réservées aux cas d'urgence, lorsque les troupes étaient isolées. Elles se composaient d'une livre de viande en conserve – généralement du corned-beef, que certains appellent du « singe » –, de 85 grammes de fromage, de biscuits, de sucre et d'extrait de bouillon de type Bovril ou Viandox. Ce n'est pas la cuisine de maman, mais les calories sont là. L'eau manquait, et les hommes se rabattaient sur le bon cidre normand, aux propriétés laxatives. La diarrhée sévissait dans une atmosphère par ailleurs remplie de miasmes.

Les soldats décrochaient leur fusil de l'épaule, avançaient courbés, sachant fort bien qu'un « Jerry » – un « Boche » – pouvait fort bien les guetter du haut de ce clocher ou de cet innocent muret de jardin. Les Américains fonçaient à droite vers la Bretagne et espéraient pouvoir opérer un grand mouvement d'encerclement. Les Canadiens avaient pour mission de pousser vers l'ouest et de refermer l'enclave. Le 8 août 1944, les forces armées britanniques, canadiennes et polonaises se déployèrent aux petites heures le long de la route de Caen, vers Falaise. C'est le 2e corps canadien qui lança la première opération d'infanterie mécanisée. Ce ne fut pas une victoire écrasante, car les blindés allemands s'en mêlèrent, mais cette percée canado-britannique permit aux Américains de contourner les défenses ennemies et de commencer l'encerclement des Allemands dans la poche de Falaise. L'opération fut le premier engagement de la 1re armée canadienne en tant qu'unité intégrée. Le régiment de Maisonneuve prit part à la deuxième grande bataille de Normandie.

Opération Totalize

Le 8 août, le bataillon se déplaça vers la gauche pour se rallier aux chars sur la route de Caen à Falaise. C'était l'opération Totalize, menée par le général Harry Crerar. Charly avait intégré son peloton à une troupe de blindés des Fusiliers de Sherbrooke. Tard en soirée, on entendit les moteurs des bombardiers lourds Lancaster qui volaient à 400 mètres d'altitude et pilonnaient les positions ennemies. L'aviation était le fer de lance des opérations alliées et, heureusement, elle dominait celle de l'ennemi. Vacarme assourdissant, inhumain. Les bombes pouvaient faire des trous de 12 mètres de diamètre et de 4 mètres de profondeur, qu'il fallait contourner avec les blindés. Même la masse des Sherman, qui pesaient plus de 30 tonnes, fut secouée comme une autotamponneuse à la foire. On ne parle pas des infortunés fantassins qui durent s'agripper aux chars… Le bombardement dura une demi-heure. L'aviation pensa que la résistance allemande était suffisamment ramollie. Ce fut alors au tour des Canadiens, avec à leur tête le lieutenant-général Guy Simonds, d'avancer pour soutenir les cent cinquante-six mille attaquants qui faisaient partie de l'opération Totalize – l'équivalent des hommes qui ont débarqué le jour J.

Le Génie nettoya le chemin avec d'énormes engins munis de fléaux pour faire sauter les mines, puis marqua la route sécurisée à l'aide de rubans blancs. Les bombardiers rentrèrent à leur base sous les tirs de la défense antiaérienne. Plus de trente-deux colonnes de blindés se mirent en route vers la gloire. Le groupe de Charly avançait à un mille à l'heure (1,6 km). On ne battait pas de records à cette vitesse. Il s'agissait d'une lente et mortelle reptation vers Falaise. Trois fantassins allemands mal inspirés circulaient du côté gauche du char de Charly. Celui-ci s'empressa de les en dissuader en leur lançant un *pineapple*, une grenade n° 36, dangereuse jusqu'à 35 mètres. Charly descendit, l'arme au poing. L'un des Allemands agonisait, les tripes à l'air. Un autre se tordait de douleur. Le troisième se rendit. C'était un jeune SS d'environ dix-huit ans. Ses yeux étaient vitreux. Un regard de fanatique borné. Il s'attendait à ce qu'on le descende – ce qu'il n'aurait certainement pas hésité à faire lui-même s'il avait été à la place des Alliés. Plus loin, une dizaine de ses semblables levaient les bras.

— *Nicht kaputt ! Kamerad ! Kamerad !* hurlaient-ils dans un sabir d'allemand pseudo-international qu'ils espéraient que les Canadiens comprendraient.

Ces belligérants en avaient, semble-t-il, assez de se faire massacrer pour l'hypothétique « Reich de mille ans » de leur dictateur. Tout ce beau monde fut emmené vers l'arrière. Pour la première fois, Charly voyait l'ennemi de près. Dans l'œil du fanatique, il avait vu la haine épaisse, ignoble, qui anime tout intégrisme, politique ou autre, et fait de l'homme un monstre pour son semblable… mais aussi l'œil du frère humain désemparé, fût-il ennemi, entraîné malgré lui dans la tourmente.

La troupe arriva à Bretteville-sur-Laize, à 500 mètres des lignes ennemies. C'était un carnage. Les canons de quatre-vingt-huit allemands s'en donnaient à cœur joie, comme dans un monstrueux feu d'artifice. Les chars alliés, très vulnérables, flambaient comme des boîtes d'allumettes. Un spectacle terrible que ces servants de chars sortant en flammes des tourelles et se tortillant en brûlant, pour finalement mourir dans des poses grotesques ou pitoyables. Terribles aussi, ces trous que les obus allemands, faisant fi du blindage, perçaient dans les chars alliés en y pénétrant comme si les véhicules étaient faits de beurre. On pense à la salade infernale qui se brasse à l'intérieur et l'on ne peut qu'espérer que les tankistes n'aient pas eu le temps de voir venir la mort… Dans la région d'Urville, c'était un massacre : quarante-deux chars sur cinquante-deux étaient détruits. Les bombardiers alliés revinrent et pilonnèrent Bretteville-sur-Laize, Haut-Mesnil, Saint-Sylvain, au sud-est de Caen. Bretteville en prit un coup, et l'on se demanda s'il existait encore des habitants dans ce village de près d'un millier d'âmes. Charly et ses hommes approchèrent à une cinquantaine de mètres des lignes allemandes. Soudainement, il se retrouva face à un char Tigre dont le canon le menaçait et, par esprit de conservation plus que par stratégie, balança sous celui-ci un *pineapple*, une dérisoire grenade n° 36, qui explosa. À sa plus grande surprise, le redoutable Tigre se désintégra comme un lamentable décor de théâtre : il ne s'agissait heureusement que d'un leurre en toile sur charpente devant servir à détourner les bombardements de l'aviation alliée.

La petite troupe dévala la butte de Quilly pour entrer dans une vieille église du XIe siècle – du moins, ce qu'il en restait. Les hommes prirent position dans les rues nettoyées et en ruine. À l'extrémité d'un mur de pierres, Charly tomba face à face avec deux Allemands aussi surpris que lui. Il tira instinctivement et abattit l'un des deux, tandis que l'autre, sans demander son reste, se sauva pour échapper aux rafales. Un ratissage en règle fit quarante-sept prisonniers. Moins chanceux furent deux prisonniers canadiens, probablement capturés par les SS : deux brancardiers, Bacon et Pelletier, qui s'étaient aventurés pour chercher des blessés dans le *no man's land*. Ils sont morts les bras attachés dans le dos avec du fil de fer, torturés avant d'être tués…

La journée fut ponctuée de petites victoires et de tristes pertes, mais Charly estimait avoir reçu « le saint chrême » du combattant. Il avait vu l'ennemi de près, tiré le premier, plaidé ensuite… et, surtout, réussi à survivre.

— Quelle merde ! dira en guise de conclusion ce jeune officier de vingt-deux ans.

C'est alors que survint, au soir de ces combats, un intermède surréaliste.

« Entrés dans le bourg de Quilly, nous sommes à bout de forces. Il faut que je me repose. Je m'allonge dans une soue à cochons qui offre l'avantage d'être en béton, en cas de bombardement. Mes hommes montent la garde. Un soldat du prénom de Louis arrive timidement et me demande s'il peut me confier quelque chose. Il me montre une lettre en provenance du Canada et me demande de la lui lire, car il est analphabète. Je lui dis que c'est fort bien tourné. Il s'agit de toute évidence d'un mot de sa petite amie, restée au pays, une jeune femme avec une certaine instruction. C'est alors qu'il me prie d'accepter de répondre à sa "payse", à quoi je rétorque qu'il doit bien avoir un copain qui sache écrire et puisse l'aider. Malheureusement, celui qui faisait office d'écrivain public pour ce soldat a été tué. Je lui dis alors de me laisser me reposer un peu et de revenir me voir le lendemain matin, car nous devons nous mettre en route dans l'après-midi suivant.

« Le lendemain, il vient chercher sa lettre, que j'ai écrite avec des tournures romantiques un peu mièvres, dans le style de l'époque, avec certaines des paroles de la célèbre chanson que Lucienne Boyer et Jean Lenoir ont popularisée, "Parlez-moi d'amour", dont le disque 78 tours tournait constamment sur les ondes de Radio-Canada. En fin de message, j'explique à la demoiselle que je suis le lieutenant de son ami Louis et que je serai dorénavant son correspondant. Louis est enchanté et me demande d'ajouter quelque chose :

— Demandez à mon amie d'embrasser sa mère pour moi, parce que, moi, je n'ai jamais connu la mienne.

« J'ai trouvé ce moment particulièrement touchant. Enthousiasmé, Louis montre la lettre à ses camarades et revient me voir avec trois ou quatre hommes qui me demandent de leur rendre le même service.

— Ça nous occupe l'esprit, disent-ils. Et puis, on écrit aux journaux pour demander des correspondantes...

« J'étais devenu écrivain public malgré moi... J'ai dû décliner l'offre. Dans la fournaise infernale dans laquelle nous nous trouvions, un seul "client" me suffisait. »

Le copain pulvérisé

Oui, Charly a tué à Quilly. Il a vu l'Allemand tomber. Précédemment, il avait bien atteint des ennemis avec une grenade, mais les explosifs sont des armes dépersonnalisées, aveugles. Un fusil, c'est autre chose : on vise. Il n'avait pas ressenti de compassion pour ceux que la grenade avait atteints. C'était horrible, mais... Ce ne fut pas le cas avec celui qu'il abattit près du mur de Quilly. Car si le combattant souffre toujours physiquement, ses souffrances morales peuvent être plus intenses encore. Après avoir tiré, frappé le premier soldat allemand en plein cœur et vidé en vain son chargeur sur le deuxième, il se rendit jusqu'au cadavre de sa victime... pour s'apercevoir que ces soldats ennemis n'étaient pas armés : leurs fusils étaient appuyés contre le mur. « Si j'avais été plus avisé, j'aurais pu crier : "*Halt ! Hände Och !*" ("Les mains en l'air !"), dit Charly. Ils auraient probablement obtempéré et auraient été faits prisonniers. Ça vous pose des cas de conscience et, si on n'est pas une bête, on revoit longtemps le visage du pauvre diable dans ses mauvais rêves... »

Fini les lettres d'amour et les « Redites-moi des choses tendres... » Charly et ses hommes durent repartir au combat et exploiter les maigres gains obtenus. L'ennemi résistait avec férocité. Les Canadiens tombaient sous des barrages de mortier incessants.

« Le major Dugas et le lieutenant Daoust meurent le même jour ; ce dernier n'était au front que depuis vingt-quatre heures, raconte Charly. Mes hommes sont ébranlés par l'artillerie, la mitraille, les bombardements, *shell-shocked*, commotionnés. Le plancher du PC est couvert de sang. Le docteur Robert injecte de la morphine aux blessés pendant que l'aumônier, le capitaine Gérard Marchand, administre les derniers sacrements à ceux qui ne sont déjà plus et encourage ceux qui attendent la mort avec une étonnante sérénité.

« Perdu avec mes hommes dans un champ non loin de Clair-Tison, n'ayant rien mangé depuis quarante-huit heures, je donne ordre de nous sustenter avec les “rations de fer”. Les communications sont coupées. J'ai envoyé une estafette. Elle n'est jamais revenue. Un Sherman recule à droite de ma position. Sans nouvelles de mon bataillon, je me dirige vers lui. Surprise ! C'est Marc Mondor, mon copain de traversée, qui sort de la tourelle. Il me dit :

— Que fais-tu là ? Sors d'ici au plus maudit. Nous battons en retraite ; les Boches contre-attaquent ! Ils sont à moins d'une centaine de mètres de nous !

— Merci du renseignement ! lui dis-je.

« Je cours rassembler mes hommes – il n'en reste qu'une quinzaine. À peine l'ai-je fait qu'un obus de 88 frappe le char de Marc de plein fouet. Je vois son corps déchiqueté projeté en l'air, puis retomber sur l'épave du tank. Insoutenable. Les retrouvailles avec ce bon camarade ont été brèves…

« Nous reprenons le chemin de Clair-Tison à toute vitesse. Il nous faut une demi-heure pour retrouver notre bataillon. Nous nous écrasons dans un fossé pour nous retrouver près du cadavre du lieutenant Daoust, que nous n'aurons pas le temps d'enterrer. L'aviation américaine revient avec des forteresses volantes B-17, dont chacune porte près de 3 tonnes de bombes. “Salut, les boys ! Bravo !” Mais les bombes tombent si près de nous que nous avons des haut-le-cœur et vomissons nos peu appétissantes “rations de fer”. L'atmosphère est dantesque. À plat ventre, face contre terre, nous nous attendons d'une seconde à l'autre à retourner à l'état géologique, sous ce feu ami.

« Livide, malade, je me dis, après avoir recommandé mon âme à la Providence, qu'il vaut mieux mourir en rigolant qu'avec une grise mine. Le rhum ! Bon sang, le rhum ! J'en ai une gourde bien pleine, qui contient la ration de ceux qui sont morts. C'est du SRD, du service rhum *diluted.* Dilué, mon cul ! C'est du brut, pratiquement de l'alcool à 90°. Je fais circuler la gourde et tous prennent une généreuse lampée de cet explosif liquide qui vous envoie une terrible ruade dans les tripes. En deux temps, trois mouvements, la gourde est vide. Je reprends mes esprits et aperçois mon commandant de compagnie, le major de Grandpré, à mes côtés. Il m'apprend que la poussée ennemie a été arrêtée grâce aux bombardements de ces aviateurs qui ont bien failli nous avoir. Qu'ils soient bénis quand même. “Vous avez droit à vingt-quatre heures de repos”, m'annonce le major. Personne ne conteste. »

Fourbus, les soldats s'installèrent dans une ferme abandonnée. Les animaux désemparés qui erraient ici et là, cochons et poulets, furent abattus et se transformèrent en fricassées. Le lieutenant Forbes se glissa dans un lit bancal que ses hommes lui avaient réservé. En dépit des bruits de la guerre, il dormit comme une masse pour se réveiller le lendemain matin couvert de plaques rouges, occasionnées par une multitude de piqûres de punaises. Un compagnon qui avait profité de la place restant dans ce lit pouilleux fut également harcelé par ces maudits insectes. Il adressa une supplique au ciel, demandant s'il devait supporter de tels tourments en plus de ceux de la guerre. Il faut dire que l'hygiène générale laissait à désirer.

« Nous sommes le 13 août 1944, explique Charly. Personne n'a pris de douche depuis le milieu de juillet. Malgré les habits de combat enduits de désinfectant, malgré le DDT, tous souffrent d'irritations, de maladies de peau, comme la gale. Ils ont des poux, du pied d'athlète, des oncles incarnés, des chaussettes pourries, une barbe de plusieurs jours et des cheveux ras, à la façon des anciens bagnards. Ils ne dépareraient pas dans certains événements bobos d'aujourd'hui, où l'on semble apprécier ce look. Mais ici, ce n'est pas de la frime, et si les hommes ont des piercings, ils sont plus grands que ceux de nos petits messieurs actuels : ils ont été faits par des balles ou des shrapnells, et il faut pas mal de temps pour s'en remettre… lorsque l'on y survit. »

Les saloperies vivantes

On scia un grand tonneau en deux, on y versa de l'eau chaude et on s'y baigna. Plaisir inénarrable. À 17 heures, la popote roulante arriva avec de la bonne cuisine chaude : une soupe au bœuf à l'orge perlé, du pain blanc, du beurre, du rosbif d'un bon centimètre d'épaisseur, et toutes les garnitures. Du thé, une double ration de rhum et le courrier du Canada. Voilà pour le repos du guerrier.

Adossés à des bottes de paille, les hommes essayaient de dormir. Dans un coin, un soldat fumait.

— Ça va ? demande Charly.

— J'ai peur, mon lieutenant

— Moi aussi…

— Ah !

Personne ne jouait au mariole, car tout le monde avait la peur aux tripes. À 6 heures précises, il faudrait se remettre en route.

« L'engagement de Clair-Tison nous a coûté cher, se remémore Charly. Sur les quelque neuf cents hommes que nous étions au départ, il n'en restait que quatre cent cinquante-neuf, et pas de renforts. À la compagnie D, nous étions à peine quarante sur des effectifs de combat qui auraient dû être de cent vingt hommes. Depuis Saint-André, je demeurais le seul lieutenant à avoir survécu dans la compagnie. Nous aurions dû être trois… Le commandant du bataillon, le lieutenant-colonel Bisaillon, était tombé le jour précédent. Le lieutenant-colonel Jules Bibeau, peu après. Mais mes hommes étaient prêts à partir. Avec ce qui restait du peloton n° 17, ils étaient vingt-trois. Le peloton n° 16 était commandé par le sergent Raoul Guay, un homme très brave et courageux. »

Avec les SS dans le coup, la guerre devint plus horrible encore. Les Allemands de l'armée régulière, la Wehrmacht, pour la grande majorité de malheureux citoyens entraînés dans le conflit, comme leurs opposants, ne faisaient pas l'objet de préjugés notables de la part des Canadiens. Il n'en était pas de même pour les SS. Depuis que les hommes de Charly avaient trouvé les cadavres mutilés des brancardiers Bacon et Pelletier à May-sur-Orne, tout Schutzstaffel se trouvait affligé d'une réputation de tortionnaire sadique, même s'il ne l'était pas, et les soldats étaient prêts à se venger de ces arrogants soudards créés par Hitler pour inspirer la terreur. Les bons Québécois d'origine populaire, de rudes gars, étaient écœurés par les agissements des SS, mais pas impressionnés. Ils n'étaient pas les civils désarmés de quelque ghetto polonais ou ukrainien, et ils allaient le faire savoir à ces *scumbags*, à ces « saloperies vivantes ».

« Il me faut plusieurs fois intervenir car, par exemple, un SS capturé avec, en sa possession, des cigarettes canadiennes ne bénéficiera pas beaucoup de la sympathie de mes hommes…, explique Charly. Que faire ? S'interposer ? D'autant plus qu'il y a des rumeurs selon lesquelles des SS auraient fusillé des gars du régiment de la Chaudière… Est-ce exact ? Ils l'ont bien fait, à plusieurs reprises, avec des parachutistes américains et des nôtres… On est en pleine zone d'ombre. Un de mes caporaux devait m'amener un SS désarmé qui, après lui avoir craché au visage et avoir refusé d'être fait prisonnier, tentait de l'agresser. Il va le chercher et j'entends un coup de feu. Le caporal se présente.

— C'est toi qui as tiré ?

— Oui, mon lieutenant. Il était complètement hors de lui, ne voulait rien savoir et j'ai eu peur qu'il me saute dans la face, alors…

— Alors, on n'instituera pas de commission d'enquête... »

Dans le feu de l'action, on ne saura jamais le nombre de règlements de compte du genre. La loi du talion, l'horreur pour répondre à l'horreur ne sont pas nouvelles. Les théoriciens pacifistes diront qu'on ne répare pas une injustice en en commettant une autre. C'est juste. Mais allez prêcher ces louables paroles aux hommes exaspérés lorsqu'ils retrouvent le corps d'un camarade que l'ennemi a torturé par pur sadisme ou par racisme ! Le plus triste, c'est que tout soldat désarmé portant l'insigne SS, qui désignait les exécuteurs nazis des basses œuvres, risquait d'écoper pour les autres, même s'il n'avait pas commis de crime de guerre. La désolation était partout. Sur la route de Versainville, près de Falaise, les Canadiens progressaient et faisaient, avec leurs alliés, des milliers de prisonniers. La poche se refermait sur les Allemands qui tentaient de s'échapper. Comme le disent les paroles du « Chant des partisans », ils commençaient à connaître « le prix du sang et des larmes ». Leur matériel abandonné jonchait les routes, tassé sur les bords par des bulldozers. L'horreur atteignit son maximum. Mais laissons parler Charly.

Une parcelle de beauté dans l'horreur

« Ici, on peut voir un paysan, assis droit comme un piquet, raide mort, qui tient encore entre ses mains calcinées les guides de son vieux cheval grouillant de vers et pourrissant au soleil. Là, le cadavre d'un soldat à demi enseveli que l'on a profané en lui enlevant ses bottes. Son portefeuille traîne près de lui et ses papiers volent au vent. Là, une croix blanche anonyme. Plus loin, un fusil planté en terre sur sa baïonnette, signalant la présence d'une hâtive sépulture, des véhicules percés de balles, calcinés, ayant à leur volant des écorchés, des étripés, des squelettes dont la mâchoire s'est parfois immobilisée dans un rictus douloureux ou satanique que nul film d'horreur ne saurait reproduire. Dans le bois de Quesnay, où je dois passer la nuit pour couvrir l'axe principal, d'anciennes positions ennemies sont remplies de cadavres mutilés : des Canadiens du North Shore Regiment, bombardés par erreur par les Américains. Un sacrifice au *friendly fire*, au "feu ami"…

« Tu parles ! dit Charly. Nous ramassons les restes de nos camarades au-dessus desquels volent des mouches. Il faut mettre les masques à gaz. Lorsqu'on enlève les *dog tags*, ou plaques d'identité militaire, aux morts, des vers blancs nous collent aux mains. Nous préparons une fosse commune et, lorsque les corps sont démembrés, nous transportons les restes de nos camarades en les piquant avec nos baïonnettes en guise de fourches. Indescriptible…

« Dans une lettre à ma mère, je lui dis que si je sors vivant de tout cela, j'aurai changé et que si je tombe, elle aura un saint au paradis. Un saint ? Je voulais la rassurer, bien sûr, mais tant de choses abominables avaient durci mon cœur ; j'étais devenu fataliste. On finit d'ailleurs par se sentir invulnérable, du moins jusqu'à ce que quelque événement ne vous rappelle votre condition humaine. Je priais, pas tant pour moi que pour les personnes à qui ma perte aurait pu causer du chagrin. »

Comme toujours, en plein enfer, on trouve des moments surréalistes, comme à Versainville, où une bombe avait éventré une maison bourgeoise en pierre. Charly y trouva refuge avec ses hommes. Sous le piano, qui tenait à peine debout, se trouvait un violon dans sa boîte. Charly se rua sur l'instrument et, en un tournemain, l'accorda et se mit à en jouer. Pendant que les obus sifflaient au-dessus des toits, les hommes, médusés, s'approchaient.

— Lieutenant, vous jouez du violon en plus de ça ? demanda l'un d'eux.

Le major arriva en vitesse et demanda ce qui retardait l'avancée, car le commandant hurlait à l'arrière. Il voulait « que ça saute ».

— Le violon, major, le violon. Écoutez comme c'est beau, dit un soldat.

Mais le major de Grandpré ne l'entendait pas de cette oreille.

— Vite, Charly, *never mind* le violon ! Nous devons profiter des barrages d'artillerie pour poursuivre l'ennemi jusqu'au prochain contact…

Charly ne perdit pas de temps. Il emporta l'instrument que l'on protégea sous 20 centimètres de couvertures de soldat, à l'arrière d'une chenillette. Il charmera encore bien des combattants, jusqu'en Hollande. Sans pouvoir l'exprimer en ces temps tragiques et tendres à la fois, Charly et ses hommes avaient trouvé ce moment très symbolique. Quoi de plus fragile qu'un violon, opposé au fracas des tonnes de métal projetées dans toutes les directions, à l'effondrement des bâtiments, aux tirs et aux bombardements ? Un peu d'humanité, peut-être, qu'un geste brutal de la main peut réduire en poudre. Pourtant, à cet instant précis, les notes sorties de cette risible boîte en bois, avec pour auditoire de simples soldats couverts de boue et de sang, avaient pris une importance que ne retrouvera jamais quelque capricieux interprète de concert faisant chanter son Stradivarius devant une foule de mélomanes triés sur le volet. Moment de grâce inattendu dans l'enfer des hommes…

La route de Falaise était enfin ouverte. La ville, un amas de ruines. Les hommes du *Brigadeführer* et *Generalmajor* SS Kurt Meyer résistèrent jusqu'à la mort. Les Fusiliers Mont-Royal neutraliseront ces fanatiques. Meyer était un jusqu'au-boutiste impitoyable, qui sera jugé plus tard pour crimes de guerre. Il comparaîtra le 10 décembre 1945 devant une cour martiale canadienne pour le meurtre de onze prisonniers, commis le 7 juin 1944, et celui de sept prisonniers canadiens, le 8 juin 1944. Parmi ses juges, on trouvera le général Foster, son adversaire lors de la bataille de Normandie. Des exactions du même genre s'étant produites du côté allié, aux portes de Caen, et Meyer jouant les ignorants, l'accusé s'en tirera avec une dizaine d'années de détention, avant de mourir d'une crise cardiaque dans la force de l'âge.

D'autres Allemands avaient tenté de s'échapper en traversant la Seine à Rouen. Les cadavres flottaient dans ce fleuve tant célébré qui charrie les eaux usées de la Ville lumière. Dans la nuit, à Orbec, le major de Grandpré fut blessé dans un bombardement. Charly demeurait le seul officier de la compagnie D. Décidément, les rangs s'éclaircissaient. Et les abominations continuaient.

« En entrant dans Elbeuf, d'autres horreurs nous attendent, raconte Charly. Nous découvrons deux vieillards enterrés à mi-corps, les ongles arrachés et les yeux crevés. Au deuxième étage de la maison voisine, des jambes pendent d'une fenêtre. Dans la chambre, nous trouvons une femme éventrée, la poitrine lardée de coups de baïonnette. Comment un peuple cultivé et évolué comme les Allemands a-t-il pu sécréter des monstres aussi ignobles que ceux qui ont commis ces atrocités ? Je suis loin d'être le premier à me le demander. Seigneur ! sommes-nous condamnés à voir d'autres abominations du genre ? N'est-il pas assez, pour des combattants, de voir des camarades mourir ? Et Tu ne dis rien ? Tu laisses faire ça ? »

La foi du charbonnier en prit un coup, mais le culbutage des forces allemandes se poursuivit. Signalons que, le 18 août 1944, les blindés du South Alberta Regiment et des Argyll & Sutherland Highlanders se dirigèrent vers le village de Saint-Lambert-sur-Dives. La route qu'ils parcouraient était la dernière que pouvaient emprunter les Allemands pour fuir. Le major David Vivian Currie était à la tête de l'escadron C, une unité composée de chars d'assaut, de canons antichars et d'infanterie. Il fermait ce que l'on appellera « la poche de Falaise », l'un des exploits de la campagne de Normandie, pour lequel le major Currie sera le quatrième Canadien à recevoir une croix de Victoria dans cette guerre.

À la suite de ces durs combats, la Normandie devint la région de France ayant le plus souffert de la Seconde Guerre mondiale. On n'en garde surtout que le riant visage d'une province fertile, et l'âpreté des combats sur les plages du débarquement. On oublie un peu les bombardements et les combats furieux qui ont eu lieu dans les terres et les villes. Caen, Saint-Lô, Le Havre furent réduites en tas de gravats, comme de nombreux villages.

Des deux cent mille soldats allemands de la 7e armée encerclés à Falaise, plus de vingt mille réussirent à s'échapper et autant furent tués. On parle d'un total de cent mille ennemis ayant réussi à se dégager de l'étreinte alliée. Charly raconte cette débâcle : « Les routes sont pratiquement inutilisables. À certains endroits, la chaussée est littéralement couverte de cadavres : soldats, chevaux, animaux de ferme s'entassent en masses infectes. Charniers dantesques qui empoisonnent l'atmosphère et dont on peut sentir l'odeur des milles à la ronde. »

Eisenhower lui-même n'en revenait pas : « On pouvait marcher des centaines de mètres sans pouvoir mettre le pied sur autre chose que des cadavres », rapporta le futur président des États-Unis.

« Des bulldozers et des bombes de mortier ont servi à la sépulture de près de dix mille morts, reprend Charly. Sur une distance de près de cinq milles, on a créé un triste cimetière le long de la route, épitaphe d'une armée en déroute. Le bilan de cette hécatombe est épouvantable, mais la bataille de Normandie est gagnée. Sur les un million deux cent mille soldats alliés qui ont participé en partie au débarquement ou à la percée vers Falaise, on en compte près de deux cent mille tués ou mis hors de combat. Les troupes allemandes en ont pris pour leur grade : la seule défaite de la 7e armée représente quelque douze mille morts et cinquante mille prisonniers, sans compter la perte de deux cents chars, de mille pièces d'artillerie et de plus de cinq mille véhicules. »

Malgré tout, on estime que cent mille soldats allemands et un maximum d'officiers supérieurs purent s'échapper de la poche de Falaise. Les Alliés devaient les retrouver dans les Ardennes…

Il ne faut pas oublier les quelque cinquante mille victimes civiles, dont vingt mille dans le Calvados – plus cinq mille à Caen sous les bombardements alliés – et quinze mille dans la Manche. Il fallut plus de trente ans pour reloger tant bien que mal les sinistrés, dont les plus fragiles virent leur existence écourtée par leurs conditions de vie précaires. Mais là, nous tombons dans le domaine des froides statistiques.

Les Canadiens se lancèrent vers les Allemands aux abois. Ils progressaient vers Dieppe. Charly s'arrêta pour se reposer dans le village de Grèges, et refusa de participer à un défilé de la victoire qui se tenait à Dieppe. Pour lui, le débarquement du 19 août 1942 dans cette ville avait été conçu par des imbéciles et organisé selon une stratégie nulle. Quelque six mille cent hommes avaient participé à ce raid manqué, dont cinq mille Canadiens. De ce nombre, neuf cent sept étaient morts, mille neuf cent quarante-six faits prisonniers… sans parler des blessés qui sont revenus parmi les quelque deux mille cent rescapés.

On a allégué qu'il fallait ouvrir un deuxième front pour soulager les Russes, « tester » les défenses allemandes, et que les pertes n'avaient pas été vaines, puisque l'opération malchanceuse s'était révélée utile, comme une sorte de « répétition » pour le jour J. Charly estime que Dieppe a été une tragique erreur et que le tout fut improvisé. Il cite notamment l'un des hauts gradés responsables de ce fiasco, qui a confessé après la guerre, à un ancien officier allemand, que dans le civil… il était directeur d'une entreprise de crème glacée ! Cela donne une idée de l'aventurisme de certains officiers supérieurs canadiens face à un ennemi hyper-formé, aux traditions militaires ancestrales. Comme toujours, l'Histoire jugera, mais elle n'est pas pressée.

4
PORTRAITS DE COMBATTANTS

Jusqu'en 2008, année de son décès à l'âge de quatre-vingt-treize ans, Fernand Dostie fut le doyen des officiers francophones canadiens de la campagne de Normandie chez les Fusiliers Mont-Royal. Selon ses propres mots, il était allé à « l'université de la misère » : il avait suivi des cours du soir et de fin de semaine tout en travaillant comme factotum pour *L'Illustration*, une feuille politique où il affina ses connaissances du cours secondaire et devint finalement journaliste. Assoiffé de connaissances, cet autodidacte s'inscrivit également à des cours en sciences comptables, commerciales et sociales. Après avoir assimilé un maximum de sujets, il suivit une formation d'élève officier, combattit à titre de lieutenant et fit partie de la deuxième vague d'assaut débarquée sur Juno, la « plage des Canadiens ».

Un officier et gentleman sorti du rang

« Mon expérience militaire commença dans l'aviation, à la 118e escadrille », raconta-t-il lors d'une longue interview filmée avec Alain Stanké à l'occasion du tournage de *La Plage maudite*[1], un documentaire touchant, tourné à l'occasion du

1. Jacques Despins, *La Plage maudite*, TQS, 2003.

soixantième anniversaire du Débarquement et mettant en vedette des survivants du jour J.

« Les cours de pilotage se donnaient sur des coucous d'époque, des Rambler et des Tiger Moth, et coûtaient 25 dollars l'heure, alors que mon salaire hebdomadaire était de 18 dollars. J'ai donc remballé mes prétentions et opté pour l'infanterie en m'inscrivant comme volontaire chez les Fusiliers Mont-Royal, un régiment en pleine reconstruction à la suite du désastre de Dieppe. Je fis mes classes grâce à une formation de sous-lieutenant chez les cadets officiers de l'université de Montréal.

« C'est à titre de lieutenant que je me suis embarqué avec cinq mille autres hommes sur un navire en direction de Liverpool. Ce n'était pas une croisière, loin de là ! Notre chambrée comptait neuf personnes. Pour ma part, j'avais hérité d'un espace sur le sol avec mes godillots en guise d'oreiller. Nous devions également assumer des heures de surveillance anti-sous-marine afin de prévenir les attaques éventuelles des U-Boote. Je n'ai personnellement pas aperçu de sous-marins, mais nous avons, à un moment donné, été obligés de louvoyer car un de ces submersibles essayait d'attaquer notre navire. Il n'y eut pas de suites, car il s'est esquivé, mais nous avons fait un crochet par l'Islande, tant nous redoutions la U-Bootewaffe.

« Après mon entraînement en Angleterre, le jour J, je me suis retrouvé avec la deuxième vague d'assaut et la 2e division. Notre objectif était de nous rendre le plus rapidement possible pour le 7 juin à Caen, non loin de l'aérodrome de Carpiquet. Nous utilisions des bicyclettes pliables, mais notre progression ne fut pas si facile que nous le pensions. Caen résistait. La ville a été terriblement bombardée. Entre parenthèses, je puis le dire aujourd'hui : ce fut totalement inutile car, comme à Monte Cassino, en Italie, où il y eut quatre batailles, les Allemands revenaient à chaque fois. Telles sont les erreurs stratégiques de l'Histoire.

« Avant de débarquer, nous avions reçu de strictes recommandations : nous devions nous méfier de l'eau, qui pouvait être empoisonnée, prendre garde aux mines et objets piégés. Si nous étions faits prisonniers, ne fournir que nos nom, grade et matricule à l'ennemi. En outre, nous étions encouragés à nous évader. À cet effet, nous avions des mouchoirs kaki sur lesquels il suffisait d'uriner pour qu'apparaisse une carte de la région où nous avions débarqué. Nous portions aussi des boutons qui se transformaient en boussoles et une lime dissimulée.

« Le tout était complété par un opuscule intitulé *Instructions for British servicemen in France* ["Quand vous serez en France – Instructions aux soldats britanniques"], où l'on expliquait brièvement et non sans humour aux sujets de Sa Majesté, dont nous faisions partie, ce qu'étaient les Français, leurs coutumes et leur culture. On y précisait que l'ennemi ferait tout son possible pour laisser derrière lui, disséminés dans la population, des espions, des saboteurs et des propagandistes présentant pour les Alliés une menace permanente. Nous transportions également de la nourriture pour quarante-huit heures, dont des boîtes de conserve autochauffantes et une trousse de premiers soins. Avec les armes, les munitions, la pelle, le tapis de sol, les rations cela donnait un chargement de quelque 35 kilos, soit pratiquement celui que transportaient les légendaires légionnaires de la Rome antique. »

La « chienne » aux trousses

Et la peur dans tout cela ? « Celui qui raconte qu'il n'a pas peur à la guerre débite des balivernes, soulignait-il. Nous avions trois options au cas où les choses devaient mal tourner : être tué, blessé ou fait prisonnier. Nous maîtrisions cependant la peur – que les Québécois appellent "la chienne" –, vivions constamment avec celle-ci et nous attendions au pire. Elle faisait partie intégrante de notre quotidien. Par exemple, dans notre kit de première urgence, nous avions des genres de seringues ressemblant à de petits tubes de dentifrice contenant des doses de morphine. J'en possédais personnellement une demi-douzaine. Je me souviens m'être servi de ces analgésiques sur un motocycliste amputé des deux jambes par un obus et qui est mort dans mes bras. Nous "marquions" les blessés d'une ou de plusieurs barres verticales sur le front après avoir trempé notre doigt dans la boue pour signaler aux infirmiers que nous leur avions injecté de la morphine. S'ils portaient plus de deux barres, le personnel paramédical ne devait pas leur en administrer davantage sous peine de voir le blessé mourir. On s'adapte ainsi à toutes les horreurs. »

Des durs, des vrais

Le gradé sorti du rang ne tarissait pas d'éloges sur ses hommes qui, bien que n'ayant que de lointaines traditions militaires, ne s'en montraient pas moins excellents sur le terrain.

« La plupart des fantassins canadiens-français n'avaient pas grande instruction, mais étaient de solides cultivateurs, pêcheurs, mineurs, bûcherons habitués à survivre dans une nature ne faisant pas de cadeau, expliquait-il. Par exemple, ils étaient parfois capables de tenir le coup plus de deux jours sans manger et se montraient des tireurs d'élite rivalisant avec les meilleurs snipers allemands. C'étaient de vrais durs de durs, contrairement aux anciens repris de justice et ex-mauvais garçons repentis qui s'étaient engagés pour s'acheter une conduite ou se faire oublier. Ceux que j'appelle les "mafieux", et qui jouaient si facilement du revolver contre des civils, se montraient beaucoup moins farauds devant les soldats allemands ; certains, même, se dégonflaient.

« Nos compagnies eurent beaucoup de difficultés en Normandie, notamment pour fermer la poche de Falaise, soulignait-il. Contrairement à ce qu'on voit dans les films américains où les sergents se trouvent toujours sur la touche, au Canada, ce sont les lieutenants qui sont en avant. C'est ainsi que nous en avons perdu beaucoup et que j'y suis presque resté. Les tireurs d'élite allemands visaient de toute façon les gradés pour désorganiser nos troupes. Nous avons donc fait disparaître les épaulettes et insignes et avons donné des carabines aux officiers, qui se fondaient ainsi dans la masse. L'un de mes tireurs, un gars capable de perforer une pièce de 25 cents à 100 mètres, m'indiquait les snipers ennemis non en m'interpellant, mais en me tirant une balle à 2 centimètres de l'oreille. Ce curieux moyen de communication était efficace, mais périlleux ! Voilà pourquoi il fallait avoir confiance en ses hommes. Personnellement, je vivais en symbiose avec mes gars et, comme beaucoup d'officiers, leur servais même d'écrivain public, car nombre d'entre eux, bien que possédant un rude bon sens, étaient analphabètes.

« Les Tiger allemands, avec leurs canons de 88, faisaient des ravages dans nos rangs. J'ai vu l'un de ceux-ci faire flamber trois Sherman en cinq sec. L'efficacité de nos tanks n'approchait pas celle des chars ennemis, mais nous devions nous arranger avec ce blindé que les équipages surnommaient Ronson – du nom d'une célèbre marque de briquets garantis s'allumer facilement. »

Mitraillé sur sa civière

« Vers la fin de juillet 1944, parmi les engagements les plus meurtriers en Normandie, on compte ceux de la crête de Verrières, poursuivait notre vétéran. C'est là où j'ai été blessé. De toute façon, je ne me faisais pas d'illusions et étais prêt à mourir ou à me retrouver invalide. En route vers les premiers soins, je me trouvais sur la civière du haut de la jeep qui faisait office d'ambulance lorsqu'un Messerschmitt nous a mitraillés. Contre toute attente, c'est mon voisin du dessous qui a été tué. Le destin…

« À l'hôpital, lorsque j'ai palpé le haut de ma jambe, je m'attendais à ne toucher qu'un moignon et me demandais comment j'allais bien pouvoir conduire ma voiture. Je découvris avec bonheur que les chirurgiens avaient sauvé ma patte. Je restais deux mois à l'hôpital et quatre autres en convalescence, mais n'étais plus apte pour opérer dans les zones de combats. La guerre ayant progressé, après avoir suivi plusieurs cours, on m'affecta aux Services de renseignement britanniques, puis comme officier de sécurité dans la zone d'occupation contrôlée par les Canadiens. Je fus promu capitaine puis major. Je rentrais au pays en 1946 pour épouser ma fiancée, Cécile, qui m'avait attendu tout ce temps », concluait-il.

Démobilisé, Fernand Dostie accepta l'offre de se joindre au gouvernement du Québec. Il fut nommé secrétaire général du ministère du Bien-être social et de la Jeunesse, puis sous-ministre de Paul Sauvé, son ancien commandant, un homme intègre, apprécié par la population. Le gouvernement suivant, celui de Jean Lesage, le nomma président du Tribunal des expropriations. Pour la première fois, un non-juriste dirigeait un tribunal administratif. Malgré cette lacune, aucune de ses décisions ne fut portée en appel.

Nommé lieutenant-colonel honoraire des Fusiliers Mont-Royal, PDG de l'Ambulance Saint-Jean pour le Québec, Fernand Dostie, qui avait été décoré à dix-huit reprises, détestait les médailles et ne les portait qu'au cours des cérémonies officielles. Pour lui, leur signification était amoindrie : trop de personnes ne les avaient obtenues que pour des raisons politiques ou une tapageuse carrière de « people ». Selon lui, au Canada comme en Europe, ces gens étaient trop souvent honorés de la même manière que ceux qui avaient versé leur sang pour leur pays ou contribué à sa grandeur et à son développement. Il donnait pour exemple ces individus recevant le titre de « sir » ou la Légion d'honneur pour des raisons purement commerciales ou leurs accointances avec le pouvoir.

Rappelant ses humbles origines, il se passait volontiers de ces honneurs. Il avait choisi la modestie, une option non incompatible avec la fierté.

« Je me souviens », ou l'alouette affolée

« *Nul soldat ne sort indemne d'une guerre.* »

(Jose Narofsky)

« Je suis parti pour la guerre en 1940 et me suis enrôlé la même semaine où la France a rendu les armes. Cela faisait drôle de voir la plus importante armée d'Europe capituler ainsi devant les Allemands. Mon père m'a dit : "Pourquoi veux-tu aller à la guerre ? On vient de la perdre !" Je ne tenais pas à jouer les héros mais avant tout à m'engager dans l'aviation, et la guerre m'offrait l'occasion de servir dans cette arme… »

Ainsi parle Gibert Boulanger, dit Gil, qui, à quatre-vingt-quatre ans, s'est construit un avion de tourisme. Aujourd'hui, à plus de quatre-vingt-dix ans, il le pilote encore… alors que bien des personnes de cet âge sont souvent incapables de conduire ! Ce fils de bonne famille, dont la mère était décédée à la suite d'un douzième accouchement, avait aussi perdu la foi en constatant que le clergé, alors très influent au Québec, encourageait la « revanche des berceaux » quel qu'en soit le prix.

Le 18 juin 1940, jour du célèbre « Appel » du général de Gaulle, Gilbert passait ses examens pour être incorporé dans l'aviation sous la qualification de *general duty man*, autrement dit de « rampant » bon à tout faire – par exemple en gérant l'inventaire de pièces d'aéronefs dans un dépôt. En 1941-1942, alors que la guerre était loin d'être gagnée, le corps d'Aviation royale canadien avait baissé les exigences du niveau de recrutement de son personnel navigant. Il repassa donc des examens.

« L'attente était de neuf mois pour être pilote et je n'étais pas suffisamment fort en maths pour être navigateur. Alors je me suis dit qu'à ce rythme, je n'irai à la guerre que lorsque tout serait fini. Pour moi, c'était intolérable, explique-t-il. Je leur ai demandé ce qui restait comme emploi dans le personnel volant. On m'a donc mis à l'essai pour trois mois comme mitrailleur sur un Fairey Battle, un bombardier léger monomoteur aux performances décevantes lorsqu'il était confronté aux appareils de la Luftwaffe et utilisé outre-mer pour l'entraînement. J'étais installé derrière le pilote, lorgnant dans le collimateur d'une mitrailleuse Vickers de la guerre de 14. »

En Angleterre, le brave mitrailleur suivit la suite de son entraînement à Bournemouth, dans le Dorset, puis à Moreton-in-Marsh, dans le Gloucestershire, sur des Wellington, de légendaires bombardiers bimoteurs armés de mitrailleuses en tourelles avant, arrière et en sabord. Après cinquante heures de perfectionnement, le mitrailleur Boulanger se retrouva en Afrique pour renforcer l'escadrille canadienne des Alouettes, qui s'y trouvait depuis mai 1943, pour préparer l'invasion de la Sicile et de l'Italie par les Alliés. Brûlant d'aller au combat, il effectua dix-huit missions au-dessus de l'Italie tandis que les Canadiens participaient à la livraison, à Alger, de soixante bombardiers aux aviateurs de la France libre – un fait historique un peu oublié de nos jours. Tel fut le baptême du feu d'un petit gars de vingt ans, recroquevillé dans sa tourelle de plexiglas entre deux ou quatre mitrailleuses Vickers, qu'il fallait activer plus rapidement que celles de l'ennemi, car une seule balle bien placée par ce dernier et c'était l'explosion générale, la fin des jeunes et vaillantes alouettes, oiseaux canadiens mythiques, écrasées par les serres de l'aigle nazi.

Le grand départ

Le Débarquement en Normandie faillit avoir lieu le 5 juin 1944, mais fut remis au lendemain. Branle-bas de combat dans les bases aériennes anglaises gardées par la police militaire. Les équipages furent partiellement briefés. Pas question d'informer les familles. D'ailleurs, on n'apprenait sa destination qu'en dernière minute : c'étaient les côtes françaises, de l'autre côté de la Manche. Gilbert serait mitrailleur ventral sur un Halifax LW620 T, un quadrimoteur sur lequel il avait préalablement été entraîné. Les navigants furent isolés, et le départ fixé pour 1 h 30 le 6 juin. À l'heure dite, les douze cylindres en V Rolls-Royce vrombirent et l'appareil quitta la piste. À 3 000 pieds d'altitude, le *flight officer* aida les mitrailleurs à rejoindre leur poste dans leur tourelle. Destination : Houlgate, où se trouvait un essaim de batteries antiaériennes allemandes.

Dans sa bulle, Gilbert voyait un véritable tapis de planeurs au-dessous de lui, tractés par des DC-3, des Wellington, des Halifax. Ces planeurs chargés de soldats et de matériel – parfois dix-huit hommes et deux jeeps par appareil – atterrirent en catastrophe derrière les fortifications allemandes, sur des terrains si possible non inondés. La flotte aérienne d'invasion était reconnaissable aux larges bandes blanches que les avions portaient sur leurs ailes. Les mitrailleurs, malgré leur position précaire, n'enviaient pas les fantassins des planeurs, qui allaient se faire particulièrement mal recevoir après avoir atterri dans des conditions hasardeuses.

« La tension ressentie par les mitrailleurs est des plus intenses, témoigne Gilbert. Seuls avec leurs quatre mitrailleuses, ils peuvent "balancer la purée" à raison de six mille balles par minute. Mais nous ne jouons pas au héros et n'engageons jamais le combat. Notre mission est de protéger le bombardier afin qu'il puisse atteindre sa cible. Au fond, tout mitrailleur souhaite secrètement ne pas avoir à affronter les chasseurs. Nous avons à bord 6 tonnes de bombes, plein de munitions, 9 000 litres d'essence ; nous sommes une poudrière volante ! La peur, la “chienne” comme on dit chez nous, est une constante compagne. Et que les petits malins ne viennent pas nous raconter que ça n'existe pas. La peur est un signe d'intelligence et de survie purement animal. Il faut simplement la surmonter en ripostant. L'adrénaline fait son effet et nous permet d'appliquer ce que nous avons appris à l'entraînement. Certains n'y arrivent pas, mais qui sommes-nous pour juger ?

« Nous atteignons finalement notre objectif sans interception et sans nous faire toucher par la DCA, les soutes s'ouvrent et le sifflement de l'air sous le fuselage change. La routine du largage est suivie à la lettre. Nos bombes culbutent les une après les autres vers la cible. Les portes de la soute se referment. La fusée éclairante attachée à un parachute s'allume et, une fois la photo prise, qui nous donnera les résultats de notre mission, nous changeons de cap pour rentrer à la maison. Certains taquinent le viseur ou largueur de bombes en lui disant qu'il peut maintenant sauter et ficher le camp, car nous n'avons plus besoin de lui. Il apprécie plus ou moins… Le jour se lève. Après cinq heures d'un vol sans histoire, nous rentrons à la base. À 8 heures, je retrouve ma jeune épouse, la serre dans mes bras et en sanglots lui dis :

— Marie, l'invasion a débuté cette nuit… »

Semeurs de mort subite

« Partir en mission, c'était comme sortir du pays d'*Alice au pays des merveilles*, d'un endroit sûr où l'on ne vous veut que du bien, pour se retrouver dans un enfer truffé de canons antiaériens, d'avions de chasse et de gens dont le premier souci est de vous abattre, rappelle-t-il. Lorsqu'on revient, on est en sécurité et ça fait tout drôle, car en retrouvant ma femme – j'étais un privilégié à ce chapitre –, je me disais que dans le processus, si j'avais démoli des installations appartenant à des représentants d'un régime dictatorial ignoble, j'avais également causé la perte d'innocents qui n'avaient eu que le tort de se trouver dans le territoire bombardé, au mauvais moment, au mauvais endroit. »

Ces dommages, que l'on appellera plus tard « collatéraux », apportaient de l'eau au moulin des commentateurs collaborationnistes de Radio-Paris, comme Jean Hérold-Paquis, qui vitupérait les Alliés et, paraphrasant Caton l'Ancien, répétait quotidiennement que l'Angleterre, comme la Carthage antique, serait détruite. Ces individus avaient beau jeu pour justifier leur propagande.

« On calcule qu'il y a eu quelque quatorze mille victimes civiles de juin à août en Normandie, dont sept mille à cause des bombardements alliés, remarque l'ancien mitrailleur. Le jour J, j'ai fait deux raids, dont un le soir, à Coutances. Il y a eu mille édifices détruits et trois cents civils tués, des femmes, des enfants, des personnes âgées. Je me disais que c'était un peu à cause de moi. Je ne l'oublierai jamais. »

Le nombre de victimes civiles en Normandie pose certaines difficultés aux historiens et aux statisticiens. La plupart s'entendent approximativement sur le chiffre de vingt mille morts, dont quatorze mille pour la seule Basse-Normandie, soit davantage que le nombre de soldats britanniques ou canadiens morts au combat (seize mille) et presque autant que le nombre de soldats américains (vingt et un mille). À cela, il faut ajouter trois cent mille personnes sinistrées et sans abri et la perte du patrimoine agricole régional : cent mille bovins. La majorité des victimes furent tuées par les bombardements du 6 juin au soir et du 7. Les tirs d'artillerie firent le reste. Il ne faut pas oublier les Normands exécutés sommairement pour faits de résistance ou pour refus de collaborer avec l'ennemi (près d'un millier), ou décédés à cause d'engins explosifs bien des mois après la Libération.

« Chercher une logique à la guerre est futile, déclare Gilbert. Pensons aux bombardements de villes allemandes comme Dresde, apparemment sans intérêt stratégique, au début de 1945, qui ont été oblitérées de la carte et où des milliers de civils sont morts par le manque d'oxygène causé par les bombes incendiaires[1]. On a évoqué, à l'époque, un juste retour de bâton pour les bombardements criminels des nazis à Varsovie et en Hollande lorsqu'ils triomphaient avec insolence. Des hommes naturellement paisibles, dans mon genre, se sont retrouvés pour l'amour de l'aviation derrière quatre mitrailleuses ou aux commandes d'un bombardier pour larguer un tapis de bombes ; des gens qui, souvent, tout comme moi, ne possédaient même pas un tire-pois dans le civil ! En effet, contrairement à mes frères et à beaucoup de jeunes Québécois, je n'ai jamais aimé la chasse…

« On ne refait pas l'histoire et je ne peux me sentir coupable. Si Hitler et sa clique sont les instigateurs de cette guerre, que dire de nos dirigeants, les Chamberlain, les Daladier qui, par faiblesse, se sont inclinés honteusement devant le Führer et Mussolini à Munich en 1938 ? Que dire du comportement rétrograde d'un grand nombre des généraux français qui, de Gaulle excepté, étaient en retard d'une guerre et pensaient encore comme en 1918 ? Au Canada, nous avions aussi nos incapables. Nous, les soldats, ne sommes que des pions dans ces décisions…

1. Les bombardements eurent lieu du 13 au 25 février. La presse nazie fit état de trois cent mille morts, les historiens de trente mille.

« Des pertes collatérales, parlons-en, reprend l'aviateur. En 2007, je me suis arrêté à Coutances, car les villes de La Pocatière, non loin de chez moi, et de Coutances sont jumelées. Je reçois alors un message de la mairie, où je suis convié à une réception. Le maire me demande si j'avais fait partie des équipages qui avaient bombardé sa ville en 1944. J'acquiesce, non sans réticence, bien que personne ne fasse preuve d'hostilité à mon égard. Une dame d'un certain âge me rassure d'ailleurs en me prenant par le bras et en me disant :

— Monsieur Boulanger, ne soyez pas si triste. C'est le prix de la liberté.

« Puis le maire m'explique que ces bombardements, qui ont tué trois cents civils et détruit mille bâtisses, ont également permis la destruction d'un pont très important pour les communications allemandes. Voilà. »

La fillette sacrifiée

« Mais ces pertes, on ne les oublie pas, poursuit Gilbert Boulanger, comme celle survenue lors de la visite du général américain Maxwell Taylor, premier haut gradé allié à toucher le sol de France en parachute le jour J. Cela se passe à Carentan, enfin libérée, place de la République, le 23 juin 1944. On a sorti les drapeaux français et les bonnes bouteilles. Une maman donne un bouquet de fleurs à sa fillette de trois ans et demi et lui demande d'aller, en compagnie d'autres gamines, porter les fleurs aux vétérans décorés par le général. Un tir d'artillerie allemand se déclenche. On parle de redoutables obus de 88. La petite fille est foudroyée. Son nom est Danielle Laisney et sa mère, décédée en 2010, ne s'en remettra jamais. Dans le cimetière, que je visite à chacun de mes passages là-bas, sa tombe est toujours fleurie. Une enfant parmi d'autres victimes de la guerre… A-t-on accompli des progrès en ce sens ? On n'a pas gagné grand-chose et ça me hante. À travers le monde, regardez ces milliers d'enfants esclaves, soldats et martyrs pour cause de conflits armés… »

En 2009, la municipalité de Courseulles-sur-Mer a donné le nom de l'aviateur à une école moderne. La France se souvient. On n'est pas toujours prophète dans son pays. Tout est venu d'un livre de Gil Boulanger, *L'Alouette affolée*[1], qu'il avait notamment présenté à Nathalie Worthington, directrice du Centre Juno Beach, à Courseulles.

« Cette conservatrice fut surprise de voir un document canadien rédigé en français, car elle n'en avait eu aucun à sa disposition. Elle en a donc parlé aux autorités françaises. Le tout avait commencé par un bouquin à compte d'auteur, pratiquement pour la famille et les amis ; puis une maison d'édition s'en est occupée. Ça remettait un peu les choses en place au nom du souvenir. Après la guerre, nous, Canadiens français, avons été complètement oubliés. Rien qu'au Québec, il y a eu cent vingt-cinq mille engagés volontaires. De quoi s'est-on rappelé lorsque je suis rentré ? De ceux qui se sont mutilés, mariés ou cachés dans les cabanes à sucre pour ne pas aller se battre. Bref, des *westipouffes*[2] », conclut-il.

« Je me souviens, je me souviens, je me souviens. De quoi ? De rien », se lamentait le chansonnier québécois Claude Gauthier dans les années 1960. Gilbert Boulanger n'est pas aussi défaitiste. Il estime que les Canadiens français doivent réagir, s'affirmer, et qu'ils ont fait des progrès considérables depuis les temps lointains de l'hégémonie britannique triomphante. « À Paris, sur l'Arc de triomphe, on célèbre les grandes victoires de Napoléon, pas une seule défaite ! remarque-t-il. Il faut parler davantage de nos réussites et ne jamais capituler. Trop de Québécois pleurent encore la bataille des Plaines d'Abraham. Nous parlons du

1. Éditions Lux, 2010.
2. Embusqués, « planqués ».

passé avec componction. Nous sommes des braillards. Il faut s'en sortir et, surtout, ne pas négliger non plus nos autres frères d'armes canadiens qui ont donné leur vie pour défendre nos valeurs communes. »

Un de Juno Beach

> *« Le mot "courage" est presque une contradiction dans les termes. Il allie une forte volonté de vivre à une sorte d'empressement à mourir. »*
>
> (G. K. Chesterton)

« Je me suis engagé à dix-sept ans pour me battre outre-mer. Pas tant par patriotisme livresque que par esprit d'aventure », nous explique Pierre Gauthier, simple soldat puis sergent de peloton, un grade remplaçant souvent, dans l'armée canadienne, celui de lieutenant lorsque ce dernier se faisait mettre hors de combat. Engagé volontaire, Pierre n'avait pas hésité. « Nous anticipions de l'action et un beau voyage dans "les Uropes", comme le disaient certains campagnards. Moi qui n'avais jamais été à plus de 25 milles [40 kilomètres] de Montréal, ça me faisait rêver. Pensions-nous aux dangers potentiels ? Nous n'étions pas des fluets et les réputés guerriers allemands ne nous effrayaient pas davantage que lors de la Première Guerre mondiale. Alors la peur ? Allons donc ! Nous ne devions la connaître que plus tard. »

L'« aventure », cet inusable motif, fonctionne depuis l'époque où les vaillants « soldats du roy » partaient pour le Canada afin de lutter contre les ennemis de Sa Majesté, protéger les colons ou fuir la misère. On ne saura probablement jamais combien les panneaux tricolores que l'on voyait sur les façades des gendarmeries françaises – « Engagez-vous. Rengagez-vous ! » –, invitant à s'enrôler les jeunes gens audacieux, à bout de ressources ou désabusés du traintrain quotidien, ont encouragé de vocations militaires.

Ces publicités racoleuses avaient leur équivalent dans les pays du Commonwealth au début des années 1940 et Pierre Gauthier fut, sans hésitation ni amertume, un de ces *red-blooded young men* (« jeunes hommes au sang vif », selon l'expression anglo-saxonne consacrée), à se lancer hardiment dans la tourmente pour un peu plus d'un dollar par jour, sans se poser de questions d'ordre ontologique. Les militaires instruits, comme Gustave Biéler ou Frank Pickersgill, dont nous avons raconté les odyssées dans ces pages, étaient soutenus par de nobles idéaux. Les engagés des classes populaires, dans leur choix pratico-pratique, en toute simplicité, n'en étaient pas moins généreux, car ils jouaient également leur vie et le savaient pertinemment bien.

« Et puis il y avait le prestige de l'uniforme ! ajoute Pierre Gauthier. Cela vous conférait un rang social, vous démarquait par rapport à ceux qui hésitaient. Après avoir passé un tas d'examens médicaux, on m'a déclaré "bon pour le service" et l'on m'a versé dans l'infanterie avec un salaire d'un dollar trente par jour. Je ne savais pas ce qu'était l'infanterie, mais je l'ai vite appris : lever à 5 h 30, inspection et, au menu, un peu trop souvent à mon goût, des binnes [haricots]. Ma formation de base s'est déroulée à Saint-Jérôme, au Québec, puis à Borden, en Ontario, pendant le dur hiver 1941-1942, par –35 °C, –40 °C. Ce que nous avions de plus chaud en guise de vêtement était notre paletot. De plus, nous étions soixante-dix dans des baraquements à courants d'air. De là, on m'a renvoyé au Québec, au camp de Valcartier, où l'on m'a incorporé dans un régiment canadien-français, celui de la Chaudière. Puis nous avons embarqué sur l'*Empress of Britain* à Halifax pour rejoindre nos camarades déjà rendus en Angleterre. »

Avant de partir, sa vieille tante lui avait déclaré :

— Vu que tu risques de te faire tuer en Europe, je te paie une séance de pose chez le célèbre studio de photographie Notman[1] afin de garder un beau souvenir de toi.

Le jeune soldat préféra sourire de l'humour noir, quoique involontaire, de sa tantine, et accepta de bonne grâce.

« En débarquant à Liverpool, nous avons pris contact avec une première vision de la guerre : la ville avait été bombardée, raconte-t-il. Nous avons compris alors quelles pouvaient être les répercussions d'un conflit armé sur les civils. Après un séjour à Pennington Leigh, près de Manchester, on nous a envoyés vers le sud du pays pour participer à des mouvements de troupes. Ces changements de camps se déroulaient tous les trois ou quatre mois pour donner aux Allemands l'impression que nous étions davantage de soldats qu'en réalité. Tout le monde se méfiait des espions et des éventuels parachutistes nazis. Une vraie psychose. Les Anglais, très patriotes, les attendaient de pied ferme, même les civils. Nous participions à des manœuvres et exercices de simulation à projectiles réels contre nos alliés. Par exemple, les Américains. Nous avons eu à déplorer des pertes et eux aussi. C'est dans de telles circonstances que mon meilleur ami a perdu son bras en laissant tomber une grenade. L'armée anticipait de tels incidents dans ses statistiques, mais ça faisait tout drôle lorsque ça arrivait, même s'il était nécessaire de s'endurcir au feu. »

Malgré toute cette agitation, Pierre Gauthier ne manquait pas de faire le joli cœur, de la même façon qu'au Canada. Avant de participer au Débarquement, il rencontra Helen, une jeune recrue de l'ATS (Auxiliary Territorial Service) dont il tomba amoureux. Il ne lui promit pourtant pas l'impossible : revenir vivant de cette aventure. Il n'était pas question de se marier ; elle accepta de l'attendre.

1. Équivalent canadien du photographe français Nadar.

Le rhum du lieutenant-colonel

Quelques jours avant le jour J, Pierre se fit réveiller à 4 h 30 avec son groupe et fut transporté vers Southampton pour être embarqué sur un navire marchand. Il se souvient de s'être fait offrir une tasse de rhum, une gracieuseté du lieutenant-colonel G. L. Taschereau, qui s'était arrangé pour trouver un baril de ce remontant pour ses « boys ». En plus d'encourager un peu les hommes, ce geste avait pour objectif de calmer leurs appréhensions. C'était compter sans le mal de mer, amplifié par cette consommation d'alcool… Les bonnes intentions ont parfois leurs revers.

« Lorsque les gars se sont accrochés aux filets suspendus au flanc des navires pour pouvoir s'installer dans les LCA [Landing Crafts Assault – péniches de débarquement], certains d'entre eux étaient en piètre état pour combattre, explique Pierre Gauthier. Ils n'avaient pas le temps de soigner leurs bobos. Il leur fallait, pour commencer, sauter du filet avec leur paquetage dans la péniche qui tressautait au gré des vagues. Ce n'était pas le moment de se casser une patte ! Puis la cinquantaine de LCA, qui ne se trouvaient qu'à 8 ou 10 kilomètres de la plage, s'acheminèrent lentement vers l'objectif sous le feu ennemi. Sur une mer raboteuse, les deux moteurs Ford V8 des péniches hurlaient en poussant comme ils le pouvaient les 10 tonnes de chaque embarcation à 6 nœuds à l'heure. La marine alliée avait, bien sûr, ramolli la résistance allemande avec la grosse artillerie, et on avait lancé des fumigènes. »

L'ennemi, qui se préparait depuis des années, n'avait pas envie de faire de cadeaux. Il était 7 h 55. Bienvenue à Juno Beach !

Une vingtaine de LCA s'empalèrent sur des obstacles ou furent touchés, une trentaine de chars amphibies DD ne purent être mis à l'eau qu'à 650 mètres des côtes, à cause de l'état de la mer. Ils n'arrivèrent sur place qu'après la première vague d'assaut qui, étant donné ce retard, occasionna des pertes imprévues chez les hommes du Queen's Own Rifles of Canada en route pour Bernières. Le régiment de la Chaudière prit pied sur le secteur « Nan Blanc » de Juno Beach à 8 h 32. Amassés le long d'un mur, les premiers combattants des compagnies A et B de la 8e brigade s'engagèrent dans les terres et atteignirent Bernières-sur-Mer.

« C'est sur la plage que nous avons vraiment eu peur, se souvient Pierre. Nous avions débarqué à marée basse afin de repérer les obstacles, mais cela présentait l'inconvénient d'être beaucoup plus exposés. La plage, qui devait avoir 100 pieds de profondeur, en avait maintenant quatre cents. De plus, nous avons touché terre devant un bunker qui comprenait un gros canon et des nids de mitrailleuses. Heureusement qu'il y avait ce mur antichar faisant office de brise-lames. Ses 800 mètres de long nous protégeaient des tirs ennemis. Nous sommes restés coincés là un bon moment jusqu'à ce que les officiers nous ordonnent d'avancer. Nous avons trouvé une brèche dans le mur et sommes sortis de là pour tomber en plein dans un vrai piège : un réseau de tunnels avec des mitrailleuses dans tous les coins. La bataille a duré quatre heures et nous avons essuyé beaucoup de pertes. La première journée, nous avons perdu quatre-vingt-trois camarades. Le souvenir le plus marquant que je garde de ces instants est celui de notre aumônier, le père Huard, à genoux sur la plage, en train d'administrer les mourants avec une sérénité et un incroyable mépris du danger. Cette vision me revient pratiquement toutes les nuits et cela me réveille. »

Premières blessures

« Malgré les difficultés, lorsque le soir du jour J est tombé, nous, les Canadiens, avions pénétré à presque 6 kilomètres à l'intérieur du territoire français et libéré Bernières. Les

Américains avaient été moins chanceux. Ils étaient encore en train de se dépatouiller sur la plage d'Omaha, dite “la Sanglante”. »

Pierre Gauthier a versé son sang en Normandie puis, beaucoup plus grièvement, en Hollande. Peu après Juno, alors qu'il était en patrouille avec des camarades et un officier des renseignements, un soldat allemand a surgi de nulle part comme un diable sorti d'une boîte et lui a tiré un coup de feu dans la figure, pratiquement à bout portant. Assommé, Pierre s'est effondré. Ses compagnons le comptèrent pour mort et poursuivirent leur route. Ce n'est que plus tard dans la nuit, en reprenant ses esprits, qu'il comprit que, par miracle, la balle ne l'avait qu'effleuré. Il regagna ses lignes, le visage brûlé par le feu du Mauser du tireur. Tenant pour acquis que son adversaire avait subi une blessure mortelle en pleine tête, l'Allemand s'était esquivé.

Après la campagne de Normandie vint celle de Hollande. Le soldat Gauthier, promu sergent, fut grièvement blessé dans le dos. En guise de souvenir, des éclats de shrapnels font aujourd'hui encore résonner les détecteurs de métaux des aéroports et autres lieux sécurisés qu'il fréquente.

En somme, les choses ont bien fini pour lui : il a retrouvé Helen Hartnell, la gentille ATS qui l'avait attendu tout ce temps. Ils se sont mariés, se sont installés au Canada et ont eu deux enfants. L'armée a proposé au « vétéran » Gauthier – il avait vingt-deux ans à la fin de la guerre – un poste d'instructeur, qu'il a refusé pour reprendre des études en génie, interrompues par la guerre. L'aventure était terminée. Il ne lui restait qu'à contempler ses nombreuses décorations canadiennes, ainsi que celles d'autres pays, attestant de sa participation à de durs combats. La France le fit chevalier, un honneur qui fait vibrer chez lui le réflexe ancestral que lui rappelle la devise québécoise : « Je me souviens. » Regrette-t-il quelque chose ?

Sans trémolo dans la voix, il ne regrette rien. Il s'estime simplement chanceux, car son régiment a subi de lourdes pertes. Sur les six cents hommes qu'il côtoyait, il estime que près de deux cent quatre-vingts ne sont jamais revenus.

« J'ai gardé de cette époque une agressivité que mon épouse a contribué à grandement tempérer, nous confie-t-il. Lorsque je suis revenu, il ne fallait pas qu'on me regarde de travers ou qu'on me cherche noise. Même à mon âge – quatre-vingt-neuf ans –, je dois me surveiller, car ma patience est limitée. Ce sont les séquelles de la vie de fantassin, des horreurs que nous avons vues, le souvenir des combats, de nos blessures, de l'attente que nous devions subir pour nous faire soigner. Nous nous demandions si nous allions en réchapper alors que nous gisions parmi des corps déchiquetés, souvent agonisants.

« Lorsque je regarde les quelque deux mille pierres tombales du cimetière militaire canadien de Bény-sur-Mer, ou les deux mille huit cents de Bretteville-sur-Laize, je vois que l'âge moyen de ces jeunes gens du Québec, du Nouveau-Brunswick ou encore d'ascendance anglaise, irlandaise, écossaise ou autre, oscille entre dix-huit et vingt ans. Toute une belle jeunesse fauchée… Voilà pourquoi, jusqu'à mon dernier souffle, je défendrai le devoir de mémoire qu'ils méritent. Beaucoup de civils n'oublient pas, Dieu merci. En mai 2000, j'ai eu l'honneur d'assister à Ottawa à la translation des restes d'un soldat canadien inconnu mort en France au cours de la Première Guerre mondiale, près de la crête de Vimy. Ce geste du gouvernement m'a profondément touché. Lors de la cérémonie, j'ai adressé une prière silencieuse à ce lointain combattant. Je lui ai dit : “Frère d'armes inconnu, sois enfin le bienvenu chez toi.” »

Un grand intendant centenaire

« L'intendance suivra… »
(Charles de Gaulle)

« L'intendance suivra » – ou « suit », selon les versions. La légende veut que le général de Gaulle répliqua en ces termes à un de ses subordonnés qui s'inquiétait des contraintes imposées par la stratégie militaire. Si on se fie à ces mots, le chef d'État français balayait apparemment d'un revers de main les vétilleuses nécessités de l'intendance. En 1965, il nia d'ailleurs avoir prononcé ces mots – qui constituaient selon lui une sorte de procès d'intention à son égard – et attribua cette citation à des journalistes en mal de copie. Intendance mal aimée…

Né le 12 juin 1913, le colonel et haut fonctionnaire canadien Ernest Adolphe Côté est un ancien grand intendant militaire – qui fête ses cent ans au moment où ces lignes sont écrites. On croise beaucoup de jeunes gens au regard bien moins pétillant que lui, ces personnes désabusées que les Américains appellent parfois *yold* (amalgame des mots *young* et *old*). La présence d'un vétéran de cet âge ayant vécu le jour J revigore les jeunes, inspire le respect et rassure même les personnes d'âge canonique qui ont l'honneur de le rencontrer.

En novembre 1939, cet avocat diplômé de l'université de l'Alberta postula au grade de lieutenant dans le Royal 22e régiment, basé à Québec – une arme d'élite qu'il avait choisie car certains des membres de sa paroisse avaient combattu sous les glorieux drapeaux de cette unité lors de la Première Guerre mondiale. En décembre, il se rendit en Écosse à bord de l'*Aquitania*, se retrouva à Farnborough, près du centre militaire d'Aldershot, dans le Hampshire, où son colonel le nomma secrétaire du mess des officiers.

Cette nomination à un poste de gérance où l'argent, nerf de la guerre, se déclinait en guinées (21 shillings), livres sterling (20 shillings) et shillings (12 pence), détermina peut-être ses futures affectations. Car si Ernest Adolphe Côté eut à subir l'entraînement physique de tout combattant de Sa Majesté britannique et connut l'épreuve du feu sur le terrain, ce n'est pas en jetant habilement des grenades sur l'ennemi ou en tirant des rafales de fusil mitrailleur qu'il se distingua. Ce fut dans un domaine dont on oublie souvent l'importance dans l'histoire : l'intendance, fille de la logistique.

Après ses classes d'état-major, il fut affecté au quartier général de la 1re division d'infanterie canadienne. Ses responsabilités touchaient les services médicaux, la discipline, la prévôté, les chapelains et les trésoriers. En 1942, il fut affecté au poste d'assistant adjudant-général au nouveau corps d'armée canadien et, au début 1943, assistant adjudant et quartier-maître général de la division d'infanterie canadienne avec rang de lieutenant-colonel. Entre-temps, l'Angleterre avait essuyé les revers de Dunkerque et de Dieppe. Il fallait lutter contre le pessimisme, mais surtout bien s'entraîner par des manœuvres, en recourant à des tirs d'obus avec des munitions réelles, si possible sans essuyer de pertes. Il s'agissait d'apprendre aux hommes à se faufiler entre les tirs de barrage et les balles de leurs camarades.

Ce fut au début de janvier 1944 que le général Montgomery convoqua à Londres les généraux et officiers supérieurs du secteur britannique devant participer à l'invasion de la France. Trois divisions allaient être de la partie, dont la 3e division d'infanterie canadienne, ainsi qu'une division britannique et une américaine. Avec le général Keller, le colonel Côté et quatre autres officiers partageaient le secret et les détails du plan d'invasion prévu vers la mi-mai 1944. Du point de vue administratif, il fallait connaître d'avance les points de résistance ennemie, prévoir les moindres détails des plans d'attaque des différentes brigades, la succession des renforts, à court et à long terme. Voilà pour la stratégie.

Du tracé des routes à la délimitation des cimetières

« Ainsi, pour le territoire national français, il fallait tracer des routes à l'avance, même là où elles n'existaient pas, car les voies traditionnelles étaient gardées et truffées de pièges, explique M. Côté. Nous devions, par exemple, apporter avec nous des panneaux de signalisation routière pour indiquer la direction de la circulation, les lieux de rassemblement des renforts, ceux d'approvisionnement en eau, en essence, en diesel et en munitions, situer les locaux des premiers hôpitaux de campagne et même fixer à l'avance l'emplacement des cimetières devant recevoir les soldats tombés au champ d'honneur… » Le grand public se pose rarement de questions sur la résolution de problèmes aussi terre à terre, mais quelqu'un doit s'en occuper.

Pour paraphraser Victor Hugo, disons qu'une armée en campagne n'est pas seulement ce que l'on pourrait désigner par « une force qui va ». L'improvisation en ce domaine n'existe que dans le cinéma le plus débridé ou dans des circonstances marginales : combattants, très sollicités, n'ont pas le loisir de peaufiner les détails… qui risquent justement de les perdre. « Ce genre de planification représente sur papier millimétré un in-folio de près de trois centimètres d'épaisseur ; elle doit être suivie lors de l'embarquement de milliers d'hommes et de véhicules sur des milliers de bateaux et de péniches », rappelle-t-il. On ne saurait ramener l'intendance à une simple affaire de comptabilité : malgré le bruit et la fureur, l'aspect humain ne doit jamais être oublié.

Parmi ce qui semble prosaïque, il fallait également prévoir quoi faire des prisonniers de guerre. Ainsi, les Canadiens s'étaient entendus avec les Anglais pour ramener les captifs en Angleterre sur les péniches rapatriant des blessés alliés. Les moins touchés parmi ces derniers faisaient des gardiens particulièrement vigilants envers ceux qu'ils avaient affrontés quelques heures auparavant. Cinq ou six éclopés, l'arme au poing, pouvaient surveiller une cinquantaine d'hommes. Beaucoup de soldats allemands n'étaient d'ailleurs pas fâchés de voir la guerre se terminer pour eux et se tenaient tranquilles. Bientôt, le nombre de prisonniers de guerre allemands devint si grand qu'il fallut faire de la place en « libérant » les camps des autres soldats des puissances de l'Axe, en l'occurrence beaucoup d'Italiens. Ces derniers furent alors placés dans des familles anglaises comme travailleurs. Généralement peu fanatiques sur le plan politique, ils parvenaient souvent à se faire des amis de leurs employeurs qui appréciaient leur décontraction. Peu enclins à s'évader, les Transalpins attendirent tranquillement la fin de la guerre pour rentrer chez eux.

Les trompe-la-mort du renseignement

Afin de faciliter la planification proprement dite, il existait des renseignements fournis par la Résistance française et d'autres sources plus directes, comme les données obtenues par des hommes-grenouilles, dont certains étaient des combattants de la France libre. Ces trompe-la-mort allaient recueillir de nuit, à marée basse, des échantillons de sable pour calculer la portance des terrains de débarquement, ou subtiliser des bouts de métal pour analyser la composition des obstacles cruciformes de 3 mètres de haut et autres « osselets » comportant parfois des mortiers à leur extrémité. Ces renseignements permirent aux Alliés de construire des obstacles similaires, afin d'en évaluer les faiblesses, et aux pontonniers du Génie de trouver le moyen de les détruire le jour venu. Entre autres, ils mirent au point un système de câbles et de crochets halés par des tracteurs blindés afin de déblayer le chemin.

« Dans une division, le travail de logistique consiste à tout prévoir. Nous disons : “De la préconception au post-mortem”, explique M. Côté. Je pense que nous fûmes la seule division à atteindre nos objectifs le jour J, car nous avions réussi à pénétrer de plusieurs kilomètres à l'intérieur des terres. Pour se rendre plus rapidement à pied d'œuvre, les troisième ou quatrième vagues de fantassins avaient, par exemple, été équipées de bicyclettes pliables. Nous avons rencontré de la résistance, mais jamais comme les Américains, qui ont eu la malchance de tomber à un moment où, dans leur secteur, les Allemands avaient choisi d'entreprendre des exercices de simulation de débarquement… J'estime que les GI connurent quelque 35 % de pertes par rapport aux 5 % pour les Canadiens. »

Sous la direction de la division, la logistique comprend une foule de petits métiers, comme ceux pratiqués par le *beach group* anglais, chargé d'assurer la signalisation des routes à suivre. Ce groupe comprenait quelque mille cinq cents soldats britanniques débarquant avec les premières vagues d'assaut. Ils établissaient les points de rencontre et indiquaient les directions à prendre. Vers 11 heures du matin, lorsque avec d'autres officiers de l'état-major le lieutenant-colonel Côté posa pied sur les plages, les membres du *beach group* avaient déjà bien travaillé, et – pour respecter la tradition anglaise – prenaient flegmatiquement le thé sur la plage à l'abri d'un muret ! Ils devaient également enterrer les morts, pour que ce spectacle désolant ne sape pas le moral des troupes fraîches qui débarquaient.

De mauvais souvenirs

Pour le lieutenant-colonel Côté, restait à établir sur le terrain le QG de la division, près d'une petite église, et à faire creuser une tranchée, car des obus tombaient encore de façon erratique sur le terrain. « Nous avions converti une dizaine de camions de 10 tonnes en bureaux et en habitats pour les membres des quartiers généraux de la division, précise M. Côté. Une plaque d'acier située derrière le chauffeur offrait une protection assez symbolique, car les véhicules étaient toujours stationnés face à l'ennemi. À l'intérieur, il y avait un lit, un bureau, une chaise et un banc. »

Lorsqu'on lui demande quels sont ses plus mauvais souvenirs de la bataille de Normandie, ce furent pour lui les engagements de la poche de Falaise et la destruction de Boulogne-sur-Mer. Falaise à cause du massacre et de la débandade mortelle des unités allemandes ; Boulogne, où il avait fallu détruire la ville après en avoir évacué les habitants pour leur sauver la vie, mais en faisant fi de leurs biens. Pour les Canadiens, il y eut également la guerre des polders en Hollande et la campagne d'Italie, mais ces faits d'armes sortent du cadre du débarquement de Juno Beach.

« En tant que chargé de la logistique, j'ai été particulièrement heureux, après la prise de Boulogne, de pouvoir fournir de la nourriture fraîche à nos troupes grâce à la saisie d'entrepôts de vivres allemands, poursuit-il. Nos gens vivaient sur des conserves avant cela. On dit qu'une armée marche sur son estomac. C'est exact, car ce sont les fantassins, les hommes des unités blindées, les artilleurs, les gars du Génie qui gagnent les guerres. Nous avons beau planifier, si nous ne soutenons pas adéquatement les personnes qui doivent faire face à l'ennemi, nous n'accomplissons pas notre devoir et ne respectons pas ceux qui s'exposent le plus au feu. D'où l'importance des *beach groups* qui, au début, étaient en quelque sorte nos antennes. »

En bon administrateur, à la fin de la guerre, le colonel Côté a continué à servir son pays dans le secteur diplomatique. Il s'est notamment occupé des voies navigables, dont les ententes sur la Voie maritime du Saint-Laurent afin que les Américains n'exercent pas une hégémonie indue sur elle. On a beau être frères d'armes et entretenir des relations harmonieuses avec son grand voisin, la taille de celui-ci lui dicte souvent des intérêts qui ne sont pas nécessairement les vôtres. Notre intendant a ensuite été sous-ministre du Nord canadien et des ressources nationales, sous-ministre des Anciens Combattants, solliciteur général adjoint du Canada et ambassadeur en Finlande.

Nous demandons à ce vétéran, qui fut dans le secret de bien des grands de ce monde, s'il changerait ses manières d'opérer de nos jours.

« Certainement, car avec l'informatique, que je ne connais pas, les choses ont beaucoup changé. Pour répondre convenablement à cette question, il me faudrait quarante ans de moins. Mais on ne peut faire reculer le temps et donc l'Histoire. »

Il est vrai, comme le disait Albert Camus, que la grande histoire n'est que l'effort désespéré des hommes pour donner corps aux plus clairvoyants de leurs rêves.

5
SI C'ÉTAIT À REFAIRE...

> « *Quand un soldat s'en va-t-en guerre il a*
> *Des tas d'chansons et des fleurs sous ses pas*
> *Quand un soldat revient de guerre il a*
> *Simplement eu d'la veine et puis voilà.* »
>
> (Francis Lemarque)

Originaire du quartier Saint-Jean-Baptiste à Québec, Marcel Auger, quatre-vingt-neuf ans, est loin de se prétendre un héros, même s'il a été grièvement blessé et a subi à maintes reprises le feu ennemi. À dix-huit ans, devançant l'appel pour choisir son arme, il opta pour l'aviation. Son instruction insuffisante ne lui permettant pas d'être pilote, il put se rendre utile sur les bombardiers à titre de mitrailleur de queue. Il suivit un entraînement en Ontario. En tant que passager d'un avion biplace, il apprit à tirer sur une cible mouvante, une sorte de manche à air remorquée par un autre appareil.

Quand un soldat s'en va-t-en guerre

Bien noté, alors qu'il se voyait déjà dans sa bulle de plexiglas sur une forteresse volante, un camarade pilote le dissuada de choisir cette spécialité en lui faisant remarquer qu'il s'agissait d'un des postes les plus exposés en cas d'attaque. Pris de peur, Marcel Auger demanda à son commandant un changement d'affectation. Déçu, l'officier lui fit suivre une formation de chauffeur de camion. Au lieu de dégommer des chasseurs allemands, il convoiera des camions remplis d'essence, sur les lieux du futur débarquement, et fera du slalom parmi les shrapnels et la mitraille au volant de bombes à retardement ambulantes de 6, 8 et 10 tonnes – des camions Crossley et Bedford anglais, à la fiabilité discutable comparé aux légendaires GMC américains.

"Hope for the best"

Marcel Auger n'a pas débarqué le 6 juin, mais le 10, à Courseulles-sur-Mer, après avoir appris comment éviter de se faire prendre pour cible lorsqu'on roule en transportant au moins 5 000 litres d'essence. Si ce débarquement fut moins périlleux que celui du jour J, il ne s'agissait pas pour autant d'un aimable barbotage, car les Allemands étaient toujours dans la région et ne cessaient de bombarder malgré la présence de deux gros croiseurs alliés qui tentaient de les en dissuader. Pour comble de malchance, la péniche de débarquement de Marcel Auger ainsi que ses passagers s'échouèrent à un peu plus de 2 kilomètres de la plage, à cause de la marée. Elles offraient des cibles faciles aux obus ennemis et risquaient de se faire atteindre comme pipes en foire.

« Une des péniches transportant plusieurs camions et soixante hommes est touchée de plein fouet. Une embarcation semblable à la nôtre, une vision apocalyptique…, se rappelle Auger. Et nous attendions là la marée favorable pour débarquer, pris entre l'artillerie allemande et celle des croiseurs amis. Nous ne pouvions faire autre chose que de prier en nous demandant quand notre dernière heure sonnerait. Pour ma part, j'égrenais mon chapelet.

« La marée a été finalement propice vers 18 heures et nous avons pu toucher terre. Nous nous sommes installés dans un champ où le foin avait été fraîchement coupé et avons passé la nuit près des meules avec interdiction de fumer. Nous dormions entre six et huit hommes par tente. Ce soir-là, nous étions six – trois d'un côté, trois de l'autre – lorsqu'un éclat d'obus est tombé sur nous. Le projectile a atterri dans l'espace entre un dénommé Gabriel Hamelin, de Québec, et moi, mais c'est lui qui a encaissé. Il a été touché à la jambe. Moi, j'ai rampé pour atteindre l'une des tranchées que nous avions creusées en prévision de telles éventualités, et me suis fait ce que nous appelions un "lit". Il s'agissait simplement d'un tapis de sol posé sur le fond du trou. Nous avions coutume d'appeler "tombeau" ce genre de fosse. Heureusement, on nous donnait une espèce de poudre blanche pour dormir et nous relaxer. Nous mettions ça dans notre thé. De quelle substance s'agissait-il ? Nous ne l'avons jamais su.

« Courseulles-sur-Mer était une ville dévastée. En route pour Bayeux, nous sommes passés par des villages en ruine pleins de blessés. Il y avait des hôpitaux de campagne, de grandes tentes marquées de la Croix-Rouge que les Allemands ignoraient et bombardaient quand même. Lorsque le déluge de fer arrivait, nous nous allongions le nez dans le gazon. Certains avaient coutume de dire en anglais : "*Hope for the best...*" [Espérons que tout aille au mieux...]. D'autres ajoutaient, non sans fatalisme : "... *and expect the worst*" [... et attendons-nous au pire] ! »

Lorsqu'on lui demande s'il a directement tiré sur des troupes ennemies, Marcel Auger est affirmatif.

« J'étais armé d'un pistolet mitrailleur Sten, explique-t-il. Une arme à chargeur latéral pratique, légère mais assez déroutante. Si elle tombait par terre, elle pouvait vider son chargeur toute seule. De plus, le levier d'armement n'était pas fiable. Des copains ont ainsi frôlé des rafales inopportunes qu'ils avaient eux-mêmes déclenchées. Bien sûr que nous avons tiré contre l'ennemi, surtout la nuit, alors que les Allemands s'infiltraient dans nos lignes, parfois dans l'idée de se faire capturer. Mais nous ne pouvions deviner leurs intentions, alors nous arrosions. Il est possible que, dans ce processus, nous ayons ainsi mitraillé certains des nôtres, qui se trouvaient à proximité. C'était déjà arrivé… »

Notre homme s'estime tout de même chanceux.

« Au cours de ces affrontements, nous pouvions nous estimer heureux de ne pas être avec les premières vagues d'assaut et les commandos. Nous suivions l'artillerie pour préparer l'installation de pistes d'atterrissage pour les avions alliés. Les bulldozers nivelaient le terrain où l'on installait des plaques de métal perforées [appelées *Marsden matting*] ou d'autres revêtements de grillage pour stabiliser la surface de ces aérodromes de fortune. Cela ne nous empêchait pas d'être des cibles comme les autres. »

S'il n'y avait pas eu la guerre, Marcel Auger aurait aimé être mécanicien d'avion. Mais si c'était à refaire, se rengagerait-il ? Sa réponse est dénuée de prétentions patriotiques.

« Non, je n'irais pas. J'ai eu trop peur, j'ai trop pleuré, trop vomi dans des moments insoutenables ou dangereux, surtout lorsqu'on perdait un copain ou qu'il se faisait grièvement blesser. J'ai trop vu de civils dans la misère en France, en Hollande. La guerre est un fléau, une mauvaise aventure, car on ne sait jamais quand on va se faire descendre. Et puis j'ai eu les tripes bouleversées par un éclat d'obus à Eindhoven, en Hollande. J'ai reçu cinq décorations, sans compter une sixième que récoltent tous les anciens combattants. J'en suis fier, mais cela ne fait pas oublier les morts. »

Le témoignage au goût de cendre de Marcel Auger résume celui de bien des vétérans depuis la nuit des temps. « Il ne partirait pas », prétend-il, mais est-ce si sûr ? Nos motivations guerrières peuvent être d'une grande diversité. Comme le disait non sans humour le général américain George Patton :

« L'objet de la guerre n'est pas de mourir pour son pays, mais de faire en sorte que le salaud d'en face meure pour le sien. »

Soldat de carrière et fier de l'être

Georges Isabelle a plus de quatre-vingt-dix ans. Entré dans l'armée canadienne en juillet 1941 à l'âge de dix-huit ans, il a combattu avec le régiment de la Chaudière. Fils de cultivateur mais n'ayant guère de goût pour les travaux de la ferme, il se disait que la vie dans l'armée ne pouvait être pire que celle dans une petite exploitation agricole des années 1940, où les heures de travail étaient interminables et exténuantes pour vivre chichement.

« Comme bien d'autres, je m'étais engagé pour "voir du pays" et pour avoir une paie tous les quinze jours, car l'argent était rare à cette époque. Mon père étant mort en 1939, mon frère aîné l'a remplacé. Ma mère n'a guère apprécié mon départ mais, en m'en allant, ça faisait une bouche de moins à nourrir à la maison. Malgré les durs moments que j'ai endurés, je n'ai jamais regretté ma décision », explique-t-il.

Après une traversée sur un des convois de l'Atlantique, il fit ses classes en Angleterre, à Aldershot, dans le Hampshire, puis fut incorporé dans le régiment canadien-français de la Chaudière où il reçut une formation de commando, un dur entraînement où le soldat doit transporter un lourd paquetage et marcher de longues heures. Le soir, pour la bonne mesure, les recrues devaient simuler des attaques à balles réelles. Des accidents survinrent, bien sûr, comme lorsqu'un major perdit ses deux mains en manipulant des grenades. D'ailleurs, une équipe médicale suivait toujours les pelotons pour soigner les participants hors de combat.

Des risques sous-évalués

Impatient de passer à l'action, Georges Isabelle discutait parfois avec des collègues du Royal 22e régiment, un autre corps d'élite canadien-français, qui combattait en Italie. Ces vétérans, en convalescence en Angleterre, lui assuraient que « ce n'est pas si pire » sur le terrain, voulant dire par là que les trente-huit jours de combats acharnés en juillet et août 1943 pour libérer la Sicile et passer en Italie ne constituaient qu'une sorte de routine. « Il n'y a rien là ! », lui disaient-ils. Il s'agissait d'une litote de la part de ces durs à cuire, bien sûr, mais Georges et ses amis se sentaient rassurés par ces paroles, tout en se rappelant que la vie militaire n'est pas une simple occasion de voir du pays et qu'il faut accepter ses risques avec équanimité.

C'est à Southampton, dans le sud de l'Angleterre, à bord du bateau où il avait embarqué, que Georges Isabelle apprit que son régiment se rendait en France : on leur remit un peu d'argent français. Son débarquement, comme celui de ses compagnons, fut typique.

« Il y avait derrière nous les navires qui bombardaient les Allemands afin de faciliter notre débarquement et, de l'autre côté, l'ennemi, dissimulé dans ses blockhaus et casemates, qui n'avait qu'à viser pour nous mettre en charpie, raconte-t-il. Devant nous, une péniche peinait pour se rendre à la plage. En abaissant son panneau avant, elle a sauté sur un groupe de mines. Les hommes ont été projetés en l'air comme fétus de paille, puis blessés et tués sont retombés sur l'épave ou ailleurs. Nous ne pouvions rien faire pour leur porter secours, trop occupés que nous étions à courir pour avancer et sortir vivants de ce champ de tir et nous montrer utiles. Nous avons parcouru une centaine de mètres en courant comme des fous pour atteindre une petite butte derrière laquelle nous nous sommes couchés à plat ventre pour reprendre notre souffle. Puis le commandant nous a donné l'ordre d'avancer à la file indienne, par section, en nous indiquant les objectifs pour déloger les tireurs.

« Nous avions une mitrailleuse par douze hommes. C'est moi qui manœuvrais cet engin dans mon groupe. Ça crachait ses cinquante balles par rafale. Pendant ce temps, alors que nous avancions en tirant, les Allemands se mettaient à l'abri et nous foutaient temporairement la paix. Mes camarades avaient des fusils, même pas automatiques ; il leur était donc plus difficile de tirer rapidement. L'un dans l'autre, on s'est débrouillé ainsi du matin jusqu'à 14 ou 15 heures, lorsque nos chars d'assaut ont touché terre. Nous pouvions nous protéger derrière eux et ils avaient des canons et des mitrailleuses pour déblayer le chemin. Le soir, on s'est un peu reposé, car des troupes fraîches sont venues nous remplacer. Dès qu'il a fait noir, les hostilités ont cessé pour reprendre au point du jour. »

Notre homme a-t-il connu la peur ou était-il indifférent ? Priait-il dans ces moments périlleux ? Il réitère ce que ses semblables ont déjà exprimé.

« Si un combattant me dit qu'il n'a pas eu peur durant de tels événements, je ne me gênerais pas pour le contredire, explique Georges Isabelle. Tu vois débarquer tes amis, tes copains, avec qui tu as travaillé, avec qui tu as peiné à l'entraînement, puis ils se font faucher sous tes yeux… Alors tu trembles et tu te demandes quand ton tour viendra. Nous n'étions ni fanatiques ni suicidaires. Seulement des hommes aimant la vie. Je dois admettre que je ne pensais pas à prier. Je pensais seulement au moment où la boucherie s'arrêterait. Et puis nous avions à nous occuper des prisonniers. Lorsque l'un des nôtres tombait mais n'était pas trop gravement blessé, nous lui disions qu'il était chanceux d'aller à l'hôpital parce que, peut-être, pour lui la guerre était finie. J'ai connu ça lorsque j'ai été blessé à Caen par des éclats d'obus et de mine. Après quinze jours de convalescence en Angleterre, on m'a renvoyé en France, à Falaise, pour continuer le combat. Pas le temps de s'apitoyer sur ses blessures. Là, j'ai appris ce que signifie le mot "feu ami". Nous avons essuyé le feu des aviations canadienne et britannique. Une erreur de calcul et d'interprétation des ordres, un malentendu. Au lieu de bombarder les Allemands, c'est nous qui avons trinqué. Il faut dire que l'ennemi, désemparé, ne cessait d'avancer et de reculer. La pagaille quoi. Ce n'était pas un pique-nique… »

Coincé sous sa chenillette

« Qu'ils soient des petits gars de 100 livres ou des baquets [des costauds] de 250 livres, à bout de nerfs, des soldats craquaient. On disait qu'ils étaient *shell-shocked*. Les médecins appelaient ça des chocs nerveux et expliquaient qu'il s'agissait de traumatismes causés par les explosions des obus. Un sergent-major brandissant deux Luger m'a un jour menacé et a failli me descendre en me prenant pour un ennemi. Heureusement, un soldat est arrivé par-derrière et l'a tranquillement assommé d'un coup de crosse, me sauvant probablement la vie. Il y avait pas mal de cas du genre, même chez les officiers. »

Lorsque Georges fut blessé la seconde fois, il était mitrailleur sur une chenillette qu'on appelait un Bren Carrier. Le pilote était à droite et la mitrailleuse Vickers à gauche. Ce jour-là, le petit blindé était équipé d'un lance-flammes pour neutraliser un groupe de tireurs embusqués dans une meule de foin. À une centaine de mètres de celle-ci, le Carrier sauta sur une mine, puis se retourna.

« Le sergent et le chauffeur sont morts et je me suis retrouvé coincé sous l'engin, arrosé de liquides chimiques qui me brûlaient la peau avec, en prime, des fractures aux jambes. Ce n'est que le lendemain matin que les nôtres ont pu contre-attaquer puis me récupérer dans ce qui restait du véhicule. Je n'ai eu connaissance de mon sauvetage que dans un hôpital en Belgique. J'ai dû être protégé par le frère André[1], pour qui ma mère avait une grande dévotion. Cette fois-ci, ma convalescence a duré neuf mois et, lorsqu'on m'a ramené au Canada, j'avais encore les deux jambes dans le plâtre. »

Georges Isabelle a travaillé trois ans dans le civil puis a « rempilé ». Du pays, il en a vu. Après son rengagement, il a été affecté en Allemagne, en Corée, au Viêtnam, au Congo, puis a pris sa retraite à soixante ans. Il en a profité pour effectuer plusieurs voyages en Normandie où, comme nombre d'anciens combattants canadiens, il a gardé des amis parmi les civils. Et s'il devait faire un bilan de sa vie de baroudeur ?

« J'ai toujours été fier de l'entraînement de commandos que nous avions reçu, mais ai regretté ne pas avoir eu plus d'instruction, ce qui m'aurait permis de monter en grade. L'armée, ça a été la grande affaire de ma vie. Si j'avais vingt ans aujourd'hui, je referais la même chose[2] », conclut-il.

Le passé est toujours présent

« Les vieux soldats ne meurent jamais.
Ils ne font que s'estomper dans nos mémoires. »
(Ancienne ballade militaire anglo-saxonne)

Au premier petit-déjeuner, ils n'étaient que quatre. Quatre amis qui avaient un passé militaire en commun. Par la suite, ils prirent l'habitude de se retrouver régulièrement, toutes les semaines. Avec le temps, d'autres anciens combattants sont venus se joindre à eux. Dix ans plus tard, leur nombre est

1. Thaumaturge et saint québécois (1845-1937), canonisé en 2010 par le pape Benoît XVI.
2. Georges Isabelle est décédé le 1er mai 2013.

passé de quatre à plus de deux mille ! Beau temps, mauvais temps, des centaines d'entre eux se retrouvent maintenant, tous les mercredis matin, à Québec, au centre commercial des Galeries de la Capitale.

Le phénomène est unique en son genre. Formé fortuitement par MM. Côté, Gagnon, Leduc et Raymond, le groupe porte désormais le nom d'« Amis de CGLR ».

« Voilà plus d'une décennie que nous existons et nous ne pourrions plus nous passer de ces réunions ! explique Roger Gagnon, un des cofondateurs du groupe dont les membres ont combattu en Europe, en Corée, au Viêtnam et au Proche-Orient. Il faut comprendre que lorsqu'un homme a fait la guerre, il n'est plus jamais le même. De fait, ses intérêts changent et, bien qu'il ait réintégré la vie civile, il ne se sent totalement à l'aise que lorsqu'il est en compagnie de camarades qui ont vécu les mêmes expériences traumatisantes que lui. »

Un de ses compagnons renchérit : « Lorsqu'il m'arrive de raconter mes souvenirs de guerre, on dirait que les gens ont peur. Ils n'ont pas envie d'écouter. Pourtant, si nous n'étions pas allés à la guerre, où en serait le monde aujourd'hui ? »

Le secours de la camaraderie

Lors du tournage par Alain Stanké, il y a quelques années, d'un documentaire télévisé intitulé *Des jeunes de cœur*[1], le cinéaste a assisté à l'un de ces petits-déjeuners. À cette occasion, entre autres participants, il a eu l'occasion de faire la connaissance de Léon Rioux, un ancien du Royal 22e régiment, qui a combattu en Europe et en Corée. Lorsqu'on lui avait demandé de parler de son expérience, l'homme avait éclaté en sanglots. En retournant à Québec, Alain a retrouvé

1. Productions Stanké-Le Groupe Sighter, 2011.

ce vétéran. L'homme a beaucoup travaillé sur ses angoisses et, avec un sourire radieux, a déclaré :

— Vous allez me trouver changé. Maintenant, vous pouvez me faire parler du passé et vous verrez que je ne pleurerai plus comme avant. J'ai dû suivre une thérapie durant deux ans. Ça aura donc pris plus de soixante ans pour en arriver là !

Les amis de la « confrérie » des CGLR ont besoin de se retrouver entre eux pour parler de leurs souvenirs, de leurs colères, de leurs souffrances, de leurs misères, de leurs rires et de leurs espérances. Au cours des années, ils se sont montrés résilients et ingénieux. Grâce à leur camaraderie, à leur amitié, ils ont trouvé toutes sortes de dérivatifs à leur difficulté à survivre. « Ne croyez surtout pas que nous ne faisons que ressasser notre passé, disent-ils. Il nous arrive d'en parler, bien sûr, mais nous évoquons surtout le présent. Notre vision sur les événements actuels est identique et elle diverge souvent de celle que peuvent avoir les personnes qui n'ont jamais fait la guerre. Nous n'envisageons pas nécessairement la vie de la même façon. »

Le double anniversaire de Marvin

Ces hommes voient arriver bientôt le soixante-dixième anniversaire de la fin de la guerre avec un serrement de cœur. « Bientôt, il ne restera plus de témoins de cette époque », disent-ils avec un tremblement dans la voix. Ce matin-là, en prenant le café avec eux, Alain Stanké entend leurs mots arrachés à l'amnésie défiler au rythme de la douleur qui les habite. Des mots remplis de souffrances, mais dépourvus de haine. Un de ces derniers témoins est le major Marvin Jones, un ancien parachutiste. Cet homme est un pétillant. Ses yeux sont rieurs. Ses gestes sont vifs et appliqués aux détails. Jones est une personne dynamique. Le plus souvent, il ne marche pas, on dirait qu'il sautille.

« Il est vrai que lorsqu'on est parachutiste, on ne traîne pas les pieds », admet-il. Il a l'attitude fière du vainqueur persuadé d'avoir contribué au retour de la paix dans le monde. « La guerre a pris fin le 8 mai 1945 ; or moi, dit-il dans un éclat de rire, je suis né précisément un 8 mai. Je peux donc fêter doublement ! »

Tous les hommes qui se retrouvent à ces petits-déjeuners devenus légendaires ont des histoires palpitantes à raconter. Le Projet Mémoire, lancé récemment, puise abondamment dans le passé du groupe. Ce programme éducatif permet aux enseignants de faire découvrir l'histoire à leurs élèves par le biais de rencontres avec d'anciens combattants. La source est inépuisable et les sujets d'étonnements ne manquent pas. À elle seule, l'expérience de Marvin Jones ferait aisément l'objet d'un film. En effet, lors du Débarquement en Normandie, Jones a croisé sur sa route une petite fille de dix ans qui lui a confié s'appeler Janine. Ce fut pour elle la plus belle journée de sa vie. Devenue adulte, Janine Punelle n'a jamais oublié son héros canadien, qu'elle appelait « François », et qu'elle a recherché de manière intense des années durant. Son vœu s'est finalement exaucé et, une fois qu'elle a retrouvé l'identité et l'adresse du parachutiste, elle lui a écrit. Mme Punelle, qui a maintenant près de quatre-vingts ans, a eu le bonheur de rencontrer enfin « son » soldat à Bernières-sur-Mer, lors du tournage de *La Plage maudite*. Le 6 juin 1944, lorsque la fillette avait fait la connaissance de son libérateur, elle lui avait remis un petit foulard. Marvin (ou « François ») Jones conserve toujours son précieux souvenir comme un porte-bonheur[1].

1. Voir « La petite fille au foulard », p. 210.

Éric Marmen, capitaine régimentaire et directeur du Musée du régiment de la Chaudière. (p. 11)

Le sénateur Serge Joyal, officier de de l'Ordre du Canada et de l'Ordre du Québec, chevalier de la Légion d'honneur, auteur et bienfaiteur du Musée de la Civilisation. (p. 15)

C’est de cette plage de l’anse Cochat – devenue depuis la plage Bonaparte – que, grâce à Lucien Dumais et à Raymond Labrosse, embarquèrent clandestinement pour l’Angleterre cent trente-cinq aviateurs alliés abattus au-dessus de la France. (p. 25)

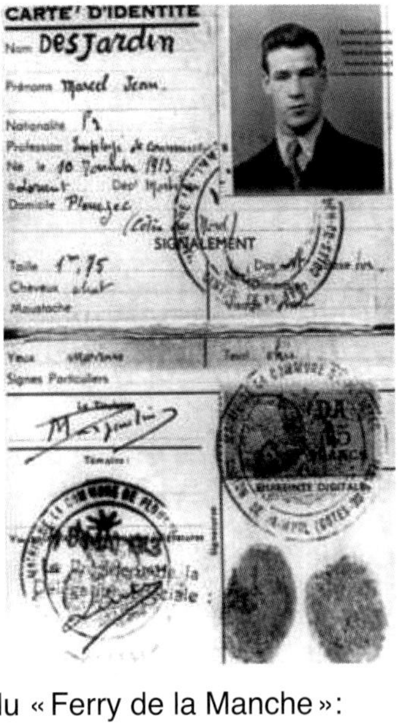

Les deux pourvoyeurs de clients du « Ferry de la Manche »: Lucien Dumais en uniforme et, sur la fausse carte d’identité, Raymond Labrosse, sous le nom de « Desjardin ». (p. 36)

Gustave Daniel Guy Biéler, le traducteur tranquille, sans peur et sans reproche, qui poussa son devoir jusqu'au sacrifice ultime. (p. 49)

Frank Pickersgill, l'intellectuel canadien de l'« Armée des ombres ». (p. 57)

Gabriel Chartrand, un agent canadien qui, comme Gustave Biéler, avait suivi la formation du SOE. (p. 64)

Pour sauver la peau d'un prisonnier américain, le révérend Jonas Kubilius risqua la sienne en se déguisant en religieuse de Saint-Vincent de Paul ! (p. 67)

Charly Forbes et son biographe, Jean-Louis Morgan. (p. 73)

Le légendaire lieutenant-colonel Charles, dit « Charly » Forbes, est le militaire canadien le plus décoré. (p. 73)

Lors du tournage de *La Plage maudite*, documentaire télévisé d'Alain Stanké, le major Fernand Dostie (à droite) et l'infirmier Maurice Tremblay esquissent quelques pas de danse sur les lieux mêmes où, six décennies plus tôt, ils avaient failli perdre la vie. (p. 97)

Gilbert Boulanger, mitrailleur. Une école de Courseulles porte son nom depuis 2009. (p. 103)

Le major Fernand Dostie, doyen des officiers canadiens francophones de la campagne de Normandie chez les fusiliers Mont-Royal. (p. 97)

Pierre Gauthier. Un dollar trente par jour et visiter « les Uropes » en prime ! (p. 111)

Le colonel centenaire Ernest Adolphe Côté partageait, avec le général Keller et quatre autres officiers, le secret et les détails du plan d'invasion prévu vers la mi-mai 1944. (p. 118)

Le parachutiste américain John Steele, représenté par un mannequin, est toujours suspendu au pignon du clocher de Sainte-Mère-Église. (p. 139)

La Normandie n'a jamais oublié les héros canadiens venus la libérer.

Marcel Auger, débarqué le 10 juin à Courseulles. *Hope for the best…* (p. 125)

Georges Isabelle. Engagé pour « voir du pays »… il en a certes vu ! (p. 129)

Le parachutiste Maurice Tremblay, de la 101e Division américaine aéroportée, fut le premier infirmier à soigner John Steele. Blessé à cinq reprises, il fut décoré de la très convoitée Purple Heart. (p. 143)

Un Américain chez les Normands : Trevor Standefer, guide à Sainte-Mère-Église. (p. 139)

Gabie Vico, responsable du Mémorial canadien de l'abbaye d'Ardenne. La famille Vico, qui comprenait des résistants de la première heure, était autrefois propriétaire de ce lieu historique, témoin de la barbarie nazie. (p. 14

L'as allemand aux vingt-deux victoires, Franz Stigler, et le pilote américain de B-17, Charlie Brown. Ennemis implacables, puis amis pour la vie. (p. 152)

Lucien Tisserand, conservateur du Cimetière militaire allemand de La Cambe. (p. 159)

Archéologie populaire au service du souvenir. À Juno Beach, de nombreux volontaires viennent se proposer pour désensabler les anciens abris allemands.

Marie-Ève Vaillancourt-Deleris, médiatrice culturelle du Centre Juno Beach. (p. 168)

M. Klein, combattant du génie originaire de Calgary, montre une photo où on le voit en compagnie de Bernard, un petit orphelin auquel il vint en aide quelques jours et qu'il n'a jamais réussi à retrouver. (p. 167)

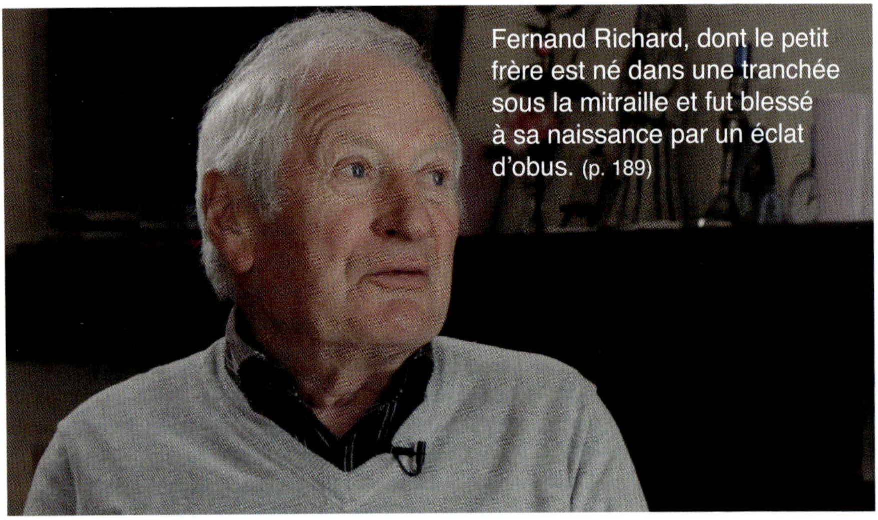

Fernand Richard, dont le petit frère est né dans une tranchée sous la mitraille et fut blessé à sa naissance par un éclat d'obus. (p. 189)

Georges et Juliette, les mariés du Jour J. (p. 195)

Georges Régnauld : « Mon meilleur souvenir du Jour J, c'est d'avoir entendu ces militaires venus de si loin me parler en français ! » (p. 205)

Lors du Débarquement, Mme Janine Punelle n'avait que dix ans. Le premier soldat allié qu'elle rencontra fut Marvin Jones. Elle l'a retrouvé à l'occasion de la commémoration du 60e anniversaire du Jour J. (p. 210)

Soixante-dix ans après, Mmes Micheline Lebarbenchon, Jeanne Digne et Marcelle Sage à l'entrée du souterrain qui leur sauva la vie, à Sourdeval. (p. 118)

Marguerite Peslin, la fille du boulanger tué par les Allemands. (p. 213)

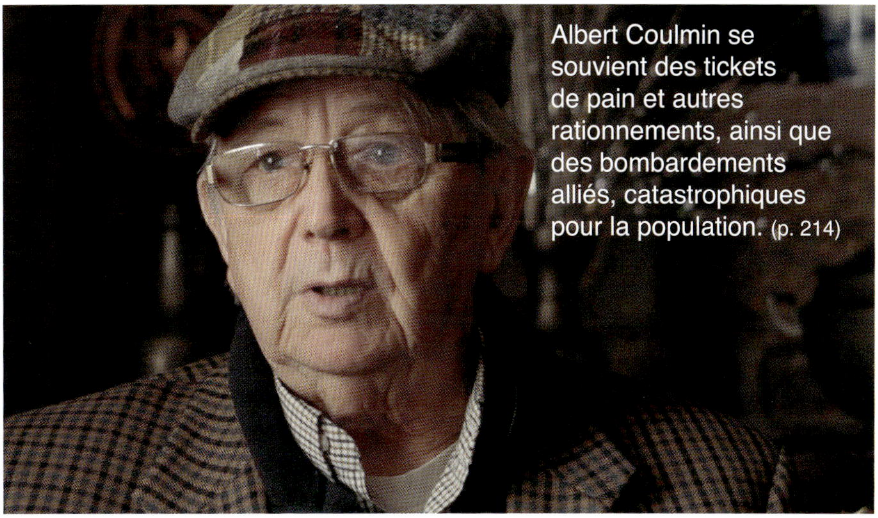

Albert Coulmin se souvient des tickets de pain et autres rationnements, ainsi que des bombardements alliés, catastrophiques pour la population. (p. 214)

Lors du tournage du film *Ne tirez pas*, l'officier sous-marinier allemand Peter Heisig – un témoin important au procès de Nuremberg – proposa à Alain Stanké de rencontrer son voisin, un certain Tirpitz, directeur du camp de concentration où il avait été interné. Suggestion restée sans suite... (p. 220)

Août 1943 : rencontre historique à la Citadelle de Québec. Au premier rang, William Lyon Mackenzie King, Premier ministre du Canada ; Franklin Delano Roosevelt, président des États-Unis ; Winston Churchill, Premier ministre du Royaume-Uni. (p. 240)

André Kirouac, historien et directeur du Musée naval de Québec. (p. 239)

Adélard Thibeault, du régiment de la Chaudière : « Je les ai tous toastés ! » (p. 242)

Le major Fernand Mousseau, grâce à qui de nombreux arbres de Paris furent épargnés lors des journées de libération de la capitale. (p. 245)

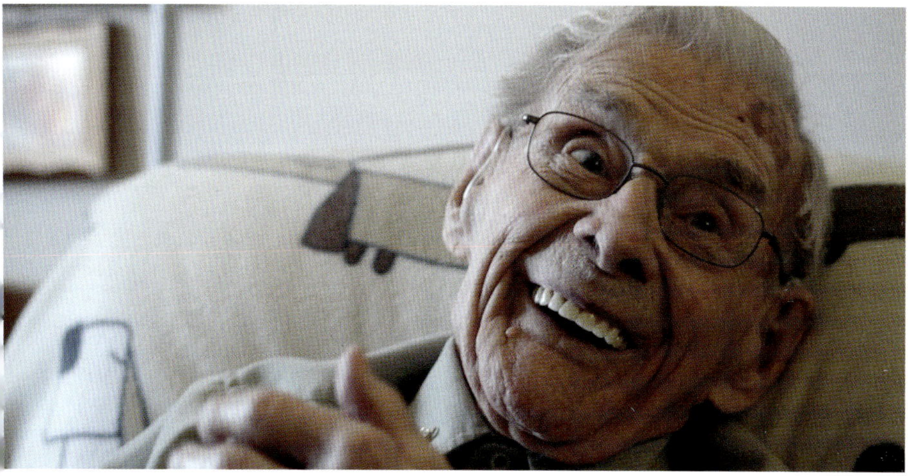

Gustave Lamonde, le cuistot centenaire. (p. 246)

Le « char de Gariépy », à Courseulles-sur-Mer. Ce Sherman récupéré au fond de la Manche a été restauré grâce à l'initiative du vétéran Léo Gariépy, qui en commandait un semblable lors du Débarquement. (p. 249)

Le Centre Juno Beach a entrepris de désensabler les boyaux aménagés sous l plage par les Allemands. Ce travail d'archéologie, auquel participent nombre de bénévoles, permettra aux historiens et au grand public de mieux comprendre le premiers instants du Débarquement. Marie-Ève Vaillancourt-Deleris, médiatrice culturelle au Centre, n'hésite pas à prendre part à ces travaux. (p. 170)

Nathalie Worthington, directrice du Centre Juno Beach. (p. 166)

Philippe Bertin, journaliste et auteur normand. (p. 251)

Une « marche de la mort »

Louis Godin est un ancien membre des Fusiliers Mont-Royal. Ce vétéran est intarissable lorsqu'on lui demande de raconter ses neuf mois de captivité passés en Europe. Lors de la bataille de Normandie, l'ancien combattant a fait partie d'une de ces funestes « marches de la mort » lors desquelles des milliers de prisonniers et de déportés – dont les nazis ne savaient que faire – furent contraints de traîner sur les routes, trois mois durant, à travers la Pologne, la Tchécoslovaquie, l'Allemagne et l'Autriche.

« Nous devions marcher une vingtaine de kilomètres par jour, se souvient M. Godin. Nous étions complètement épuisés lorsqu'à la fin nous avons appris que, devant l'imminence de sa défaite, Hitler avait donné l'ordre de nous exécuter. L'attente de la mort annoncée était lancinante et interminable. Fort heureusement, les soldats du général Patton sont arrivés à temps pour nous libérer ! »

Quelques jours avant, épuisé et mourant de faim, le groupe de Louis Godin a eu la chance de trouver sur la route la carcasse d'un cheval. « Quel bonheur ! Des soldats allemands ont fait preuve de compassion et nous ont prêté un petit couteau de poche, se souvient-il. Il nous a permis de dépecer l'animal et de le dévorer tout cru ! C'est sans doute mon meilleur souvenir de la guerre... À part celui-ci, je ne garde rien de bon ! La misère de notre condition ne nous quitte jamais. Elle nous étreint et vit en nous. » N'oublions pas le fameux syndrome de « culpabilité du survivant », qui pousse souvent ce dernier à se demander : pourquoi moi ? Qu'ai-je fait de si méritoire pour avoir le droit de survivre, alors que tant d'excellentes personnes, des camarades, des amis, sont morts dans des circonstances abominables ? Des thérapies, le soutien de la religion ou de la philosophie peuvent venir à bout de cette affection, mais elle n'en reste pas moins un malaise chronique pour nombre d'anciens combattants.

Ah ! les femmes…

Les petits-déjeuners donnent aussi l'occasion à ces hommes, qui ont connu la torpeur, le danger et la captivité, de trouver l'aide dont ils ont parfois besoin. Entre autres soutiens, leur fidèle ami Alain Stocker, dirigeant des Vétérans anonymes, toujours présent pour leur apporter son aide lorsqu'il s'agit de problèmes d'isolement ou de questions concernant les droits des victimes de stress opérationnel.

À part cela, les sujets de conversation ne manquent pas. À une table voisine, quatre amis s'engagent dans un débat : « Faudrait savoir : va-t-on fêter bientôt le soixante-dixième anniversaire de la fin de la guerre ou le soixante-dixième anniversaire de la paix ? »

Un peu plus loin, le débat se porte sur un sujet plutôt inattendu : la présence de femmes dans les Forces canadiennes. Un des hommes du groupe dit qu'il n'apprécie pas particulièrement l'arrivée du sexe dit faible dans les rangs de l'armée. « Ce n'est pas sérieux ! Elles ne sont même pas capables de porter leur sac elles-mêmes ! »

Gabriel Raymond, dit « Gaby », soixante-quinze ans, est un nostalgique. Il n'hésite pas à clamer : « Mon corps est sorti de l'armée, mais pas mon cœur ! »

Quant à l'apport des femmes aux forces armées, il préfère signaler ironiquement que dans l'entourage de ses compagnons d'armes – ceux qui sont allés en Allemagne et à Chypre –, personne n'a encore divorcé. « Nous avons tous gardé la même femme depuis quarante ans ! affirme-t-il aux témoins étonnés. On peut dire que la guerre aura eu au moins ça de bon ! »

Fernand Papillon, un vieux baroudeur aussi vert qu'un godelureau, est témoin de la conversation. Il ne manque pas de rappeler à ses compagnons que, le 8 mai 2014, il célébrera l'anniversaire de la fin de la guerre avec beaucoup d'éclat. « Cette date inoubliable me rappellera que j'étais à Londres en compagnie d'une copine anglaise et que j'ai fêté la victoire comme je ne le ferai jamais plus de toute ma vie ! » Et l'ancien bourreau des cœurs d'ajouter : « Toutes les femmes sont des amies potentielles pour moi ! C'est normal. Je m'appelle Papillon. Je porte bien mon nom ! »

Le para de Sainte-Mère-Église

Le film *Le Jour le plus long* a immortalisé l'image de ce parachutiste américain blessé qui resta suspendu, immobile, au clocher de Sainte-Mère-Église, pendant plus de deux heures, alors qu'il voyait en bas ses compagnons ayant perdu leurs armes se faire descendre par l'ennemi. Sa vie ne tenant qu'à un fil, il ne joua pas les invincibles personnages de romans : il n'aurait fait qu'allonger la liste des combattants morts pour rien. Il s'appelait John Marvin Steele, un vrai nom de héros hollywoodien. Son souvenir est si vif dans ce village normand qu'un mannequin représentant le para reste suspendu en permanence au clocher, et que l'église comporte un vitrail où il apparaît en compagnie de la Vierge Marie. Une auberge locale porte également son nom. Steele appartenait au 505e régiment de la 82e division aéroportée.

Le guide des lieux, M. Trevor Standefer, vous rappelle que les premiers soldats alliés arrivés en Normandie furent des troupes d'élite, des commandos parachutistes embarqués dans des C-47, une version militaire des increvables DC-3. Leur rôle était de s'infiltrer en pleine nuit derrière les lignes ennemies pour atteindre des ponts, des rivières et des routes, et bloquer les Allemands qui s'apprêtaient à contre-attaquer. C'est donc par erreur que les paras se sont retrouvés à Sainte-Mère-Église, qui ne constituait pas leur objectif principal. Ils avaient, autrement dit, raté leur cible. Que s'était-il passé ? On peut imputer cette confusion à la météo et au manque d'expérience des jeunes pilotes, qui avaient moins de cent heures de vol et n'avaient jamais piloté de nuit, surtout en situation de combat et par temps nuageux.

« Ils avaient quitté l'Angleterre vers 22 h 30 pour arriver sur la côte interpéninsulaire juste après minuit, explique M. Standefer. Volant en formation en V par groupes de neuf appareils, à 10 mètres l'un de l'autre, ils durent traverser des nuages d'une grande densité. La visibilité étant nulle, les pilotes ont paniqué. Certains ont augmenté leur vitesse, d'autres l'ont réduite. D'autres sont montés au-dessus de la couche nuageuse, d'autres ont passé en dessous. C'est alors que la formation a commencé à se morceler et à aller dans tous les sens. »

Une formation approximative

Lorsqu'ils sortirent des nuages, la DCA allemande eut beau jeu. Les jeunes pilotes n'avaient qu'une envie : allumer la lampe verte donnant le *go* fatidique, larguer leurs sticks de paras et rentrer dare-dare à leur base. Dans ces conditions, on se doute que le largage ne se fit pas avec la précision voulue. Les parachutistes des 101e et 82e divisions aéroportées, informés la veille par des éclaireurs, connaissaient pourtant les meilleurs endroits sur lesquels sauter afin de prendre le contrôle des routes menant de la côte à Pouppeville, ainsi que des ponts situés sur la Douve et le canal de Carentan. Étant donné les erreurs de parachutage, les hommes de la 101e division se trouvèrent dispersés sur une zone de 40 kilomètres de long. Ils perdirent mille cinq cents hommes, tués ou faits prisonniers. Nombre de commandos se noyèrent dans les marais et les zones inondées par les Allemands. La division parvint cependant à s'accrocher à plusieurs de ses objectifs et, au crépuscule du 6 juin, la jonction fut assurée avec la 4e division d'infanterie américaine à Utah Beach.

Les hommes de la 82e ne furent pas plus chanceux. Largués entre Sainte-Mère-Église et Carentan, ils durent faire face à une forte résistance allemande le long d'un cours d'eau au nom plutôt organique, qui illustre leur position : le Merderet. Le 7 juin, ils obtinrent l'aide d'un de leurs quatre régiments, le 325e d'infanterie aéroportée, et, le 9 juin, parvinrent à assurer une tête de pont à La Fière. Le jour suivant, un autre de leurs régiments, le 505e d'infanterie parachutiste, prit Montebourg et, le 12, un troisième régiment, le 508e, atteint Baupt et établit une tête de pont, le 19, à Pont-l'Abbé. Le 3 juillet, la division attaqua la partie ouest de la péninsule du Cotentin, captura la cote 131, puis le lendemain la cote 95, dominant La Haye-du-Puits. Il fallut dix jours de combats acharnés pour libérer cette agglomération, qui se retrouva à moitié détruite.

Lorsque la 82e division rentra en Angleterre le 13 juillet 1944, elle avait connu trente-trois jours de combats féroces, 5 245 de ses hommes avaient été tués, mis hors de combat ou faits prisonniers. Elle avait, envers et contre tout, accompli chacune de ses missions sans jamais céder un seul pouce de terrain.

Mais revenons à John Steele, le para mythique du clocher de Sainte-Mère-Église.

« Vers 1 heure du matin, deux C-47 venant de l'ouest sont arrivés au-dessus de notre commune à 400 mètres d'altitude et à 220 kilomètres à l'heure, explique M. Standefer. Les gars ont sauté avec 70 kilos de bagages. Ils n'avaient que 400 mètres pour ouvrir leur parachute. Autrement dit, quelques secondes. Beaucoup de soldats ont atterri à Sainte-Mère en ayant perdu leur paquetage et leurs armes. Ils n'avaient sur eux que leur couteau de commando, ce qui ne faisait évidemment pas le poids contre les mitraillettes de l'ennemi. Resté accroché à la croix du pignon de l'église, John Steele a essayé de se libérer de ses suspentes avec son couteau mais, par malchance, a lâché celui-ci qui est tombé aux pieds d'un patrouilleur allemand. Ce dernier s'est empressé de tirer sur l'infortuné para et l'a atteint au pied. Steele se contenta de faire le mort, ce qui était une sage décision. »

Retour de flamme

« Il n'était pas au bout de ses peines, reprend M. Standefer, puisqu'il voyait ses camarades se faire massacrer sans rien pouvoir faire. Deux Allemands se trouvaient de garde dans le clocher, un jeune et un vieux baroudeur. Le jeune semblait résolu à abattre pour de bon le parachutiste mal en point, mais son aîné, ménageant l'avenir, lui fit remarquer que le secteur grouillait d'Américains qui n'étaient pas là pour faire du tourisme. Le vieux soldat s'étonnait pourtant que le Débarquement n'ait pas eu lieu dans la région de Calais, beaucoup plus près des côtes d'Angleterre. Ils décidèrent donc de laisser leur ennemi en vie et de le décrocher. Steele était resté suspendu plus de deux heures.

« L'Américain était prisonnier des deux Allemands depuis environ une heure lorsque plus de six cent cinquante parachutistes des 82e et 101e divisions convergèrent vers le village. La situation s'inversa. Les deux gardiens devinrent donc les prisonniers de l'homme qu'ils avaient capturé et se soumirent de bonne grâce. Ils pouvaient remercier le ciel de s'être trouvés dans l'agglomération grâce à leur geste miséricordieux, car s'ils avaient été surpris à l'extérieur, ils auraient été abattus par les paras américains qui avaient l'ordre non officiel de ne faire aucun prisonnier. Ils devaient en effet atteindre leurs objectifs sans s'encombrer de captifs. En d'autres termes si ces Allemands avaient rendu leurs armes à John Steele à 3 kilomètres de la commune, on les aurait abattus, mais une fois l'objectif atteint, ils pouvaient être faits prisonniers sans problème. »

Cette consigne inhumaine, qui eut sa contrepartie – aussi peu justifiable et, de plus, fréquente chez les SS –, semblait faire régresser l'humanité aux heures les plus sombres du Moyen Âge. Les férus d'Histoire se souviennent peut-être que lors de la prise d'Orléans, où s'illustra Jeanne d'Arc en 1429, on tria les prisonniers anglais. Les officiers bien nantis et bien titrés furent épargnés pour devenir l'objet de rançons, tandis que les autres, roturiers et vilains, en uniforme ou non, furent massacrés. Le professeur Henri Guillemin nous a maintes fois rappelé que ces agissements étaient monnaie courante à l'époque. En cinq cents ans, l'homme n'avait donc rien appris.

Alain Stanké signale à son tour une anecdote inconnue à M. Standefer : l'infirmier qui a soigné Steele le premier était un sergent parachutiste québécois du nom de Maurice Tremblay. Ce vétéran se trouve sur les lieux, en pèlerinage. Le sympathique mentor admet que, dans son métier, on apprend constamment de nouvelles réalités par des témoins survivants. Lors de l'interview filmée de M. Tremblay, alors qu'Alain demande au vétéran quels furent les premiers mots que prononça John Steele, il répond que le parachutiste lui avait hurlé :

— *Fucking bells ! Fucking bells !*

Autrement dit : « Foutues cloches ! » Steele, sur son perchoir, avait eu les tympans malmenés par le bruit des cloches sonnant le tocsin de manière incessante, comme cela se pratiquait depuis des temps immémoriaux pour signaler aux populations les incendies et autres désastres.

L'un de rares survivants de la bataille dite de la ferme de Beauvoir, Maurice Tremblay, fait prisonnier à Falaise, survécut une fois de plus à une marche de la mort conduite par les SS. Prisonnier en Allemagne, il s'évada et parvint à rejoindre son régiment.

John Marvin Steele est revenu sur les lieux de ses exploits et s'est promis d'y revenir souvent. Il est mort d'un cancer en 1969, aux États-Unis, à l'âge de soixante-quinze ans. C'était à trois semaines du vingt-cinquième anniversaire du jour J, auquel il avait l'intention d'assister à Sainte-Mère-Église.

6
DES GESTES NOBLES, DES GESTES IGNOBLES

Non loin de Villon-les-Buissons, dans la périphérie de Caen, l'abbaye d'Ardenne est l'un de ces lieux historiques qui font les charmes d'une France touristique moins connue. Ses constructions datent du XIIIe au XVIIIe siècle. Elle comprend des murs d'enceinte et une chapelle gothique. Au moment de la guerre, elle était habitée par une famille de propriétaires, les Vico, des patriotes de la première heure.

Les salopards à tête de mort

Le père, Roland, maire de la commune de Saint-Germain-la Blanche-Herbe, avait été arrêté par les Allemands en décembre 1943 et déporté au camp de concentration de Mauthausen. Ses fils, Jacques et Jean-Marie, qui s'occupaient d'un dépôt d'armes parachutées par les Alliés, déménagèrent ces dernières dans des carrières et prirent le maquis. La mère, Francine Vico, fut incarcérée jusqu'en mars 1944. Ce ne fut qu'à la Libération, en août, que la famille put reprendre possession du lieu, qui avait été le QG de Kurt Meyer, chef du 25e régiment de grenadiers de la 12e *Panzerdivision* Hitlerjugend. Cette unité SS fut, estime-t-on, responsable de l'exécution de sang-froid – et de manière dispersée – de quelque cent soixante-dix-huit prisonniers de guerre, dont une majorité de Canadiens, au cours des jours et des semaines suivant le jour J.

Une lignée de résistants

Mais revenons à Ardenne, où s'est perpétré un de ces actes de sauvagerie systématique.

Le 7 juin, lendemain du Débarquement, le North Nova Scotia Highlanders, appuyé des chars du 27e régiment blindé canadien, les Fusiliers de Sherbrooke, essuya de sérieux revers près d'Authie. Plusieurs Canadiens furent faits prisonniers et certains se retrouvèrent à l'abbaye d'Ardenne.

Six mois plus tard, des membres de la famille Vico rentrèrent chez eux. Jean-Marie nettoya un jardin boisé derrière la maison de ses parents pour s'assurer que son petit frère Michel puisse jouer sans se blesser avec des armes ou des explosifs abandonnés. Ce danger écarté, le jeune enfant fit tout de même une étrange découverte dans la terre : un maxillaire inférieur humain. Il appela son grand frère qui découvrit un corps dans le sol meuble. En février 1945, on retrouva six soldats canadiens enterrés hâtivement, trois par trois. Un mois plus tard, Mme Vico remarqua que des fleurs à bulbes, des perce-neige, plantés habituellement en cercle dans ce terrain, poussaient de façon désordonnée. Elle en déduisit que la terre avait été remuée, peut-être parce que les Allemands avaient enterré là des armes, des documents ou le fruit de rapines.

Elle attendit avril et la permission de son fils Jacques, qui combattait avec la 2e division blindée du général Leclerc. Celui-ci découvrit alors un autre corps. En mai, six autres cadavres furent déterrés, soit un total de dix-huit. C'étaient des soldats du North Nova et des Fusiliers de Sherbrooke. Ces hommes avaient été faits prisonniers au cours des combats de Buron et d'Authie, le 7 juin 1944. On estime que deux autres Canadiens ont été exécutés à cet endroit, le 17 juin. On ne retrouva toutefois qu'un corps. Le macabre bilan s'élève donc à dix-neuf corps et un disparu dans les parages de l'abbaye. Dans quelles conditions ces victimes étaient-elles mortes ?

Jan Jesionek, un jeune Polonais incorporé de force dans les SS, mais ayant déserté en 1944, fut témoin de l'interrogatoire et des coups de feu. Un militaire canadien, le sergent Dudka, raconta que l'après-midi du 7 juin, passant dans la cour de l'abbaye après avoir vu les dépouilles de ses camarades du North Nova, il avait tout compris. Apercevant la porte du porche entrouverte et non gardée, il joua le tout pour le tout et réussit, en courant en zigzag, à se sauver dans la campagne sans se faire atteindre puis à rejoindre les lignes canadiennes. « Ces camarades morts que j'ai vus dans la cour de l'abbaye... Je suis sûr que les SS les ont assassinés », rapporta Dudka.

Cependant, les certitudes ne sont pas des preuves et le témoignage de transfuges comme le malheureux Jesionek est souvent sujet à caution lors de procès. Il y avait pourtant des preuves. Dix-huit des hommes avaient été tués d'une balle dans la nuque ou battus à mort. Mais qui était responsable de ces atrocités ? L'officier supérieur de service était un certain *Brigadeführer* Kurt Meyer, un SS *Totenkopf* (« Tête de mort ») – un personnage dont on retrouve des spécimens parmi les plus bestiaux gardiens de camps de concentration, ou qui collaboraient avec les membres des *Einsatzgruppen*, ou « groupes d'intervention », responsables de la mort de plus d'un million de personnes : juifs, tziganes, prisonniers russes.

Le *curriculum vitae* de Meyer est impressionnant : membre du parti nazi depuis 1930, SS depuis 1934, capitaine en 1936, commandant en 1940, il devint finalement *Brigadeführer* du 25e régiment de grenadiers dans la 12e *Panzerdivision* Hitlerjugend qui, comme nous l'avons mentionné, n'était pas composée de gamins jouant au soldat... contrairement à son appellation de « Jeunesse hitlérienne ». Il s'agissait de combattants aguerris, jeunes, certes, mais très bien formés et fanatisés à l'extrême. Meyer cumulait les honneurs : croix de fer de 2e et de 1re classe, croix allemande en or ainsi que des distinctions bulgare et roumaine. Il avait reçu la croix de chevalier avec feuilles de chêne et glaives, la deuxième plus haute décoration allemande pour bravoure. Sur le front de l'Est, il s'était fait affubler du surnom de « Panzermeyer », ce dont il n'était pas peu fier. Mais quel avait été son rôle, s'il en avait joué un, dans la tuerie d'Ardenne ?

Innocent !

Meyer fut jugé en décembre 1945. Tout au long du procès, il nia toute connaissance des faits, clamant son innocence. Son avocat sema le doute sur la crédibilité des témoins clés. Pourtant, d'autres témoignages, y compris de soldats allemands, révélèrent que, le soir du 7 juin 1944, le lieutenant Thomas Windsor, de Montréal, ayant refusé de parler sinon pour donner son nom, son grade et son numéro matricule, fut giflé et conduit dans le jardin avec dix autres prisonniers. Les onze hommes furent tués d'une balle dans la nuque ou assommés.

Le 8 juin, on amena sept autres prisonniers au QG de l'abbaye. Meyer demanda d'un air à la fois sarcastique et goguenard pourquoi on se permettait de le déranger avec ces « histoires de prisonniers ». Puis, après qu'il eut ricané avec ses hommes, on conduisit les captifs à l'entrée du jardin. Des témoins affirment que les sept militaires se sont serré la main et que l'un d'eux pleurait. Ils furent poussés dans le jardin où un sous-officier SS leur tira à chacun une balle dans la nuque. En ce qui concerne les deux dernières victimes, on les aurait escortées à l'abbaye le 17 juin, de bon matin. Un seul corps a été retrouvé.

Le 18 décembre 1945, Meyer fut condamné à mort, mais cette sentence fut commuée en réclusion à perpétuité par le juge canadien, le général Chris Vokes, qui estima que le degré de responsabilité de l'officier ne justifiait pas la peine capitale. Meyer fut donc condamné à la réclusion « à perpétuité ». Cette condamnation en version canadienne ne pouvait en pratique dépasser les vingt ans. Après avoir purgé une partie de sa peine au Nouveau-Brunswick, Meyer tomba sous juridiction germano-britannique, avec un traitement encore plus clément. La sentence fut réduite à quatorze ans.

Prisonnier modèle, Meyer fut libéré en septembre 1954, après moins de neuf ans d'incarcération. Il révéla alors à ses gardiens qu'au cours de sa détention préventive, d'anciens SS avaient voulu le libérer en les abattant pendant qu'ils faisaient ensemble leur jogging, puis en le libérant de ses menottes. Sa femme se serait opposée à ce projet car, selon ses dires, elle savait pertinemment que son mari aurait trouvé inacceptable tout geste hostile envers des geôliers – qui, en fin de compte s'étaient révélés bienveillants envers lui au regard des circonstances. Fanfaronnade ou vantardise ? Personne ne le saura jamais.

Un bouc émissaire a payé...

Comme un paisible touriste, Meyer revint à l'abbaye le 15 août 1957 et ce fut Jean-Marie Vico, fort surpris, qui l'accueillit. Près du jardin où sept Canadiens avaient été tués de sang-froid, Vico demanda à l'ex-officier SS comment, étant donné la discipline de fer qui régnait dans son unité, il avait pu ignorer l'exécution de prisonniers de guerre confiés à ses hommes. Il répondit qu'il avait en effet « ouï-dire », par l'officier responsable du poste de secours près de la cour de ferme, qu'une exécution avait eu lieu, que cela l'avait contrarié, et qu'en guise de punition, il avait envoyé le sous-officier responsable du massacre en première ligne, dans un avant-poste intenable, où il s'était fait tuer le jour suivant. La solution était éminemment pratique : un témoin clé, un quelconque lampiste rapidement disparu, ne reviendrait jamais pour contester les faits.

Jean-Marie Vico demanda alors comment ces assassinats avaient pu être commis à l'insu de Panzermeyer sur une période de dix jours, et pourquoi il n'avait pas évoqué ce fait au tribunal. Imperturbable, Kurt Meyer répondit que, de toute façon, il avait fait justice et que, pour l'honneur des SS, il n'avait pu se permettre de charger ses hommes devant un tribunal ennemi. Lorsqu'on parla des témoins, il fit valoir entre autres que le Polonais Jan Jesionek n'était pas crédible parce qu'il avait trahi les SS – alors qu'il avait été recruté de force – et il laissa entendre que, de toute manière, on ne saurait faire confiance à une catégorie de gens dans laquelle les nazis plaçaient les juifs et les Slaves – qu'ils appelaient les *Untermenschen*, les sous-hommes. Pour un nazi impénitent, même l'évadé du massacre, le militaire canadien Dudka, devait, du fait de ses origines est-européennes, entrer dans cette catégorie.

Qui furent en fin de compte les vrais salopards à tête de mort ? On ne saura probablement jamais la vérité sur ce massacre, comme sur celui des quelque cent trente-six prisonniers canadiens assassinés par les subordonnés de Meyer. Certains historiens font valoir que de semblables actions ont été perpétrées sous le coup de la colère dans le camp allié, et même chez les Canadiens, d'ordinaire très respectueux des droits de la personne. Il ne faut pas s'en étonner.

Charly Forbes, dans son présent témoignage sur sa bataille de Normandie, laisse entendre qu'après avoir constaté les atrocités des SS, certains de ses hommes avaient la détente chatouilleuse. Malheur au SS crâneur, insultant ou sur qui l'on retrouvait des cigarettes ou des objets volés à des soldats canadiens torturés ou abattus de sang-froid… La violence gratuite appelle la loi du talion et tous les excès qui vont de pair. Malheureusement, ce sont souvent des innocents qui paient, parce qu'ils portent un uniforme honni. Nombre d'Allemands s'engageaient dans les SS pour les avantages et les possibilités de promotion. D'autres, comme plusieurs Alsaciens, furent engagés d'office, car considérés comme sujets du Reich.

Kurt Meyer ne profita pas longtemps de sa liberté. Il travailla un moment comme administrateur dans une brasserie de son pays, puis mourut d'une crise cardiaque en 1961, emportant son secret dans la tombe.

Dans les années 1980, la famille Vico fit ériger un petit monument aux morts dans le jardin tragique.

« On utilisa en 1984 une arête de voûte de l'ancien réfectoire des moines ainsi que des dalles de l'abbaye, explique Mme Gabie Vico. Plusieurs bénévoles se chargèrent de ce projet, dont des tailleurs de pierre. Le colonel canadien Ian Campbell a fait graver une plaque avec le nom des victimes afin de les sortir de l'anonymat. Nombre de leurs compatriotes viennent se recueillir près de ces vieilles pierres et de ce lieu témoin du martyre de leurs soldats. Pour le soixante-dixième anniversaire du jour J, j'aimerais avoir l'histoire personnelle de chacun de ces prisonniers massacrés, car ils ne doivent jamais être oubliés. »

L'abbaye, avec le concours financier du conseil régional de Basse-Normandie, abrite depuis 1988 l'Institut Mémoires de l'édition contemporaine, important site d'archives littéraires fréquenté par des chercheurs du monde entier. C'est devenu un lieu de paix et de culture.

Des héros fatigués

Parmi les belles histoires d'une sale guerre, il en est une qui sort un peu du contexte du Débarquement, car elle évoque davantage ceux qui l'ont préparée que ceux qui y ont directement participé. Nous voulons parler des aviateurs. On sait le rôle terrorisant, très étudié, de la Luftwaffe, avec ses chasseurs en piqué aux sirènes hurlantes, utilisés un peu trop souvent contre les colonnes de civils et de réfugiés… et, vers la fin de la guerre, les bombardements massifs par les Alliés des villes allemandes comme Dresde, des opérations non moins terrorisantes et non moins meurtrières. Pour tout stratège, le rôle de l'aviation relève cependant d'une logique plus terre à terre : mettre hors d'état les axes de communication, les forces militaires et les moyens de production de l'adversaire tout en contrant les desseins de ses forces aériennes. L'aviateur est une sorte d'être à part, un petit dieu planant au-dessus des réalités trop crues du fantassin ou du marin, du moins jusqu'à ce que le sort des armes lui rappelle sa condition de mortel.

Le rassemblement des aigles

Les protagonistes sont deux pilotes : un Américain, Charles – dit « Charlie » – Brown, et un Allemand, Franz Stigler. Leur rencontre a eu lieu au-dessus de l'Allemagne, le 20 décembre 1943, alors que l'aviation alliée préparait déjà la grande opération de juin 1944 en affaiblissant la machine de guerre nazie.

Le second lieutenant Charlie Brown porte un nom qui nous rappelle celui du jeune maître de Snoopy, le populaire beagle du bédéiste Charles Schulz, évocateur de bien des souvenirs d'enfance. Brown était un brave garçon de Virginie-Occidentale qui apprit à piloter une forteresse volante B-17 F dans des délais de temps de guerre. Il en était à sa première mission sur l'Allemagne avec le 379e groupe de bombardement basé à Kimbolton, dans le Cambridgeshire. Son objectif n'était rien de moins que des ateliers de l'avionneur Focke-Wulf, à Brême.

Franz Stigler, un ancien commandant de bord bavarois, était le prototype du pilote de chasse allemand comme on aime se l'imaginer sous les traits de Curd Jürgens dans des classiques du cinéma, comme *Les héros sont fatigués* d'Yves Ciampi : mâchoire volontaire, œil d'aigle et code d'honneur digne de celui de Manfred von Richthofen, le célèbre « Baron rouge » de la Première Guerre mondiale. Mais, ici, nous ne sommes pas sur un plateau de tournage. Stigler était un véritable as de l'aviation, avec vingt-deux victoires homologuées. Il ne lui en manquait qu'une vingt-troisième pour recevoir la croix de chevalier de la croix de fer, une décoration rare, un honneur insigne.

Alors que Charlie Brown larguait, d'une altitude de 27 000 pieds, ses bombes sur sa cible, la DCA allemande endommagea la verrière et deux moteurs de son appareil. Le pilote fut obligé de ralentir, d'autant plus qu'un froid de – 60 °C s'insinuait dans la carlingue. Il devint un traînard sur lequel la chasse risquait de s'acharner. Une douzaine de Messerschmitt et de Focke-Wulf harcelèrent la forteresse volante pendant une dizaine de minutes. Un troisième moteur fut endommagé, le mitrailleur de queue tué et la majorité des hommes d'équipage blessés, y compris Brown qui perdit connaissance. Les conduites d'oxygène, les câblages et les commandes hydrauliques étaient touchés. Le métal recouvrant le B-17 était déchiré en plusieurs endroits, les hommes valides occupés à soigner leurs camarades. Seules trois mitrailleuses, sur les treize que comportait l'avion, étaient indemnes. Le fier bombardier était pratiquement un radeau de *La Méduse* volant.

Pendant ce temps, Franz Stigler faisait le plein d'essence et de projectiles sur l'aérodrome d'Oldenburg, à une cinquantaine de kilomètres de Brême. Lorsqu'il redécolla sur son Messerschmitt Bf-109 et s'approcha de la forteresse volante, Charlie Brown avait repris connaissance et volait à basse altitude. Stigler s'apprêtait à donner le coup de grâce à l'appareil ennemi mais, après plusieurs passages, remarqua son triste état ainsi que celui de son équipage et éloigna son index de la détente. Le pilote de la Jagdeschwader 27 était-il soudainement saisi d'une compassion assez peu courante chez les militaires ? Non, mais il avait des principes, inculqués par son chef, Gustav Rödel, alors qu'il se trouvait sous ses ordres en Afrique.

— Tu dois d'abord et toujours te comporter en pilote de chasse, lui avait recommandé Rödel. Que ferais-tu en voyant dans ton collimateur l'adversaire que tu as abattu descendre en parachute ?

— Je ne me suis jamais trouvé dans une telle situation, lui répondit Stigler.

— Eh bien, je vais te le dire. Nous devons préserver notre humanité. Nous sommes des hommes d'honneur et non point des bouchers. Si jamais j'entends dire que tu as tiré sur quelqu'un qui tente de sauver sa peau en sautant en parachute, je me ferai un devoir de te flinguer personnellement. Compris ?

L'avertissement ne venait pas de quelque soldat d'opérette. Rödel, un « as » aux quatre-vingt-dix-huit victoires, décoré de la croix de chevalier de la croix de fer avec feuilles de chêne, avait un parcours militaire si impeccable qu'il devait plus tard terminer sa carrière comme général de brigade de la Bundeswehr en 1971.

Des années plus tard, Stigler dut justifier son geste humanitaire.

— Dans l'état de sauve-qui-peut où ces hommes se trouvaient, c'était comme s'ils se balançaient, désarmés, au bout de parachutes. Je ne pouvais simplement pas tirer, expliqua-t-il.

Il essaya d'abord de forcer Brown à atterrir en Allemagne, afin de le faire capturer selon les termes de la convention de Genève, mais le pilote américain refusa, au risque de se faire achever. Décidé à vendre chèrement sa vie, il n'en posta pas moins des mitrailleurs restés opérationnels. Stigler, voyant qu'il n'obtenait pas de résultats, respecta le choix de son ennemi et se garda de le provoquer dans un duel qui se serait révélé suicidaire pour Brown. Il lui indiqua plutôt le chemin de la Suède, en se gardant une fois de plus de tirer. Il escorta même le B-17 jusqu'à la mer du Nord avant de lui faire un balancement d'ailes comme pour lui souhaiter bon voyage.

Stigler n'avait aucun avantage à tirer de son geste élégant. Au contraire. Il perdait l'occasion de décrocher sa croix de chevalier, et si jamais un camarade ou un mouchard au sol rapportait qu'il avait laissé filer un bombardier ennemi endommagé au lieu de l'abattre, il risquait de faire face à un peloton d'exécution pour trahison. Fort heureusement, l'affaire ne put s'ébruiter faute de témoins, ce qui n'empêcha pas notre chasseur de continuer à faire son métier en respectant son code d'honneur. Il garda le silence, et passa à autre chose.

Blessé à l'épaule, Brown traîna son épave aérienne avec un seul moteur valide sur les quelque 400 kilomètres de mer du Nord, pour atterrir en catastrophe à un aéroport de la RAF situé à Seething, dans le Norfolk. Lors de son débriefing, il raconta son étrange rencontre avec le pilote d'un Messerschmitt qui, au lieu de l'abattre, lui avait laissé la vie sauve – ainsi qu'aux survivants de son équipage. Les officiers qui l'entendirent lui ordonnèrent, ainsi qu'à ses hommes, de ne pas en toucher mot aux autres aviateurs : il n'était pas question d'humaniser un ennemi généralement réputé implacable, voire inutilement brutal, et risquer ainsi de saper la détermination des combattants alliés.

La guerre terminée, Charlie Brown rentra chez lui, reprit ses études universitaires et rempila en 1949. Puis il devint officier aux Affaires étrangères pour le département d'État américain, prit sa retraite en 1972 avec le grade de colonel et se retira à Miami. En 1986, lors d'un « rassemblement d'aigles », c'est-à-dire d'anciens pilotes militaires, Charlie Brown conta son histoire. On lui suggéra de tenter de retrouver le pilote allemand qui avait été si chevaleresque envers lui et ses hommes. Pendant quatre ans, il compulsa les archives de l'US Air Force et celles de la Luftwaffe sans résultats notables. Finalement, il fit passer une annonce dans le bulletin d'une association internationale de « vieilles tiges » (d'anciens pilotes). En 1990, alors qu'il était prêt à abandonner, Brown reçut une lettre de Franz Stigler, un homme d'affaires qui vivait depuis 1953 sur le même continent que lui, à Vancouver, au Canada !

Au téléphone, il ne fallut guère de temps à Brown pour vérifier qu'il s'agissait du bon aviateur. Stigler se souvenait clairement de l'incident et d'une foule de détails techniques, comme seules les personnes du métier peuvent se les remémorer dans des circonstances exceptionnelles. Un peu plus tard, ils tombèrent dans les bras l'un de l'autre, comme des frères, et versèrent des larmes en se retrouvant.

Dix-huit ans durant, Charlie Brown et Franz Stigler furent les meilleurs amis du monde, jusqu'à ce que le temps foudroie les deux anciens pilotes en 2008, à quelques mois d'intervalle. Stigler avait quatre-vingt-douze ans, Brown quatre-vingt-sept. Les héros, trop fatigués, avaient définitivement pris place dans un monde totémique éternel : celui des aigles.

Les mauvais tireurs

Nous ne nous étendrons pas longtemps sur l'histoire de Charly Forbes, du régiment de Maisonneuve, qui raconte sa guerre en Normandie comme officier d'infanterie ailleurs dans ces pages. C'est grâce à Georges Denizeau, un résistant français qu'il a connu sur les lieux, que Charly s'est réconcilié, d'une certaine manière, avec l'ennemi. Lors de ses voyages commémoratifs en Europe, il a souvent évoqué la possibilité de rencontrer l'un de ceux qu'il avait eu à affronter dans les terribles conditions que nous connaissons. M. Denizeau et son épouse Anne-Marie, qui n'avaient guère prisé l'Occupation et s'étaient opposés aux « Boches », tenaient aussi à enterrer la hache de guerre dans la future Europe unie. En 1975, Charly, qui a toujours admiré le professionnalisme militaire des Allemands, demanda à ses amis : « J'aimerais particulièrement rencontrer un ancien adversaire de la 12e *Panzerdivision* SS Hitlerjugend, des gens fanatisés dans leur détermination, dirigés alors par le *Brigadeführer* Kurt Meyer, dit "Panzermeyer", le plus jeune commandant de division allemand, puisqu'il n'avait que trente-trois ans. »

Charly n'avait pas choisi les plus faciles. La 12e *Panzerdivision* était réputée pour avoir réussi à détruire vingt-huit chars canadiens en ne perdant que six hommes. Elle était également réputée pour compter dans ses rangs des « salopards » qui avaient assassiné de sang-froid cent soixante-dix-huit prisonniers et un nombre appréciable de civils. Elle avait également subi de lourdes pertes : jusqu'à 60 % de ses effectifs en un mois de combats ! Beaucoup d'anciens SS vivaient le plus discrètement possible et affichaient un « profil surbaissé » en essayant de se faire oublier. Quelqu'un oserait-il se présenter ?

Peu après, Charly reçut une lettre d'un certain Karl Becker, un ancien officier de la 12e *Panzerdivision.* « Voulez-vous correspondre en français ou en anglais ? demanda l'ancien combattant allemand. Cela m'est indifférent. D'ailleurs, j'ai eu l'occasion de rencontrer, sur le terrain des opérations, deux officiers canadiens-français. Une vieille histoire… »

Charly la connaissait cette histoire. Les officiers qu'avait rencontrés leur homologue allemand n'étaient autres que le brigadier général Julien Bibeau et l'officier de renseignement Marcel Dussault qui, le 24 août 1944 à Bourgtheroulde, en Haute-Normandie, s'étaient fait dépouiller de leur uniforme par un groupe de SS. Ces derniers avaient eu la courtoisie inattendue de leur remettre la blague de tabac et la pipe contenues dans l'une des vareuses qu'ils s'étaient appropriées au lieu d'abattre froidement les Canadiens, un crime de guerre dont trop de leurs semblables étaient coutumiers, comme lors de la tragédie de l'abbaye d'Ardenne.

Charly n'en revenait pas de cette coïncidence. Il s'empressa de communiquer avec l'ancien officier de renseignement Marcel Dussault, toujours vivant, qui lui confirma certains détails prouvant qu'il s'agissait indubitablement de l'authentique protagoniste ennemi de cette anecdote étonnante, digne du récit historique de Cornelius Ryan, *Le Jour le plus long*. Charly offrit à Dussault de rencontrer l'officier allemand. Tout d'abord, il refusa. Curieusement, Karl Becker avait été exonéré de crimes de guerre grâce à son larcin, lorsque les autorités alliées avaient retrouvé sur lui le carnet de notes de Dussault. Elles avaient pris des renseignements et constaté que le propriétaire dudit calepin était revenu sain et sauf au pays. Les Allemands, qui avaient déjà commis une faute grave en volant à la pointe d'un Luger les uniformes à leurs adversaires, s'étaient heureusement gardés de les abattre. Dussault accepta finalement de rencontrer Becker lorsque ce dernier vint au Canada.

Becker et son groupe avaient été capturés trois jours après après leur substitution d'uniformes, car ils n'avaient pu sortir de la région. L'officier était resté prisonnier de guerre en Angleterre jusqu'en 1949. Charly le rencontra en 1976 en Hollande, puis l'invita chez lui à Saint-Ferréol-les-Neiges. Pendant une quinzaine de jours, Charly fit visiter le Québec à Becker et à son épouse. En se remémorant les combats sanglants de Normandie, ils évoquèrent des lieux, notamment le village de Saint-André, près de Caen, où tous deux avaient férocement combattu – l'agglomération changea trois fois de mains.

— Oui, c'est la 12e *Panzerdivision* qui occupait le terrain, et on vous a donné du fil à retordre, se rappela Becker.

— Au cours de tous ces combats, Karl, j'ai peut-être tiré sur toi, rétorqua Charly.

— Et moi aussi, Charles. Nous pouvons donc remercier le Seigneur d'avoir été de si mauvais tireurs…

« Il n'y a ni bons ni mauvais morts »

C'est ce que fait remarquer Marcel Tisserand, conservateur depuis 1989 du cimetière allemand de La Cambe, dans le nord-ouest du Calvados, un lieu impressionnant entretenu par le *Volksbund Deutsche Kriegsgräberfürsorge*, le service pour l'entretien des sépultures militaires allemandes. Ce qu'il y a de plus symbolique, c'est que ce terrain fut d'abord un cimetière américain jusqu'en 1945, lorsque les autorités états-uniennes ont commencé à relever leurs soldats et à les transférer dans leur pays, ou au cimetière américain de Colleville-sur-Mer. Dans le même temps, elles effectuèrent la translation des restes des soldats allemands enterrés à la hâte le long de la côte, dans de petites unités ou dans des propriétés privées. La même terre avait donc enseveli ceux qui, hier encore, s'entre-tuaient, ce qui nous porte à méditer sur le sort des projets les mieux élaborés par les hommes, mais contrecarrés par les événements.

« Ce cimetière est le plus grand du genre en Normandie avec 21 139 corps, précise M. Tisserand. 95 % de ces soldats n'avaient pas vingt ans et 70 % des tombes portent le nom, le grade, les dates de naissance et de décès des défunts. Il y a également un tumulus surmonté d'une croix ; il contient des restes de deux cent quatre-vingt-dix-sept soldats inconnus et, dans la couronne basse, les noms de ceux dont on a retrouvé les plaques d'identité, soit quatre-vingt-neuf. »

La porte du mur frontal de ce lieu d'éternel repos ne laisse passer qu'une personne à la fois. Elle a volontairement été laissée étroite, pour bien montrer la limite qui existe entre le monde des vivants et celui des morts. Le dépouillement du cimetière, les croix de lave, de basalte et de granit, les tombes basses se fondant dans l'environnement inspirent un ineffable sentiment d'éternité. Lorsqu'on demande au conservateur comment les voisins normands réagissent à la présence d'un ennemi mort mais occupant toujours, à sa manière, le sol de France, il nous assure que les habitants, qui ont pourtant beaucoup souffert de la guerre, se sont toujours montrés respectueux envers les morts ennemis. Avant la prise en charge de l'entretien par le service des sépultures militaires allemandes, le gouvernement avait donné l'exemple en confiant ces travaux à des fonctionnaires français. C'est ainsi qu'on a pu voir d'anciens combattants et blessés de la Première Guerre mondiale faucher sans ressentiment les herbes folles qui envahissaient les abords des tombes de leurs anciens adversaires. Et puis, contrairement aux actes de profanation inqualifiables que l'on a pu voir en France dans certains cimetières, jamais à La Cambe a-t-on eu à déplorer de tels sacrilèges.

« Il faut dire que, même si elle trouvait l'Occupation contraignante, notre population faisait la part des choses et comprenait que bien de ces Allemands n'étaient trop souvent que de pauvres bougres entraînés, tout comme nous, dans la guerre. Si on n'aimait pas l'occupant et qu'on s'en méfiait, il fallait composer avec lui et entretenir des rapports sinon cordiaux, du moins civilisés, surtout s'il se montrait respectueux envers les habitants », remarque M. Tisserand.

Dieu a le dernier mot…

« Nous avons coutume de dire qu'il n'y a pas de bons ni de mauvais morts. Je sais, certains de ceux qui reposent ici ont été des êtres pires qu'inhumains, pires que des animaux, reprend-il. Mais qui sommes-nous pour juger ? D'ailleurs, l'architecte a voulu transmettre cette idée aux visiteurs du cimetière, soit que nous ne pouvons pas juger les actes commis par ces soldats. Elle s'exprime par l'intermédiaire de trois disques sur la porte d'entrée. Celui qui est au centre représente Dieu, qui juge les âmes des soldats qui se présentent à lui. Cette symbolique est reprise par un poème inscrit en lettres de bronze au pied du tumulus, dont la dernière phrase dit : "Dieu a le dernier mot." C'est donc à Lui de juger. En effet, pouvons-nous être sûrs à 100 % que nous n'aurions pas pu être entraînés à accomplir les mêmes crimes que certains de ces combattants ? Il suffit de l'occasion pour passer du mauvais côté. Et alors nous commettons des actes irréparables et cruels… »

Le cimetière comporte plusieurs citations, dont une de Tolstoï, près de l'entrée, qui rappellent tout ce que l'être humain recèle potentiellement de bon et de mauvais.

« Nous sommes émus lorsque des visiteurs recherchent une tombe et se mettent à nous raconter la vie d'un vieux camarade ou d'un parent tombé au feu. On a l'impression que ce disparu revient brièvement à la vie. C'est comme une sorte de vidéo-clip, rappelle M. Tisserand, un clip qui pourrait décrire n'importe quel être humain pris dans l'horreur des combats.

« Un cas m'a particulièrement bouleversé, poursuit-il. Celui d'un monsieur qui était agriculteur et s'était promis de venir sur la tombe d'un ami et camarade de régiment. Lorsque je lui ai montré la tombe, il ne pouvait plus parler et avait les larmes aux yeux. Je l'ai laissé et suis allé dans mon bureau. Une vingtaine de minutes plus tard, il est venu me voir et s'est excusé de m'avoir abandonné et d'avoir coupé court à mes questions. Il m'a alors dévoilé un épisode de sa guerre à lui.

« Il m'a dit : "Tu sais, il n'y a pas que les Alliés qui ont tué nos hommes. Il y en a de chez nous qui ont tué des nôtres…" C'est ainsi qu'il m'a raconté l'histoire de ce compagnon d'armes, de cet ami d'enfance avec lequel il avait eu la chance d'être affecté à la même compagnie. Un soir qu'ils étaient de garde, debout, l'arme à la bretelle, son copain s'est assoupi et a fermé les yeux pendant quelques secondes. Il avait joué de malchance, car un officier passa et remarqua cette faiblesse. Après avoir injurié le soldat fautif et l'avoir accusé de mettre en danger tout son régiment, l'officier a dégainé son revolver et a abattu le malheureux à bout portant. »

Le conservateur poursuit : « Notre visiteur m'a alors dit : "Je n'ai jamais pu raconter ça à la maison, mais là, comme je suis devant lui, je peux enfin me libérer de ce souvenir horrible, même si je sais au fond de moi qu'il ne s'effacera jamais de ma mémoire." Nous recueillons une foule de petites histoires de ce genre, comme celle de cet autre soldat récupéré dans un cimetière civil parce qu'il s'était suicidé et que les nazis n'avaient pas voulu l'enterrer avec les autres. En effet, certains ont commis un acte héroïque en se prenant la vie au lieu d'exécuter des gens qui ne leur avaient rien fait. Ils se sont soustraits à l'obligation de tuer des victimes innocentes. Alors… »

Qu'en conclure ? Nous ne pouvons que penser à ce vers d'un certain François Villon, qui avait tout compris : « Mais priez Dieu que tous nous veuille absoudre ! »

« *Lest we forget* », ne les oublions pas

> *« Le soldat n'est pas un homme de violence. Il porte les armes et risque sa vie pour des fautes qui ne sont pas les siennes. Son mérite est d'aller sans faillir au bout de sa parole tout en sachant qu'il est voué à l'oubli. »*
>
> (Antoine de Saint-Exupéry)

Au nombre des Canadiens français en Normandie, on peut citer plusieurs corps de troupe valeureux : les régiments de Maisonneuve, des Fusiliers Mont-Royal, de la Chaudière, qui ne formaient qu'une portion des cent soixante mille militaires, surtout anglo-saxons, qui débarquèrent sur les plages sanglantes de l'opération Overlord. Parmi cette armada de combattants, se trouvaient neuf cents garçons francophones décidés, les « Chauds », surnommés ainsi parce qu'ils appartenaient au régiment de la Chaudière. Ces soldats venaient pour la plupart de la rive sud du grand fleuve, de la Beauce, de Lotbinière, de la Gaspésie, des îles de la Madeleine et même d'Acadie.

Ils faisaient partie de la 8e brigade d'infanterie comprenant également les régiments anglophones The Queen's Own Rifles, de Toronto, et The North Shore, du Nouveau-Brunswick, qui débarquèrent ainsi que celui de la Chaudière dans le secteur Nan White de Juno Beach.

« En ce qui concerne les gars de la Chaudière, il s'agissait surtout de jeunes gens de dix-huit à vingt et un ans, remarque le capitaine Éric Marmen, directeur du musée de ce régiment. Pour la plupart, ces jeunes soldats avaient le sentiment confus de retourner à leurs origines, car ils étaient des descendants de Normands, de Vendéens, de Bretons installés au cours des trois siècles précédents dans ce qu'on appelait alors la Nouvelle-France. Même s'ils n'étaient pas très versés en histoire, ils avaient pour eux la tradition et c'est ainsi que ces neuf cents engagés faisaient partie du fer de lance qui assura la libération de la Normandie. L'opération ne se termina que le 20 août, lorsque quelque trois millions de militaires alliés mirent finalement pied sur les plages de la Manche et que deux millions de tonnes de matériel furent transbordées.

« On ne rappellera jamais assez l'effort gigantesque que nécessita l'opération Neptune, phase amphibie de l'opération Overlord, et les sacrifices que durent consentir les combattants empilés d'avance dans les quelque quatre mille navires de transport, reprend Éric Marmen. Certains militaires étaient confinés à bord des vaisseaux depuis la fin de mai, dans une atmosphère étouffante. Pas étonnant qu'ils brûlaient d'en découdre et souhaitaient s'exposer le plus rapidement au feu ennemi plutôt que de mener une telle vie végétative. Cette préparation était toutefois nécessaire, car l'embarquement de tels effectifs ne pouvait se faire en dernière minute. Le régiment de la Chaudière a débarqué à Bernières-sur-Mer, où il fut extrêmement bien reçu par la population. Malgré la diversité des accents (québécois, acadien, etc.), les Normands découvrirent qu'ils pouvaient communiquer par-delà les siècles avec ces cousins pas aussi éloignés qu'ils le pensaient. »

Cette réception favorable et cette reconnaissance se perpétuent de nos jours : les Normands ont eu le souci de transmettre la mémoire de ces événements à leurs enfants et à leurs petits-enfants, soixante-dix ans après les faits !

« J'ai ressenti cette émotion en 1994, lors du cinquantième anniversaire du jour J, alors que j'accompagnais un groupe d'anciens combattants, nous rappelle le capitaine Marmen. Les Normands m'accueillaient comme si j'avais été un libérateur ! J'ai dû effectuer une mise au point et replacer les faits dans leur contexte en faisant remarquer à nos hôtes que seuls les vétérans méritaient leurs hommages. Ils m'ont rétorqué que, pour eux, tous les militaires canadiens représentent des libérateurs. Leur reconnaissance se transmettait à la génération actuelle des membres des forces armées canadiennes dont je fais partie ! C'est toute une différence avec ce qui se passe chez nous, où l'on oublie un peu trop facilement nos héros. »

En effet, lors d'une exposition qui eut lieu au musée en 2008, un vétéran a serré la main d'Éric Marmen en lui disant que depuis son retour au Canada, c'était la première fois qu'on mettait en valeur ce que les « Chauds » avaient accompli en Europe pendant la Seconde Guerre mondiale et qu'on le remerciait pour ses actions. Il trouvait cela triste, même déplorable. C'est parmi les siens qu'on en impose parfois le moins…

« Plus d'un million de Canadiens et de Terre-Neuviens ont servi dans les Forces armées du Canada et les forces alliées, ou dans la marine marchande, et plus de quarante-sept mille d'entre eux ont donné leur vie, souligne Éric Marmen. Ces chiffres sont remarquables lorsqu'on considère qu'en 1941, la population du Canada était de 11,5 millions d'habitants (dont 3,3 millions au Québec) ! Parmi les trois bataillons du régiment de la Chaudière qui ont pris part à la bataille de Normandie, aux combats qui ont suivi et à l'occupation de l'Allemagne, on peut compter de trois mille cinq cents à quatre mille Québécois et Acadiens. Toutes ces personnes ont été marquées par les événements, mais le plus difficile pour elles, c'est de ne pas avoir été reconnues par la population. »

Éric Marmen déplore le manque d'intérêt des citoyens canadiens pour l'histoire, même récente, sauf dans les familles directement touchées par les événements. Il souligne que les vétérans ne revendiquent pas une médiatisation sensationnaliste et claironnante de leurs actes, mais une simple reconnaissance des sacrifices auxquels ils ont consenti et dont, d'ailleurs, ils ne parlent qu'avec une grande pudeur. Revenus au pays, après les cérémonies officielles, ils ont été oubliés, comme de simples voyageurs, alors que beaucoup se sont comportés en héros. Peut-être est-ce à cause de leur discrétion, ou parce que les civils canadiens et québécois, contrairement aux Européens, n'ont pas été directement en contact avec les horreurs de la guerre ou de l'Occupation.

« Cela s'applique à d'autres régiments, reprend Éric Marmen. C'est peut-être aussi notre faute. Ainsi, lorsque j'étais jeune militaire, je n'osais pas aborder les anciens combattants, car j'étais sous la fausse impression qu'ils refuseraient de parler. C'est du moins ce que l'on me laissait entendre. Certains vétérans m'avaient d'ailleurs dit qu'il y avait des choses dont ils ne voulaient pas s'entretenir, sinon avec leurs anciens camarades de combat. Mais, dans le fond, ils ne cherchaient qu'à se confier sans risquer de se faire accueillir par un regard blasé ou une moue dubitative. Ils recherchaient quelque solidarité humaine de la part de leurs concitoyens. »

Le général américain Norman Schwarzkopf disait : « Il n'est point nécessaire d'être un héros pour ordonner à un homme de se lancer dans une bataille. Le vrai héros est celui qui monte à l'assaut. »

Le capitaine Marmen ne cesse de lutter pour raviver le souvenir des anciens combattants, car celui-ci risque de disparaître de notre mémoire. Sur les stèles commémoratives et monuments aux morts canadiens, il est écrit : « *Lest we forget* » (ne les oublions pas).

Cela ne suffit pas. Au-delà des mots dans la pierre et le bronze, notre gratitude peut aller aux militaires et aux civils des générations actuelles qui se sont fixé comme objectif de nous rappeler les exploits et les sacrifices de ceux qui sont morts pour défendre nos libertés et nos valeurs.

Entretenir la flamme

« *L'histoire, c'est la rencontre d'une volonté et d'un événement.* »
(Charles de Gaulle)

Nathalie Worthington est la directrice du Centre Juno Beach, à Courseulles-sur-Mer, où se perpétue depuis dix ans la mémoire des combattants canadiens ayant participé à la libération de la France et de l'Europe. Enfant du pays, dont la famille a vécu les événements de la Seconde Guerre mondiale, Mme Worthington ne considère pas tant sa charge comme un emploi que comme une mission, une responsabilité. 30 % des visiteurs du Centre sont des Canadiens qui effectuent un pèlerinage familial ou amical. Les rangs des anciens combattants s'éclaircissent, mais sont remplacés par des jeunes qui tentent de retrouver leur généalogie à Juno ; faire revivre notre histoire constitue une qualité de vie trop souvent négligée dans le monde actuel. L'écrivain Élie Wiesel a dit qu'un homme sans passé est plus pauvre qu'un homme sans avenir.

« J'ai vu des étudiants canadiens arriver sac au dos, un dimanche, à pied, par pluie battante pour rendre hommage à leurs aînés disparus, précise Mme Worthington. J'ai reçu également des visiteurs inattendus comme cet homme d'affaires qui se rendait de Marseille à Amsterdam et qui, à la dernière minute, a décidé de faire ce qu'il appelait "un petit détour" pour se recueillir à Juno. Il y a beaucoup de détermination chez de telles personnes. »

Cette détermination s'illustre, par exemple, dans la démarche d'un certain M. Klein, de Calgary, un ancien combattant du Génie qui, en juillet 1944, avait recueilli Bernard, un petit orphelin. Il s'en s'était occupé pendant une dizaine de jours avant de le confier à une mère de famille sinistrée et de reprendre sa route. En 2003, désireux de retrouver son protégé, il fit appel à Mme Worthington. La directrice entreprit des recherches intensives dans la région et fit même appel aux médias. Plusieurs personnes se souvenaient de Bernard et de M. Klein, mais ces informations ne débouchèrent sur rien de concret, menant même, parfois, à de fausses pistes. Malgré tous les efforts entrepris par le Centre Juno Beach, les deux personnes ne purent se retrouver et le *happy end* souhaité ne se produisit malheureusement pas.

Les autres visiteurs du Centre viennent surtout de France (la population scolaire est importante), mais aussi d'Europe, et d'ailleurs sur la planète. Certains arrivent de pays ayant subi les séquelles de la Seconde Guerre mondiale, d'autres non. Pour beaucoup de visiteurs non originaires d'Europe, d'Amérique ou de pays du Commonwealth, le jour J ne constitue souvent qu'une abstraction et le Canada n'est qu'un territoire un peu mystérieux. Une visite au Centre Juno Beach permet à ces visiteurs d'être mieux renseignés sur des faits historiques et de mieux comprendre le rôle du Canada dans le monde.

Mme Worthington a pour collaboratrice Marie-Ève Vaillancourt-Deleris, la médiatrice culturelle. Québécoise « pure laine », Mme Vaillancourt a choisi de travailler dans ce secteur après avoir été en contact avec des vétérans lorsqu'elle était étudiante. Elle a alors réalisé combien les jeunes étaient peu sensibilisés à l'Histoire. « J'étais en train de réaliser le vécu d'une génération qui vivait dans l'oubli, dit-elle. Travailler au Centre Juno Beach, c'est comme évoluer dans une sorte de microcosme. Nous sommes un établissement muséal proche de la communauté, un lieu de rencontre. »

Les Français se souviennent

« Les Canadiens viennent retrouver ici leur propre histoire et les Normands aussi. Il est amusant de constater la différence entre les Canadiens anglophones et les Québécois, poursuit-elle. Les anglophones ont une démarche précise. Ils viennent dans un esprit de commémoration vraiment abouti et veulent comprendre. Ils semblent s'approprier l'Histoire canadienne à travers leur propre famille et essaient de l'enrichir en demandant des précisions sur les régiments, les noms, les faits, les dates, etc. Les Québécois ont une démarche moins systématique, mais néanmoins intime. Lorsqu'ils voient l'accueil que les Normands réservent aux vétérans – et à eux-mêmes –, ils sont bouleversés. Ainsi, moi qui fais mon jogging matinal sur la plage Juno, je ne manque jamais de me faire interpeller par un “Salut la Canadienne !” de la part des Courseullais et Courseullaises.

« Lorsqu'ils travaillent quelques mois ici, nos jeunes guides canadiens sortent transformés de leurs contacts avec la population. Les Normands et autres Français repèrent tout de suite ces jeunes gens par leur accent et réalisent qu'ils sont peut-être les petits-enfants de ceux qui les ont libérés voilà soixante-dix ans. Certains en ont les larmes aux yeux. »

Ces visiteurs comprennent que les Canadiens et Québécois sont des Américains authentiques, souvent de même souche qu'eux, et non ces pittoresques coureurs des bois égarés dans un désert de neige, un folklore aussi inusable que celui du Français à béret et à baguette de pain. Les « cousins » francophones du 6 juin, même s'ils s'étaient enrôlés pour une foule de raisons pratiques, avaient, pour la plupart, le désir confus de faire quelque chose pour les gens de leur parenté éloignée. La chanson « J'irai revoir ma Normandie » faisait partie de leur héritage culturel. Ils avaient tous envie de retrouver cette province légendaire, dont certains étaient lointainement originaires. Ils la revirent, certes, mais sous les projectiles et dans la fureur des combats. Beaucoup eurent l'infortune de ne l'apercevoir qu'un bref instant, sur Juno Beach, ou pendant quelques heures, avant d'être fauchés par le tir d'une mitrailleuse ennemie ou des éclats d'un obus, dans le bocage normand ou au détour d'un mur de ferme dévastée.

Des projets archéologiques

« Lors de nos conférences, nous évitons de donner aux visiteurs des exposés complexes sur les stratégies militaires ou les froides statistiques, signale Mme Vaillancourt. Nous insistons plutôt sur l'aspect humain, pour mieux faire comprendre quelle était la vie quotidienne des soldats et ce qu'ils pouvaient ressentir en mettant le pied sur un terrain plein de traquenards, sous une pluie de mitraille. Nous avons actuellement un projet en cours, celui de désensabler les boyaux que les Allemands avaient aménagés sous Juno Beach et qui avaient donné tant de mal à nos troupes. Il s'agit d'un travail d'archéologie contemporaine qui revalorisera physiquement le lieu et permettra de mieux comprendre les premières minutes des combats. Le public a toujours en mémoire les scènes des films *Le Jour le plus long* ou encore *Il faut sauver le soldat Ryan*, qui donnent une bonne idée de la furie des assauts, mais le cinéma nous fait un peu oublier les prouesses incroyables des soldats du Génie, la coordination interarmes, la détermination des combattants et surtout des nôtres, souvent confondus dans la masse des combattants alliés.

« Sur plus de trois cents embarcations de débarquement, près d'un quart furent détruites ou éventrées sur des récifs avant de pouvoir toucher le sol, remarque la médiatrice. Pourtant, avant l'heure H, d'intrépides hommes-grenouilles avaient fait sauter de nombreux obstacles dans un environnement très dangereux. L'arrivée des chars amphibies changea le cours des combats et assura la réussite du reste de l'opération. Nous ne pouvions envisager d'être rejetés à la mer, comme à Dieppe. Il nous était impossible d'échouer. Les Canadiens devaient réussir, point final. Et ce, pour une foule de raisons. Les fantassins de la 3e division ont accompli là une vraie prouesse technique sur les 8 kilomètres de plages de Juno. Près de trois cent cinquante hommes y ont perdu la vie, cinq cent soixante-quinze ont été plus ou moins grièvement blessés et une cinquantaine faits prisonniers. Envers et contre tout, au soir du 6 juin 1944, quelque trois mille deux cents véhicules avaient été débarqués et une tête de pont établie en Normandie. »

TROISIÈME PARTIE

LES CIVILS

7
MON COIN DE PAYS SOUS LES BOMBES ET LES OBUS

« *Quand le Seigneur vous aura donné le pain de l'angoisse et l'eau de la détresse.* »

(Isaïe, 30 : 20)

Bien des gens d'Église sont les auteurs de chroniques historiques qu'ils ont réussi, à travers les siècles, à préserver de la folie destructrice de leurs contemporains. Tous n'étaient pas des prélats ou de graves hommes d'étude. De simples religieux se sont fait les chroniqueurs de leur époque, tel l'abbé Jean Guiho qui, du Bessin, un coin de terre riche en histoire situé au sud-est de Bayeux, a consigné ses souvenirs et les a comparés avec les documents officiels pour, selon ses mots, « que les anciens puissent se remémorer et que les jeunes puissent connaître les ravages causés chez nous par les guerres ». Ce document porte principalement sur les « dommages collatéraux » du Débarquement, dont beaucoup s'abstiennent de parler, car il ne s'agit point de la mort de célébrités ou de combattants aux actions héroïques, mais de celle de civils – hommes, femmes, enfants, vieillards qui ont eu l'infortune de se trouver au mauvais endroit à un moment inopportun.

« Dommages collatéraux »

L'abbé Guiho note que le vendredi 2 juin 1944, des signes avant-coureurs apparurent. Un premier bombardement endommagea quelques maisons sur l'axe routier le plus fréquenté du secteur, au lieu-dit La Tuilerie, sur la commune du Tronquay.

À l'aube du 6 juin, à 5 heures, un bombardement de l'aviation alliée sema la mort en différents points de la commune du Breuil-en-Bessin. Neuf personnes furent tuées sur le coup, dont sept domiciliées dans la commune : à La Nourichellerie, M. Jules Piquot, maire de la commune ; au hameau Goville, M. et Mme Albert Tribehou, Mme Aline Guilbert et M. Jean Jagoury, conseiller municipal ; route de Bayeux, M. Raymond Bailhache, maire adjoint, et Jeanne Deshayes, dix-neuf ans. Ironie du sort, Mmes Marcel Piquot et Burnel, domiciliées à Criqueville-en-Bessin, non loin de la pointe du Hoc, étaient venues au Breuil pour se mettre à l'abri. En fin de matinée, au lieu-dit Les Vases, sur la commune de Saonnet, M. Émile Leguay et son fils Edmond quittèrent leur maison pour se réfugier dans un fossé où ils trouvèrent la mort à la suite d'un mitraillage ou d'un tir d'artillerie.

Dans la nuit du 6 au 7, à environ 500 mètres de Littry, vers le lieu-dit Les Petits Carreaux, sans assistance médicale, un enfant naquit dans une tranchée protégée par un seul toit de fagots, à la lueur d'une lampe Pigeon[1]. Le père de famille accoucha sa femme de son neuvième enfant, le petit Jacques Richard, à l'aide d'un couteau de poche. Le nouveau-né fut légèrement blessé par un éclat d'obus, qu'un médecin lui

1. Lampe non explosible à essence, en laiton ou en cuivre. Sa flamme pouvait durer quinze heures.

enleva dans les jours suivants[1]. Une fois n'est pas coutume, la vie nargue la mort qui rôde.

À Littry, non loin de la forêt, un chemin rural s'appelle la rue des Oiseaux. Dans ce lieu au nom bucolique, les Allemands avaient installé une batterie antiaérienne qui attira le feu de l'aviation alliée. Il y avait aussi une jolie maison dans laquelle se trouvaient deux grands-parents, M. et Mme Louis Suriray, et leur petit-fils, Pierre-Anne, six ans. Tous trois périrent dans le bombardement du 7 juin.

Des lendemains mortels

Pour l'abbé Guiho, le fameux « Jour le plus long » fut certainement le 8 juin. Rue de Bayeux, à la mine de Littry, la famille Lemerre habitait la dernière maison avant le garagiste. Après toute une nuit passée dans une tranchée de l'autre côté de la route, un obus tomba sur cette famille vers 6 heures du matin. M. Pierre Lemerre et Mme Hyacinthe Barey, sa tante, furent tués sur le coup. Mme Lemerre et sa fille Thérèse, sept ans, furent blessées.

Un colonel allemand avait installé son PC à 400 mètres de l'église Saint-Germain-de-Littry, ce qui attira un chapelet de bombes alliées sur le village en fin de matinée du 8 juin. M. Eugène Lemaître fut victime de ce bombardement. De nombreuses maisons furent détruites, dont le presbytère. Même le cimetière fut bouleversé. Une religieuse de l'ordre de la Sainte-Famille, sœur Marie-Eugénie, trente-quatre ans, fut abattue par un soldat allemand alors qu'elle rejoignait un abri. Pourquoi ? Les bonnes sœurs n'ont pourtant jamais eu l'air d'antagonistes menaçants. Bavure ou malfaisance pure ? Seul le tueur le sait…

Au lieu-dit La Plaise, sur la commune de Saon, des obus tombent au cours de l'après-midi sur un abri trop fragile – ils

1. Voir l'événement raconté par Fernand Richard, l'un des enfants de la famille, p. 189.

le sont tous. Plusieurs victimes furent à déplorer. M. Léopold Denain et ses enfants, Jeanine et Jacques, âgés d'environ quatre et cinq ans, furent tués sur le coup. Le jeune Maurice Corbin, domicilié à Saonnet, fut grièvement blessé et ne survécut pas. Mme Jeanne Legrand, grièvement blessée, décéda à l'hôpital américain de Colleville-sur-Mer.

Le 9 juin fut assez calme. De nombreux Allemands se regroupèrent près de la forêt et partirent la nuit suivante. Des prisonniers américains stationnaient à Tournières. Leurs gardiens s'en allèrent également la nuit suivante, après avoir pillé l'épicerie du village. La population civile vivait encore dans les abris où, depuis deux jours, on avait beaucoup prié. Certains se hasardaient à passer d'un abri à l'autre pour prendre et donner des nouvelles. Ce fut dans ces circonstances que Mme Léontine Goumard tomba victime d'un mitraillage sur le territoire de la commune de Littry. L'après-midi, les soldats américains arrivèrent au Molay et évacuèrent des blessés qui attendaient depuis vingt-quatre heures. Ils s'apprêtaient à traverser les voies du chemin de fer, malgré la destruction du pont quelques jours auparavant.

Au matin du 10 juin, à Saon, dans l'abri de la famille Jules Bisson, la petite Michelle, dix ans, se trouvait en compagnie d'une jeune femme, Gabrielle Thomasse. Les Américains, nerveux, arrivèrent au carrefour proche de l'abri. S'imaginant avoir affaire à un repaire d'Allemands, ils y jetèrent une grenade. Une lamentable erreur. Mlle Thomasse succomba le 21 novembre suivant à l'hôpital de Bayeux des suites de ses blessures. Michelle survécut, mais resta handicapée. Malgré tout, elle se maria, éleva une famille, se consacra à des œuvres de charité et devint conseillère municipale dans la commune de Crouay.

Le patriote assassiné

Le conseiller général du canton de Balleroy, M. Michel Houyvet, était un gentilhomme très estimé par l'ensemble de la population. Il l'était beaucoup moins par l'armée d'occupation, car il ne dissimulait pas ses sentiments patriotiques. Dans la matinée du 10 juin, il quitta sa propriété, le haras du Petit Bosc, et en remonta l'allée pour se rendre sur la route accueillir les Américains. Il anticipa malheureusement un peu trop leur arrivée, et tomba sur un groupe d'Allemands en déroute. Ceux-ci demandèrent à le suivre jusqu'au village des Planquettes, où ils avaient leur PC. Après l'avoir fait entrer et asseoir, ils l'abattirent à bout portant et le laissèrent sur place. Un peu plus tard, les Américains remontèrent la route sur deux colonnes, une de chaque côté. M. Houyvet n'était pas là pour les accueillir.

Bombes et obus tombèrent encore au cours de la nuit du 10 au 11 juin sur la commune de Littry, au hameau Cannebert. On ignorait de quelle provenance étaient ces projectiles. Tout ce qu'on savait, c'est qu'ils blessèrent des membres de la famille Breyne, dont l'un des garçons, Roland, dix-sept ans, ne survécut pas à ses blessures. Enfin, au cours de l'après-midi du dimanche 11 juin, M. Maurice Lepage ainsi que Mmes Adrienne Alexandre et Marie Génissel voulurent visiter les vestiges des camps militaires établis dans le bois du Tronquay. Ignorant que le sol était miné, elles furent victimes de leur curiosité.

Nous pourrions remplir plusieurs ouvrages avec les noms des quelque vingt mille civils normands victimes de bombes, d'obus, d'erreurs et de bavures de la part des Alliés – ce que les militaires appellent parfois les « tirs amis » ou « tirs fratricides » –, des plus de mille alertes que subit la ville de Caen, où la bataille dura soixante-quatorze jours, sans compter les actes hargneux de certains occupants profitant de l'occasion pour manifester leur dépit par d'inavouables pulsions meurtrières, en fusillant froidement des otages ou des gens réputés être des résistants. Cette liste tragique serait hors de propos dans le cadre du présent ouvrage. On la retrouve toutefois dans des répertoires spécialisés, sur des plaques, des monuments commémoratifs, et surtout dans les mémoires familiales, ainsi que dans celle de la collectivité.

Nous nous contenterons des notes de l'abbé Jean Guiho. Elles rendent hommage à toutes ces victimes anonymes dont la disparition peut nous sembler souvent absurde et insensée. Elle n'aura pourtant pas été plus inutile que celle des combattants qui sont morts pour assurer notre liberté, ce fragile concept qui ne nous est jamais accordé gratuitement, mais ressemble plutôt à une perle de grand prix pêchée dans un océan de sacrifices.

Pour rester dans l'esprit de l'abbé et se montrer optimistes, rappelons ce verset de la Bible (Isaïe, 2 : 4) où les Anciens avaient consigné leurs plus chers espoirs :

> *De leurs épées des peuples nombreux forgeront des socs et de leurs lances des faucilles,*
> *Les nations ne lèveront plus l'épée l'une contre et l'autre l'on ne s'exercera plus à la guerre.*

Qu'ils aient été croyants ou non, les morts par « dommages collatéraux » ne souhaitaient pas autre chose.

Une enfant en plein champ de bataille

Marie-Anne Fourré, de Sourdeval, au nord de Mortain, était une enfant de huit ans à la déclaration de guerre. Fille d'un cadre industriel spécialisé dans la fabrication d'ustensiles d'art de la table, elle menait la vie d'une jeune personne de classe moyenne. Sa demeure était proche de l'usine de son père, la Maison Mancel, où tout le monde se connaissait et où les employés étaient des amis. La fabrique fonctionnait par la puissance hydraulique de la rivière. Sa profession permettait à notre homme de vivre confortablement, et même de se payer une auto de marque Delahaye qui, à l'époque, faisait partie des véhicules haut de gamme.

Lors de la mobilisation générale, M. Fourré fut appelé par erreur sous les drapeaux, malgré ses charges de famille – trois enfants – et ses responsabilités à l'usine. L'administration militaire corrigea l'anomalie, mais c'était déjà la débâcle. La famille songeait à se joindre à l'exode de réfugiés qui fuyaient l'avance allemande sur les routes de France. On chargea donc la Delahaye d'objets hétéroclites et de bagages qui s'empilaient jusque sur les ailes de la voiture. Mais où aller, au juste ? Devant l'afflux d'autres réfugiés en Normandie, la famille décida que si cette province était bonne pour eux, elle l'était aussi pour les Normands.

Lors de l'Occupation, l'école maternelle fut réquisitionnée. Les classes étaient surchargées. Le portrait du maréchal Pétain trônait au-dessus du bureau de la maîtresse. Les enfants chantaient « Maréchal, nous voilà, devant toi le sauveur de la France » et trouvaient ce refrain entraînant. Les cours étaient interrompus par les sirènes annonçant la présence dans le ciel d'avions anglais. On organisait des exercices d'évacuation dans des fossés – une bonne occasion de « sécher » la classe et de s'amuser.

L'Occupation avait ses contraintes. D'abord les tickets d'alimentation, les restrictions, l'occultation des fenêtres, le couvre-feu, le tout sur fond de bruits de bottes et d'agitation de matériel roulant. Avec le rationnement, malgré les tickets, on ne trouvait pas toujours les denrées annoncées. Heureusement, la Normandie est une prospère province agricole et, à la campagne, on connaît toujours un cultivateur qui peut vous dépanner. Lorsqu'elles le pouvaient, les ménagères faisaient des réserves de provisions « en cas de guerre ».

— Mais n'est-ce pas déjà la guerre ? demandait la fillette à sa mère.

— Ça peut être plus grave, répondait la maman. Avec les bombes, nous serons peut-être obligés de nous cacher, de ne plus pouvoir sortir.

Elle avait raison. En attendant, c'était le « système D » – pour « Débrouille ». On détricotait les vieux tricots, on retournait les chemises et les habits. Avec de vieux pneus d'autos, on faisait des sandales ; avec des peaux de lapin tannées, on réparait les pneus de vélos usés jusqu'à la corde et les chaussures percées. Les nouveaux jouets étaient inexistants. Parents et enfants en fabriquaient avec des moyens de fortune mais ne s'en plaignaient pas. Les pénuries stimulent la créativité, car les distractions sont rares.

Depuis quelque temps, Marie-Anne remarquait que son père s'absentait en pleine nuit avec une gamelle de soupe et un morceau de pain. Elle se gardait de poser des questions, car ces choses ne concernent que les grandes personnes et elle avait appris très tôt à se taire. Elle apprendra beaucoup plus tard que l'auteur de ses jours alimentait un parachutiste allié caché dans les bois, qu'il lui avait procuré des vêtements civils et qu'il l'avait ensuite confié aux membres d'un réseau de récupération de la Résistance.

Bientôt, le droit de circuler en voiture de M. Fourré se trouva aboli par les Allemands. Ces derniers ayant tenté de mobiliser son usine à d'autres fins que la fabrication de prosaïques ustensiles de table, il s'y refusa, se déclara incompétent à fabriquer autre chose que ce qu'il connaissait. En rétorsion, l'occupant lui supprima son permis de circulation (« *Zugelassen* »). Peu pressé de se faire confisquer son auto, l'artisan la mit sur cale dans une grange, cacha les roues, les courroies, et l'immobilisa pour la durée de la guerre.

Le père de famille décida de gagner la zone libre et fabriqua tant bien que mal deux remorques de vélo. Surchargées, elles s'avérèrent pratiquement impossibles à tirer avec des bicyclettes. Papa et maman se voyaient mal parcourir des centaines de kilomètres dans un tel équipage, même en poussant les machines en marchant. On oublia donc ce nouveau projet d'exode.

C'est alors qu'on s'empressa de mettre dans des caisses tout ce qui était précieux, y compris les bonnes bouteilles, qu'on creusa un trou dans le jardin et qu'on les enterra. On planta des choux sur cette parcelle, un légume qui pousse vite. On démonta les meubles qui furent entreposés dans une ferme isolée. Malheureusement, elle fut finalement bombardée… Beaucoup d'avions passaient et lançaient des bombes. Les Allemands étaient fébriles. Depuis plusieurs jours, l'usine ne tournait plus et sa roue à aubes était arrêtée. Par un système de vannes, l'eau était détournée et le souterrain sous la cour presque à sec. M. Fourré décida de faire un abri de ce tunnel où coulait encore un filet d'eau. À une cinquantaine de centimètres de ce ruisseau souterrain, il construisit un faux plancher où l'on entreposa d'autres biens familiaux dans des malles en osier ou en bois. Après avoir construit un mur de renforcement, il demanda aux siens de s'habiller chaudement pour dormir dorénavant dans ce réduit, car il avait trouvé des tracts semés par les avions alliés par lesquels on prévenait les civils de prochains bombardements. Le lieu était inquiétant, humide, malsain. Un gargouillement se faisait entendre sous le plancher monté sur pilotis, les murs suintaient. La petite famille de cinq personnes se retrouvait sur cet inquiétant radeau de quelques mètres carrés avec ses biens terrestres dans les malles que l'on avait empilées. Trois matelas étaient étendus, avec les parents à chaque bout du plancher pour que les enfants ne tombent pas en bas de cet espace périlleux et sinistre autour duquel on devinait la présence de rats.

« Ce n'est pas la guerre. La guerre, c'est pire ! »

Le matin venu, les parents, qui n'avaient pas dormi, s'entendirent pour décréter ce souterrain dangereux. Si une bombe tombait dans la cour, la famille risquait d'être ensevelie, et si les Allemands décidaient de refaire tourner la roue à aubes, par exemple pour produire de l'électricité, ils rempliraient le bief… malheur aux enterrés vivants qui seraient engloutis ! Dans la maison, la famille prit son petit-déjeuner sur un réchaud à alcool, car il ne fallait pas faire de fumée au risque d'être repérés comme objectif à bombarder. Les avions passaient, parfois en rase-mottes, pour observer. Des camions chargés de soldats allemands montaient vers le nord, ainsi que des chars d'assaut. La circulation se faisait dans les deux sens.

— Il se passe quelque chose, disaient les grandes personnes.

Marie-Anne, qui a conservé par écrit les souvenirs que nous rapportons ici, pour les transmettre plus tard à ses enfants, demandait :

— C'est quoi, Maman, « quelque chose » ? Parce que ça y est, c'est la guerre ?

Et sa mère de répondre par ce qui était devenu une sorte de leitmotiv :

— Non, ma p'tite fille, ce n'est pas encore la guerre. La guerre, c'est pire…

La famille se mit au travail. Il fallait construire un abri plus loin, au nord de la maison, dans le bois. Il existait justement une sorte de petite excavation creusée dans la roche derrière un grand talus. Il suffisait d'aménager ce trou en bunker au moyen de traverses de chemin de fer provenant d'une voie désaffectée, et de renforcer le toit avec plusieurs tonnes de cailloux – un travail de fourmis auquel personne, ni femme ni enfant, ne pouvait se soustraire, car tous les bras étaient utiles. Cela représentait deux jours de travail harassant, le tout pendant le passage des avions. Pierres, branchages s'accumulaient. L'abri, exigu, faisait 2 mètres de long sur 1,50 mètre de large. On y aménagea une couchette pliante que l'on remontait durant la journée.

Pendant ce temps, vision ahurissante, un couple de cultivateurs voisins, le père et la mère Hamel, retournaient leur foin et se jetaient dans un fossé au passage des appareils vrombissants.

— Y'a d'qué qui va s'passer. Ça passe et ça rapasse tout l'temps. J'cré ben qu'y s'enterlancent dé'd qué..., disait la fermière au père dans son langage imagé.

La mère Hamel ne se trompait pas. Son bon sens lui avait fait deviner que ces bruits et l'agitation qui perturbaient à ce point la quiétude des riantes prairies normandes étaient inhabituels et ne présageaient rien de bon. Il y avait vraiment « de quoi » qui se préparait. Nous étions le soir du 5 juin 1944...

« En ce qui nous concerne, nota alors Marie-Anne, nous avons deux mètres cubes de cailloux au-dessus de notre abri et nous serons bien protégés. Il fait soleil, il fait beau, je ne vais plus à l'école, le quotidien est bouleversé, mais, bref, nous sommes dans l'action et ça me plaît assez... » Ce soir-là, la famille coucha encore à la maison. En pleine nuit, la maman réveilla ses enfants en sursaut. Des avions attaquaient en piqué. Il y avait un incendie tout proche. Tout le monde se rendit à l'abri du bois en rasant les murs et en rampant à travers champs. Le papa alla aux renseignements en louvoyant. Les Alliés avaient débarqué. Vire, situé à 12 kilomètres de Sourdeval, était en feu. Il ne restait rien de cette ville. C'était vraiment la guerre.

« Depuis le temps qu'on dit que c'est la guerre, que ça n'a pas l'air de l'être, je vais enfin savoir ce que c'est..., constata Marie-Anne. Je ne le dis à personne, mais ça me plaît assez de sauter dans les fossés, de raser les murs, de jouer au détective, de m'abriter sous les taillis, de faire mine de jouer à cache-cache. J'ai peur, c'est vrai ; j'ai souvent très peur, mais quand je sors d'un trou ou d'un fossé, j'ai l'impression d'avoir gagné. Gagné quoi ? Ma vie, peut-être… » L'insouciance de l'enfance devint pour elle une sorte de cuirasse.

Risquer sa peau pour quelques œufs

À 200 mètres de leur caverne, des gens s'étaient réfugiés sous un pont avec familles, couvertures, chiens et chats. Des camions bourrés d'Allemands allaient déverser au front des renforts et revenaient à vide. Des avions piquaient, tentaient d'atteindre des objectifs en mitraillant. L'adversaire ripostait et les civils faisaient du slalom entre les balles pour le moindre déplacement. Les parents de Marie-Anne ne quittèrent leur cachette dans les bois que pour aller récupérer quelque chose d'important dans la maison. Tous dormirent tout habillés et se lavèrent de manière succincte à la rivière. Ils avaient l'air de clochards, mais ils ne réaliseraient leur état que quelques semaines plus tard. Au bruit des obus, des bombes ou des balles, on se pressait dans l'abri « comme une portée de chiots », se souvient celle qui n'était alors qu'une fillette. On apprit à détecter le bruit des bombes afin de les éviter. Pour les obus, c'était plus aléatoire : lorsqu'on les entendait siffler, il était déjà trop tard. On ne pouvait que se jeter à terre en espérant que le tout se terminerait bien, tout en se préparant à être touché.

Pour manger, il y avait les conserves, les pommes de terre et les quelques produits de la ferme que le père de famille allait chercher au risque de se faire prendre dans les mitraillages par les Alliés des omniprésents convois allemands qui essayaient de monter au front. On risquait sa vie pour quelques œufs ou un bidon de lait. La fillette savait maintenant ce qu'est la guerre. Elle était capable d'identifier les armes, les véhicules, les distances, les projectiles, mais elle n'en faisait plus un jeu : la situation était devenue trop grave.

Dès la mi-juin, les Allemands installèrent leur intendance au Moulin-Neuf, au sud de l'usine Mancel, tandis que le QG allemand se trouvait dans un petit complexe industriel concurrent et presque adjacent : la maison Degrenne. Ce que la famille ne savait pas, c'est que les Allemands voulaient faire un front jusqu'à Avranches et tenter d'isoler les Alliés en les privant d'approvisionnements et de communications en provenance des ports de débarquement. Les Anglais et les Canadiens piétinaient devant Caen et les Américains à l'ouest, dans la bataille dite des Haies, dans le bocage normand, où le terrain n'était guère favorable aux chars alliés qui, lors du franchissement des obstacles comme les fossés et les haies, exposaient leur surface ventrale aux très efficaces grenades antichar *Panzerfaust*.

Le 31 juillet, la 3e armée américaine du général Patton opéra la percée d'Avranches et affronta l'extrême flanc gauche allemand. Hitler, qui avait échappé à un attentat le 20 juillet et n'écoutait plus son état-major, demanda au feld-maréchal von Kluge, qui avait remplacé Rommel, d'éliminer un ennemi que le dictateur sous-estimait grossièrement. Von Kluge compta pousser trois divisions blindées d'est en ouest sur une distance de 30 kilomètres afin de barrer la route à la 3e armée américaine et de prendre à revers la 1re armée. C'était compter sans les services de décryptages britanniques de Bletchley Park, employant de brillants mathématiciens polonais trop heureux de mettre leur talent au service des Alliés. Ces experts avaient réussi à déchiffrer les secrets de la réputée machine à coder allemande Enigma, et ainsi prévu les futures attaques allemandes – qu'il suffisait de confirmer par des observations aériennes.

Le crépuscule des « Schleus »

L'effet de surprise voulu par les Allemands tomba à plat. Au sud de Sourdeval, la bataille de Mortain se déroula du 6 au 13 août. Elle força la famille Fourré à tenter de survivre en plein chaos. Pour von Kluge, qui suivait les ordres d'Hitler à la lettre, c'était un fiasco. Il fut limogé et se suicida. On estime les pertes allemandes à dix mille hommes. En coordination avec les soldats anglais et canadiens, la 3e armée américaine se concentra sur l'encerclement de la 7e armée allemande dans la poche de Falaise – qui fut mise en défaite. Le successeur de von Kluge, Walther Model, ne fit pas mieux que lui. Certains historiens estiment que si les Allemands avaient pu gagner la bataille de Mortain, ils auraient pu retarder leur débandade. D'autres disent qu'ils auraient même pu gagner la guerre. Ces opinions ne tiennent pas compte de la résilience des Alliés, tout aussi déterminés que ceux qu'ils eurent à combattre, par exemple les SS de l'infâme 2e division blindée Das Reich, auteurs des massacres de civils à Tulle, Oradour-sur-Glane et autres villages. Les « Schleus », comme les surnommaient parfois les habitants, étaient en déroute.

« Nous évoluons au milieu des soldats, se souvient Marie-Anne. Il y en a eu jusqu'à sept cents dans l'usine. Maman fait tous les jours la cuisine dans la maison encore debout et partage le poêle avec des officiers allemands […]. Ma seule et unique mission, dont je m'acquitte avec une conscience exemplaire, est de voler du pain dans le garage qui sert de réserve. Je me cache. Je guette le moment où les hommes sont occupés et, fière de mon exploit, rapporte la boule. C'est une affaire de survie. Parfois, ils m'ont sans doute vue, mais ne disent rien. Enhardie, je vole parfois deux boules de ce pain immangeable, mais que nous mangeons quand même. »

Cent cinquante SS arrivèrent. Ils étaient nerveux, affamés. Ils capturaient des poules et les faisaient griller sur des feux de bois. Dans le pré derrière l'usine, six superbes pommiers furent abattus pour servir de camouflage à des tanks, des camions et des hommes. Le lendemain, les SS contre-attaquèrent et descendirent la vallée en chantant. On apprit quelques jours plus tard que seuls sept d'entre eux avaient survécu à cet engagement qui s'était produit à un kilomètre de la maison. Un camion d'essence sortit de la cour. Des avions le mitraillèrent. Il s'embrasa. Terrée dans son abri, la petite famille priait.

Sourdeval et les villages environnants disparurent sous un déluge de feu d'artillerie et de bombes. On apprit plus tard que soixante mille obus étaient tombés sur le bourg. Les camions poursuivaient leur noria. Ils partirent avec des hommes et revinrent pleins de morts. Ils étaient faciles à reconnaître : leur macabre chargement était recouvert d'une bâche et on percevait sous celle-ci le frémissement des dépouilles au hasard des cahots. On s'habitua à ce triste spectacle.

— J'ai vu un camion de morts, dit un adulte de la famille.

— Encore…, répondit un autre.

On devint fataliste.

Le 10 août, le père de famille alla aux nouvelles. Les Alliés approchaient de Paris, mais il y avait deux poches de résistance : celles de Falaise et de Mortain. C'est dans cette dernière que se trouvaient les enterrés de Sourdeval. Ce soir, le bombardement dura deux heures. La lampe tempête qui éclairait l'abri s'éteignit plusieurs fois à cause du souffle des bombes. Les vivres s'épuisaient. Le ravitaillement des soldats n'était plus assuré. Marie-Anne ne pouvait plus voler de pain. Elle remarqua : « Ma mère s'inquiète parce que nous n'avons pas mangé de viande depuis plusieurs semaines. Mon père signale qu'il y a bien une vache tuée à trois champs de là, mais qu'il n'est pas question d'y toucher, car elle est morte depuis quinze jours. Et avec cette chaleur… » Bref, l'instinct de conservation prenait des allures quasiment préhistoriques.

Toujours avide de nouvelles, M. Fourré se hasarda par les bois pour essayer d'en recueillir. Mortain avait changé trois fois de mains dans la journée. Les Allemands semblaient indélogeables, alors que les Alliés étaient déjà à Chartres et fonçaient sur Paris. Autour de Sourdeval, les projectiles continuaient à siffler. Une série d'obus tomba près de l'abri.

« Maman commence à dire son chapelet, se souvient Marie-Anne. Nous savons que nous sommes au centre du déluge de feu [...]. Un coup violent ébranle notre terrier. Papa se jette sur nous et nous écrase au sol pour nous protéger. Le feu s'apaise. Mon père sort. Un éclat d'obus est incrusté dans la porte de notre refuge. La terre est labourée, le tronc de hêtre qui nous dissimule est déchiqueté. Il y a de moins en moins de soldats dans la cour, l'usine est vide, l'intendance ne comprend plus qu'une dizaine d'hommes qui n'ont plus rien à distribuer. Ça sent la défaite, la débandade. Plus de camions, plus de matériel, plus de colonnes de tanks, plus de pain. Le temps est suspendu dans l'ignorance et la désolation. Ce doit être dimanche aujourd'hui, mais cela ne change rien ; les jours n'ont plus de nom ni de date. J'ai dû avoir ou aurai douze ans ce mois-ci. Personne n'y songe, pas même moi. L'heure n'est même plus à la vie, mais à la survie. »

Le 12 août, un bourdonnement de moteurs se fit entendre. Les Américains qui arrivèrent, l'index et le médius levés bien haut dans un V signifiant victoire ! Ils distribuèrent du chocolat, des cigarettes et de petits sachets de café instantané. La famille ne reconnaissait plus la route, ni le chemin, tant la terre avait été labourée. La maison et l'usine n'avaient plus de carreaux. Leurs toits étaient pleins de trous, mais les murs tenaient encore debout. On apprit que la ville de Mortain avait été prise, perdue et reprise sept fois. Les voisins se retrouvèrent, épuisés, pas rasés, fripés, parfois dépenaillés, mais l'heure n'était pas aux concours d'élégance. Tous étaient trop heureux d'être encore vivants !

8
ET LA VIE MALGRÉ TOUT...

Fernand Richard, un homme optimiste de soixante-dix-huit ans qui préfère partager sa bonne humeur plutôt que de porter sur son dos toutes les misères du monde et affliger les autres de pensées moroses, se rappelle avec une touche d'humour la naissance de Jacques, son frère cadet, qui avait choisi le jour J pour… venir au monde !

Né dans une tranchée

« Le mot "choisi" est évidemment une façon de parler, remarque M. Richard. Jacques ne s'est pas pris pour le petit Jésus en naissant dans une étable. Il a vu le jour dans une tranchée où s'entassaient trois familles. Le tout a commencé la veille du Débarquement, le 5 juin 1944, jour de la première communion de l'un de mes frères. Jusque-là, ça allait, mais tôt, le lendemain matin, il y a eu un boucan infernal. Aux aurores, le père nous a ordonné de nous habiller en vitesse. Il nous a alignés le long du mur de la maison en nous demandant de nous tenir tranquilles pendant qu'avec un voisin il creusait près de là un abri précaire qui consistait en une espèce de fosse avec, en guise de toit, des bastaings ou madriers posés en travers et recouverts à leur tour de fagots à l'étanchéité très relative… »

Issue d'un passé lointain, cette technique de recouvrement par des fascines semblait mieux s'accorder aux moyens défensifs d'une époque révolue qu'à ceux d'une guerre moderne, mais le brave homme, marin de son état, devait s'accommoder de ce qu'il avait sous la main.

« Peu de temps après, le père est revenu avec le voisin récupérer à la maison le maximum de linge, de couvertures, de vieilles paillasses, de matelas qui ont été disposés sur le sol de la tranchée. Celle-ci faisait une dizaine de mètres de long, reprend M. Richard. Nous étions trois familles là-dedans, plus un petit pépère surnommé "Vol-au-vent", parce qu'il était du genre hyperactif. Puis on est venu nous chercher ainsi que la mère pour nous installer au fond du réduit. Il était temps. Les canons et les forteresses volantes faisaient trembler la terre. Nous avions l'impression que ces avions gigantesques se touchaient pratiquement. Ils volaient si bas qu'ils projetaient leur ombre sur le sol. On avait l'impression qu'ils allaient nous écraser.

« Le petit est né dans la soirée du 6 au 7 juin, poursuit M. Richard. Le père nous avait demandé de nous rendre au fond de la tranchée et de ne pas faire de bruit. L'aube de première communion de mon frère servait de paravent. Il n'était pas question de regarder ou de voir quoi que ce soit, car le sujet était tabou. Le silence le plus complet planait sur ces "choses". Nous nous apercevions bien de l'augmentation du volume du ventre de notre mère et de l'arrivée des nouveaux bébés, mais nous ne nous posions pas de questions et ne parlions guère de ce sujet. »

Un accouchement à l'Opinel

« Dans l'abri, nous avons alors entendu un cri : le neuvième enfant de la famille venait de naître ! Les naissances, nous en étions conscients par la force des choses. À l'époque, les cliniques étaient réservées aux riches. On accouchait à la maison avec la sage-femme ou le médecin. Les “heureux événements” étaient fréquents. Notre mère a eu quatre enfants en quatre ans ! Bien sûr, la contraception n’existait pas.

« C’est le père qui, beaucoup plus tard, nous a raconté comment, cette nuit-là, dans ces circonstances difficiles, il avait sorti son couteau Opinel pour couper le cordon ombilical de Jacques à la lueur d’une lampe Pigeon. Avait-il préalablement passé le couteau à la flamme ? Je ne lui ai jamais demandé, mais ma sœur m’a rapporté qu’après avoir déposé l’enfant sur le sol, ma mère a dit d’un air triste : “Il ne vivra pas, celui-là…” Pour compléter le tableau, le bébé avait reçu près de l’œil, on ne sait trop comment, un éclat d’obus qui avait sans doute traversé les fagots du toit. Se gardant de tout sombre pronostic, ma sœur a réchauffé sur son corps une petite nuisette pour en emmailloter le nouveau-né. Jacques a survécu et, un peu plus d’une semaine plus tard, le médecin lui ôtait le fragment d’obus du visage. »

On se demandera sans doute de quoi vivaient les occupants de la tranchée les jours suivant le Débarquement. Principalement de lait, car de nombreuses vaches, en liberté dans les champs – du moins celles qui n’avaient pas été atteintes par des projectiles –, n’avaient pas été traites depuis longtemps, en souffraient et meuglaient lamentablement.

« Le père et Vol-au-vent, chacun muni d’un seau, n’avaient qu’à se servir, explique M. Girard ; ils glanaient probablement aussi quelques légumes. Il y avait bien des volailles courant ici et là, mais comment les faire cuire sur notre petit réchaud à pétrole ? Je ne sais ce que les parents et leurs voisins mangeaient, mais chez nous, pour les enfants, c’était du lait. Et pour l’hygiène, il ne fallait pas être difficile. Nous avions, bien sûr, la “cabane au fond du jardin”, qu’on trouvait dans toutes les campagnes, mais on ne s’y attardait guère avec toute la ferraille, la terre et les décombres qui volaient aux alentours. Pour se débarbouiller, nous disposions du puits, tout juste bon pour faire une toilette de chat. Ainsi nous n'avons pas pu laver le bébé aussi fréquemment qu'il le fallait, car il était difficile de faire chauffer l'eau. Cette situation a duré cinq ou six jours.

« Contrairement aux prévisions pessimistes de ma brave mère, Jacques a survécu. Le 10 ou le 11 juin, un obus est tombé sur la maison, située à une trentaine de mètres de la tranchée. Vu que l'explosion dégageait une fumée noire et âcre, mon père nous a fait évacuer l'abri. Nous nous sommes réfugiés en contrebas dans un champ. Je me souviens avoir été piqué par des orties au passage d'un fossé, car tous les petits garçons portaient alors des culottes courtes. En recomptant tout son petit monde, papa s'est aperçu qu'il manquait un enfant, le dernier et non le moindre : le petit Jacques ! Le pauvre était en train de suffoquer dans l'abri. Alors papa est retourné et a récupéré le gamin. »

Les enterrés vivants

« Un petit peu plus loin, il y avait, dans les anciens bâtiments d'une colonie de vacances, une batterie antiaérienne allemande, poursuit-il. Je garde le souvenir de soldats vert-de-gris en débandade. Cela me faisait penser à un nid de guêpes dans lequel on aurait jeté une roche. L'un des Allemands nous a demandé de ficher le camp ; il n'était pas d'humeur à discuter… Nous avons réintégré la tranchée. En route, nous avons retrouvé une de nos petites chèvres morte, ainsi qu'une poulette avec les pattes sectionnées. Nous avions de la viande fraîche, mais pas les moyens de la faire cuire. Toutefois, nous ne pouvions pas nous plaindre et avions eu de la chance dans notre malheur : il n'avait pas plu durant ces journées-là. Dans le cas contraire, cela se serait révélé désastreux, et nous ne voulions même pas évoquer la possibilité d'un tel désastre. »

Plus tard, dans leur abri, les enterrés vivants entendirent soudainement, à l'extérieur, le cliquetis de fusils qu'on recharge. De toute évidence, de l'autre côté de la couverture dépenaillée qui servait de porte, des hommes armés se demandaient ce qui se cachait dans cet antre, prêts à faire feu ou à lancer une grenade. Étaient-ce des soldats alliés ou des Allemands enragés d'avoir à quitter les lieux ? Dans ces circonstances, les adultes se gardaient de rationaliser. Courageusement, le paterfamilias sortit en levant les mains et en hurlant :

— Français ! Français ! Français !

Il comprit vite qu'il s'agissait de militaires alliés. Le grand-père Vol-au-vent, tout excité et voulant apparemment vendre chèrement sa peau, fit irruption en brandissant une hachette. Un soldat américain le dissuada gentiment, mais fermement, en ordonnant au bonhomme de ne pas faire le malin. Il y a des expressions et des mots qu'il est inutile de traduire.

« Puis ma mère est sortie en tenant le petit Jacques, se souvient M. Richard. Tout ému, l'un des militaires a dit : *"Oh ! Baby ! Oh ! Baby !"* Il a voulu prendre le petit dans ses bras, ce que ma mère a accepté, non sans une certaine réticence. L'homme semblait étonné et émerveillé de trouver ce petit être parmi cette désolation.

« À l'entrée de la tranchée, il y avait un seau plein de lait. Un des soldats a voulu en prendre avec son quart, mais a demandé d'abord, un peu méfiant, que mon père fasse office de goûteur. Ce dernier détestait le lait mais s'est exécuté tout de même. Alors les cinq soldats de cette patrouille se sont servi du lait. »

Un pain et c'est la fête !

Hormis leur libération, le meilleur souvenir de ces heures fébriles fut celui d'un pain de maïs de six livres apporté par un voisin vers la fin du séjour des Richard dans la tranchée. Finalement, un administrateur de la commune relogea la nombreuse famille dans une petite maison de deux pièces épargnée par les bombardements. Comme dans l'ancienne demeure, détruite, le mobilier se résumait à quelques rares meubles. La famille n'était pas riche, mais unie ; pour les jeunes enfants, l'insouciance atténuait les inquiétudes que l'on pouvait ressentir à cette époque. Le pire souvenir du jeune Fernand est celui des éclats d'obus crépitant dans les fagots protégeant le toit : on était conscient de l'aspect dérisoire de cette protection, valant pourtant mieux que rien.

Pour mémoire, la famille a surnommé le petit Jacques « Bombardier » et « Mitraillette ». Les souvenirs de guerre, comme les blessures, s'imposent aux hommes d'une étrange façon. Comment, par exemple, un garçon de huit ans se souvient-il des libérateurs américains ? Comme pour beaucoup d'enfants des pays libérés, il y avait, bien sûr, le chewing-gum, que l'on appelait « semsème-gomme », le chocolat et les cigarettes Camel, Chesterfield ou Lucky, que les grands frères fumaient en cachette. C'était la surprise de voir ces curieux combattants dans leur *battle dress*, qui ressemblait davantage à un habit de mécano qu'à un uniforme. L'un des frères aînés de Fernand, un petit gaillard déjà de bonne taille, profita de la générosité des GI pour se faire donner à plusieurs reprises des vêtements militaires. Les « Ricains », voyant que les civils manquaient de tout, les dépannaient lorsqu'ils le pouvaient. Un jour, du haut d'un GMC qui passait, quelqu'un lança aux enfants toute une caisse en carton de petits gâteaux. Elle s'abîma en tombant. C'était tout de même un festin. Un seul problème avec ces soldats : la communication. Comme avec les Allemands, la conversation tournait court, faute de se comprendre.

C'était différent avec les Canadiens. S'ils n'avaient pas les ressources matérielles des Américains, nombre d'entre eux pouvaient communiquer en français ! Certains avaient un accent et des expressions ressemblant à ceux de certaines régions de Normandie et de Vendée. Sous des uniformes anglais, on se découvrait des cousins de l'autre bout du monde… et on n'en revenait pas. Il y avait même des Anglais du Canada qui se débrouillaient mieux que les Américains pour se faire comprendre en français. Ils disaient avoir étudié cette langue à l'école, ou l'avoir apprise dans la rue.

Une chose certaine pour un enfant de huit ans : il se sentait libre d'aller où il voulait, sauf dans les endroits signalés dangereux par les parents, à cause des mines et des munitions qui traînaient. Canons et bombes s'étaient tus dans la région. On ne les entendait que de loin. Il y avait encore les avions qui rôdaient, mais on avait l'impression de ne plus risquer de recevoir ce que les adultes appelaient « des pruneaux » au moment où l'on s'y attendait le moins.

Les mariés du 6 juin

De tels vieux amoureux, on n'en rencontre plus guère de nos jours. Ils sont attendrissants comme tout : leur mariage tient le coup pratiquement depuis le jour J, date fixée pour la cérémonie. Quelle idée, aussi, de convoler un jour de débarquement ! Il est certain que le jeune couple n'avait pas demandé ni l'avis de « Ike », ni celui des Allemands retranchés derrière leurs casemates. Juliette – un nom prédestiné pour une histoire d'amour – n'aime guère l'occupant. Elle était la fille du coiffeur du bourg, soudainement accusé de faire de l'espionnage. Quelques jours plus tôt, les autorités d'occupation, complètement paranoïaques, les avaient interrogés. Comme elle ne répondait pas assez vite, elle se fit fouetter. Son père et elle s'attendaient au pire. Leurs inquisiteurs les relâchèrent cependant, réalisant sans doute que le paisible capilliculteur n'avait rien d'un Belphégor pour l'Abwehr ou la Gestapo, même s'il lui arrivait parfois, dans le courant de ses activités, de coiffer des « Frisés » – qui ne lui confiaient certainement pas les secrets du mur de l'Atlantique.

« Georges et moi devions donc nous marier le 6 juin, mais, à cause des événements, nous avons remis la cérémonie au 23. Il fallait avoir de la suite dans les idées, rappelle Juliette. À cette date, en 2014, si nous sommes encore là, nous fêterons nos noces de platine ! »

Pendant que les armées antagonistes se disputaient le territoire, Juliette cachait cinq Américains dans la grange de la ferme familiale de Fréville, non loin de Sainte-Mère-Église, et leur fournissait même du café. Des Allemands firent irruption dans la cuisine du bâtiment principal et, apercevant du café sur le poêle, en demandèrent. Juliette ne put que leur en servir, peu heureuse de faire la bistrote pour ceux qui, hier encore, la fouettaient. Elle trouvait plutôt cocasse de se venger en cachant des Américains dans la grange, leurs carabines M1 armées, pendant que les Teutons se gobergeaient avec ce qui restait de café et de provisions dans la ferme. Juliette ne se rendait pas compte qu'elle risquait sa vie. Qu'importe ? Elle était amoureuse et elle allait se marier ! Georges, son promis, avait alors un peu plus de vingt ans, et elle quinze ans et demi.

Les deux tourtereaux se souviennent, les larmes aux yeux, de la fois où Georges, dont on n'avait pas de nouvelles, s'était fait mitrailler par des Messerschmitt allemands : il avait réussi à éviter les balles en louvoyant sur son vélo de course. « C'est alors que nous avons décidé de ne plus jamais nous séparer », disent-ils. Du pur Shakespeare !

Pourtant, les parents ne voulaient pas entendre parler de mariage en une période aussi troublée. Lorsque Georges, réputé disparu, retrouva Juliette dans la ferme où elle était réfugiée, chez M. Fortier, à Bolleville, il leur fallut entreprendre des démarches auprès du maire de Sainte-Mère-Église, M. Alexandre Renaud, pharmacien de son état, pour organiser la cérémonie officielle. Après que les jeunes gens lui eurent expliqué les réticences des parents de la promise, le brave homme se chargea de plaider la cause des amoureux auprès de ces derniers.

Malgré les restrictions et le chaos, Juliette avait tout prévu. La mariée avait dans sa penderie une belle robe, fabriquée par une amie couturière avec de la toile blanche de parachute. Mais les chaussures qui allaient avec s'étaient perdues dans le marasme causé par les bombardements. Il ne lui restait que des espadrilles de corde ou des sandales. Elle décida donc de demander aux Américains de la dépanner. Ces derniers ne pouvant évidemment pas l'approvisionner en marchandises des célèbres magasins, Sears, Roebuck & Co ou J. C. Penney, ils décidèrent tout de même de lui offrir des chaussures.

La mariée était en rangers

Émus par son histoire, les « gardes-mites », ou magasiniers militaires, l'emmenèrent dans une tente-entrepôt et lui présentèrent trois paires de… rangers ! Le cadeau n'était guère indiqué pour un mariage, d'autant que la plus petite taille de ces bottes de combattants était au moins du 40. Elle les accepta néanmoins. « Ces godillots américains étaient d'un beau cuir brun, explique Juliette. J'ai mis de la paille au bout pour les rétrécir et, avec la robe longue, ils faisaient plus bel effet que des espadrilles. Ces rangers étaient inusables et je les ai longtemps gardés. »

Dans une grange, plusieurs GI assistèrent au mariage des jeunes gens, ainsi qu'un Canadien ému. Pour un instant, entre deux combats, ces combattants retrouvèrent une atmosphère familiale. La mariée en rangers ne répondait pas aux critères des grands couturiers parisiens, mais qu'importe : « C'est la guerre ! », lui rappelait souvent son entourage. Si le moment était mal choisi, les amoureux étaient seuls au monde, comme le dit une ritournelle, et leur union fut un humble hommage à la vie, une petite fleur poussant parmi les décombres. La lune de miel ne dura pas longtemps, car

Georges fut mobilisé par les Forces françaises et se retrouva à Cherbourg. La patrie était encore en danger et le conflit n'était pas terminé. La séparation fut rude. « Heureusement, j'avais un vélo et je pouvais aller voir ma femme de temps à autre, explique Georges. J'avais parfois des après-midi de libre. »

Pour confirmer qu'en France tout se termine par des chansons, Juliette se met à en chanter quelques-unes de sa création, dans lesquelles elle loue tous ces jeunes gens, américains, anglais et canadiens, qui ont donné ou risqué leur vie pour une population qu'ils ne connaissaient, au mieux, que par l'intermédiaire de livres d'histoire ou de guides de voyage, et qui, comme le lieutenant-colonel canadien Charly Forbes et sa famille, ne voulaient pas que les horreurs d'un régime totalitaire traversent les mers et leur soient imposées.

En ses propres termes, c'est une sorte de devoir de mémoire. Le couple souhaite que les jeunes n'oublient pas, peu importe s'ils chantent la liberté en rap, en slam ou en heavy metal. L'essentiel est de se souvenir. Quant aux « mariés du 6 juin », ils s'aiment comme au premier jour.

— T'es encore belle pour l'âge que t'as, dit Georges à Juliette. Il n'y a pas beaucoup de femmes qui soient aussi peu chiffonnées que toi à ton âge.

— Embrasse-moi comme tu m'aimes, lui répond Juliette, quatre-vingt-six ans.

Et elle ajoute : « Nous ne pensions jamais arriver à cet âge-là. C'est ça l'amour ! »

Les enfants troglodytes de Sourdeval

Le 10 avril 1943, s'attendant à quelque intervention alliée, les Allemands décidèrent de déclarer « zone interdite » le littoral du Nord-Cotentin, dont la ville de Cherbourg – sa rade est le seul port en eau profonde de la région. Ils ne voulaient pas s'encombrer de civils, sauf ceux qu'ils jugeaient indispensables. Un jeune historien, Nicolas Garel, a retrouvé un exemplaire du quotidien *Cherbourg-Éclair* en date du 14 avril 1943, dans lequel on peut lire un communiqué de la préfecture de la Manche reprenant le contenu d'une note de la Feldkommandantur de Saint-Lô : « Il s'avère d'utilité d'éloigner d'urgence de Cherbourg et de ses environs immédiats tous les habitants qui ne sont pas immédiatement indispensables au fonctionnement d'entreprises particulièrement importantes ou nécessité vitale de ravitaillement, au maintien de l'ordre et du calme ainsi qu'à la marche régulière de l'administration. »

C'est en effet à l'administration française qu'incombait cette ingrate opération, qui devait être achevée le 1er mai. Les habitants quittèrent donc la ville. Dans quelles conditions ? L'occupant ne voulait pas le savoir. Ceux qui avaient des résidences secondaires ou de la famille dans le Sud, en Basse-Normandie, s'accommodèrent plus ou moins bien de la situation. Les autres durent recourir au système D, ou dépendre des fonctionnaires qui dépannèrent les réfugiés dans la mesure de leurs moyens. Dans ce contexte critique, l'inspection académique mit en œuvre son plan d'évacuation des élèves vers le sud.

« La directrice de l'école maternelle de la rue de l'Alma, Mme Hélène Coquoin, est chargée d'ouvrir une colonie d'enfants à Sourdeval, à la croisée de trois départements bas-normands », nous rappelle M. Garel. D'une quarantaine, le nombre de pensionnaires de la colonie dépassa les quatre-vingt-dix enfants à l'été 1944.

De la vie de château à celle des oubliettes

« Les petits réfugiés sont hébergés au château du Haut-Aunay, connu également sous le nom de château Labiche, en souvenir d'un sénateur qui l'avait fait construire au milieu du XIXe siècle, poursuit l'historien. La vie y est paisible et les problèmes de ravitaillement sont, soutiennent les autorités, pratiquement inexistants grâce à l'économe de la colonie, Mme Claire Bouez-Gautier qui, incidemment, est aussi la fille de la directrice, Mme Coquoin. Bref, selon les rapports officiels, l'ambiance semble familiale et assez bucolique. Elle se détériore vers la fin mai lorsque le percepteur de Sourdeval, un certain M. Gombert, annonce un débarquement imminent dans la région. Il est bien informé, car il fait partie de la Résistance. Comme tout le monde, il ignore évidemment un seul détail : le jour et l'heure de l'événement. Une chose est certaine : le château est en bordure immédiate de la départementale 977 reliant Vire à Fougères et risque de se retrouver en zone de combats.

« Le personnel d'encadrement des enfants se met donc à l'œuvre pour aménager un abri dans le souterrain jouxtant la maison du gardien à l'entrée du parc, explique Nicolas Garel. Creusé dans la roche granitique entre neuf et onze mètres de profondeur, il fait entre 60 et 70 mètres de long sur 1,50 mètre de large. Plongeant dans une nappe d'eau cristalline, deux "cheminées" pénètrent dans les profondeurs de la terre ; celle à l'extrémité permet de rejoindre la surface et pourrait jouer le rôle d'issue de secours – en utilisant une échelle de corde. »

Dans son rapport rédigé en 1944, la directrice, Mme Coquoin, énumérait ce qui suit :

« L'aménagement de cet abri demanda plusieurs jours de travail pour le rendre plus confortable.

— enlèvement de gros blocs de pierre ;

— pose d'un plancher, de rampes, de sièges, d'un pare-éclats ;

— réalisation d'une sortie de secours en utilisant le puits ;

— camouflage de l'entrée afin de la dérober à la vue des Allemands.

« Ce travail fut réalisé par M. Gautier, l'instituteur attaché à la colonie. Dès le début du mois d'août, les trousseaux des enfants et les réserves alimentaires furent transportés dans le souterrain ainsi qu'une petite pharmacie, du pétrole et des lampes, du linge et des seaux hygiéniques. »

En bref, tout était prêt pour gérer un enfermement qui allait durer dix jours, du 2 au 12 août 1944.

Pour se désennuyer et s'instruire, Mme Bouez-Gautier avait appris l'allemand ; elle tentait de persuader les occupants qui se présentaient à la grille du château d'aller s'installer ailleurs avec leur armement, parce que la demeure abritait quatre-vingt-onze enfants. Elle ne réussit toutefois pas à convaincre une colonne de SS de positionner leurs canons et leurs mitrailleuses sous les arbres majestueux de l'allée pour les camoufler à la vue de l'aviation alliée.

Des combats et des bombardements eurent lieu à proximité. Le souterrain reçut deux projectiles, mais sa structure ne broncha pas. Il servit non seulement aux enfants et au personnel d'encadrement, mais également aux habitants de Sourdeval. Jusqu'à cent soixante personnes y trouvèrent refuge. Le plus impressionnant, c'est que l'on cacha son existence aux Allemands qui allaient pourtant prendre de l'eau dans le puits qui communiquait avec cet abri. Il est vrai qu'on avait ordonné aux jeunes troglodytes de ne pas faire de bruit. Ils survécurent dix jours dans des conditions d'hygiène difficiles et furent bien alimentés par une héroïque cuisinière, Mme Coval, qui leur préparait et leur apportait discrètement des repas chauds, ainsi que par un brave boulanger, M. Jules Delaunay. Ce dernier fut abattu par l'ennemi qui le prit, raconte-t-on, pour un franc-tireur. On pense qu'il s'agissait en fait d'un jeune soldat craintif ayant mal réagi.

Des souvenirs ambigus

Afin d'en savoir davantage sur la vie des enfants-troglodytes, Alain Stanké et son équipe de tournage ont amené trois de ces personnes, devenues grands-mères, à l'entrée du fameux souterrain du château Labiche pour leur faire revivre, en quelque sorte, leur enfance mouvementée. Aucune de ces mamies n'a accepté de pénétrer dans ce sinistre boyau évocateur de culs-de-basse-fosse ou de drames à saveur gothique. Et puis ces dames n'avaient plus le pied agile de leur tendre enfance. De plus, si leur jeune âge les avait aidées à survivre à bien des épreuves de la guerre, on ne peut dire qu'elles aient gardé un bon souvenir de cette époque. La plus loquace, Mme Micheline Lebarbanchon, manifesta même un peu d'acrimonie envers le personnel de direction d'alors – qui, selon elle, avait manifesté dans ses rapports officiels un optimisme plutôt béat et traitait les enfants assez rudement.

« On a raconté bien des choses inexactes, affirma-t-elle. Dans le souterrain, la nourriture n'était pas chaude. Peu s'en faut ! C'était le régime pommes de terre en robe des champs et parfois un bout de chocolat. Au château, au moins il y avait du lait, que nous allions chercher à 2 kilomètres. Dans le souterrain, nous n'avions pas de vêtements de rechange. Il y avait corvée de seaux de toilette. Il fallait aller jeter ça où nous pouvions et, en ce qui me concernait, j'étais choisie plus souvent qu'à mon tour. J'avais un peu plus de dix ans. Bien des enfants avaient des gales, car l'hygiène restait à désirer. Parfois, la directrice nous faisait mordiller les mollets par sa chienne Fonchette », soutint-elle. Rien de très agréable, en effet.

Il faut dire qu'au départ, les enfants du château, puis du souterrain, avaient été brutalement séparés de leurs familles. Après avoir vécu dans des conditions acceptables, ils se retrouvaient dans un trou. Il faut aussi se rappeler que le personnel cadre devait maintenir la discipline parmi quatre-vingt-dix enfants plus ou moins turbulents, dans des conditions difficiles. Surtout, à cette époque, les Français adultes en position d'autorité avaient la main leste, le martinet et le coup de pied au postérieur plutôt prompts avec gamins et gamines un peu dissipés. Nous laisserons les comparaisons avec la pédagogie d'aujourd'hui aux spécialistes en la matière, mais ces réalités, même replacées dans leur contexte historique, ne peuvent laisser d'émouvants souvenirs à ceux qui les ont vécus.

« Cherbourg ? Kaputt ! »

Au château, les enfants ne manquaient pas leurs heures de classe. Ils parcouraient quatre fois par jour le chemin de l'école, plus les corvées de bidons de lait ainsi que le glanage de légumes verts et de salades dans les champs, parfois abandonnés. Heureusement, au pire des engagements, lors de leur mise à l'abri dans le souterrain, les grandes vacances étaient arrivées.

« Un jour que j'étais avec Mme Coquoin, raconta Mme Lebarbanchon, nous avons croisé un officier allemand à qui nous avons demandé comment était Cherbourg. *"Kaputt !"* [démoli], nous répondit-il. Cela me fit terriblement mal parce qu'à Cherbourg, il y avait mes parents qui travaillaient à l'arsenal, un objectif tout désigné pour les avions alliés. Et moi qui n'avais pas de nouvelles… Heureusement, papa et maman ont réussi à survivre et, à la fin de tout cela, ma mère est venue me chercher et m'a emmenée dans la Meuse, où mon père s'était réfugié dans la famille. J'ai dû être l'une des dernières à partir avec mes petites sœurs mais, pour ne pas nous faire oublier la guerre, notre train a été mitraillé. »

Comment les enfants ont-ils vécu l'arrivée des troupes alliées ?

« Le jour de notre libération, au château, nous avons eu la peur de notre vie en apercevant les Américains derrière un mur. C'étaient des Noirs ! Nous n'en avions jamais vu à Cherbourg, expliqua Mme Lebarbanchon. Nous nous sommes calmés lorsqu'ils nous ont donné des bonbons. Cela fait partie des rares bons souvenirs de cette époque, car en ce qui concerne la vie dans le souterrain, on peut dire que ce fut précaire. Nous dormions assis sur des bancs ou même par terre en nous racontant des histoires ou en chantant doucement. Je rappelle qu'au fond du souterrain, il y avait le puits, dans lequel les Allemands puisaient l'eau de leur douche avec une corde. Qu'auraient-ils pensé s'ils avaient découvert que le puits communiquait avec un boyau plein de gens ? Ils auraient été capables de nous prendre pour des attaquants, de descendre et de nettoyer les lieux au lance-flammes ! »

Enfant de la guerre, comme tant de personnes de sa génération, Mme Lebarbanchon ne peut effacer de sa mémoire l'Occupation, les restrictions, les bombardements et le climat malsain de cette époque.

« Il m'a suffi de voir trois de mes oncles revenir des camps d'extermination ! dit-elle. Ils pesaient 35 kilos. Ils avaient fait Dachau, Ravensbrück et autres lieux abominables. L'un d'entre eux n'avait plus de talons et l'autre avait servi de cobaye aux "médecins de la mort" SS. Ces atrocités ont pris un sens particulier au cours d'un voyage de vacances en Alsace, avec mes enfants, aux alentours de Natzweiler, dans le Bas-Rhin. Nous apercevons un panneau indicateur qui indique le Struthof et nous nous disons qu'il doit s'agir d'une de ces attractions touristiques comme il y en a tant dans cette belle région. Vous parlez d'une attraction ! Il s'agissait d'un ancien camp de concentration ! On y voyait encore la potence et le four crématoire où tant de pauvres gens avaient été brûlés. Je n'oublierai jamais l'odeur qui se dégageait de ce four lorsqu'on l'a ouvert. »

Quelque vingt-deux mille personnes ont été pendues, fusillées, ou sont mortes de maladies au Struthof où fonctionnait un centre d'expérimentation pseudo-scientifique dont les détenus étaient, comme dans plusieurs camps, les cobayes.

« On a beau essayer d'oublier tout ça, c'est impossible, du moins pour ceux et celles qui ont vécu ces choses, conclut Mme Lebarbanchon. Pardonner, certes, mais oublier ? Je pense qu'il ne faut pas. Il faut rendre les jeunes conscients des horreurs que la guerre peut engendrer afin que nous nous donnions tous la main et qu'elles ne se répètent plus jamais. »

« Nous autres, on est canadiens français »

Ce Normand a les accents d'un Jean Gabin en fin de carrière. Il rappelle ce patriarche du cinéma qui jouait si bien les durs au cœur tendre – et qui, lui aussi, avait des racines en Normandie. Cela dit, George Régnauld ne se prend pas pour une vedette. Tour à tour cultivateur, pêcheur, imprimeur, il a vécu l'Occupation à la fin d'une adolescence qui, comme pour beaucoup de jeunes Français, lui fut volée.

Il se souvient de l'arrivée des Allemands à Bernières, le 19 juin 1940 en matinée, avec leur liste d'interdictions – notamment celle de détenir des armes à feu et de remettre celles qu'on avait aux autorités, sous peine de très graves sanctions –, le couvre-feu, le changement d'heure pour adopter celle de l'occupant (avancée d'une heure) et non celle du méridien de Greenwich, la présence envahissante de plus de quatre cents « Schleuhs », « doryphores », « vert-de-gris » et « crabes verts », comme les habitants appelaient les soldats de la Wehrmacht. Les mots « *Verboten !* » (« Interdit ! ») et, pour les résistants et leurs sympathisants, « Nous avons les moyens de vous faire parler ! » devinrent des leitmotive de cette sombre époque.

« C'est après l'échec du débarquement allié de Dieppe, en 1942, que les troupes allemandes sont devenues frénétiques pour construire leur "mur de l'Atlantique". Les hommes étaient réquisitionnés de seize à soixante ans pour le travail obligatoire, fait observer Georges Régnauld. Nous devions creuser des tranchées, décharger des tonnes de rouleaux de barbelés qui nous lacéraient les mains, car nous n'avions pas de gants, couler le béton, le transporter dans des brouettes que nous devions pousser sur des passerelles de planches qui s'élevaient de plus en plus haut à mesure que les constructions progressaient. Le maréchal Rommel trouvait que ça n'allait pas assez vite et poussait ses hommes à se dépêcher. C'est dans le cadre de ces travaux que mon frère a été flagellé.

« Il avait fait trois allers-retours avec sa charrette et s'apprêtait à aller cultiver le peu de terre qui nous restait lorsque les soldats lui ont commandé d'en faire un quatrième, ce qu'il a refusé. Deux brutes lui ont enlevé sa chemise, l'ont attaché à un poteau et l'ont fouetté avec une chaîne jusqu'à ce qu'il tombe sans connaissance. À 10 heures du soir, il était toujours inconscient. Deux Polonais nous l'ont ramené à la maison, ses pieds traînant à terre. Il a, heureusement, repris ses esprits durant la nuit, mais ce fut très dur pour lui. »

Georges Régnauld a été mis au courant du Débarquement le 5 juin 1944, alors qu'il livrait son eau par charrette, dans une tonne, pour la cuisine des Allemands. Il aperçut une cinquantaine de bombardiers volant à environ 600 mètres d'altitude, se dirigeant vers les batteries antiaériennes de ce secteur. Les aviateurs prenaient des risques incroyables et réussirent à ne laisser que deux batteries intactes. Les Allemands s'agitaient. Il y eut des pertes civiles, bien sûr, des copains et des amis d'enfance. L'un d'eux, Adolphe Boutard, de Bernières, ne survécut que pour se faire tuer le lendemain, dans sa maison, avec sa fille unique. « Fatalité, laisse braire ta grande tête d'âne », disait un poète maudit. Les bombardements se poursuivirent sur Caen. Une noria de bombardiers larguant leur charge mortelle.

Une porte sur la mer

« Avec des amis et connaissances, nous nous tenions dehors en sirotant de l'ersatz de café, ivres d'espoir, et sans calvados ! signale Georges en riant. Vers le sud, le ciel était illuminé et nous n'avions crainte de rester au milieu de ces perturbations. Puis l'aurore a pointé et rosi. J'ai alors demandé au patron de la ferme, qui était plus âgé que moi : "Pourrions-nous aller voir la mer à la grande porte rouge qui donne dans le mur ?" Il faut dire qu'il n'y avait que trois maisons sur ce bord de mer et que l'endroit n'était pas fréquentable à cause des occupants, plutôt nerveux dans leurs fortifications et prompts à la détente. Nous sommes venus à bout des ronciers et des orties à coups de faucille et avons entrebâillé la porte fermée depuis longtemps dans un grincement de ferraille.

« C'est alors que j'ai eu la vision du siècle : un horizon noir de bateaux ! On a parlé plus tard de six mille navires. Nous étions aux premières loges ! "Entends-tu les Boches ?", me dit le patron. En effet, on les entendait aboyer des ordres tandis qu'ils couraient comme des dératés avec des valises de munitions. Ils disposaient des sacs de sable, car ils n'avaient, malgré les ordres de Rommel, pas eu le temps de renforcer à cet endroit les ouvrages défensifs en béton. La mer était relativement calme, contrairement à ceux qui ont raconté que la tempête faisait rage. Nous sommes restés quelques minutes à regarder. Un contre-torpilleur a commencé à frôler les côtes pour étendre un rideau de fumée afin de camoufler les embarcations. Certaines personnes ont parlé de brouillard, mais la nature n'y était pour rien. Celui-ci était artificiel. »

De retour à la ferme, les bombardements maritimes n'avaient pas encore commencé. Seuls les avions continuaient à passer. Le patron annonça à sa femme qu'il s'agissait du Débarquement tant attendu, qu'il fallait se mettre à l'abri. Mais l'abri, comme beaucoup de ceux que construisaient les civils dans un sol sablonneux, était déjà en piteux état. Les cultivateurs pensèrent alors à se réfugier dans le pigeonnier, qui disposait de solides murs ; la fermière fit remarquer qu'avec toute la paille présente, ils risquaient de flamber. Dans le haut de la ferme, il y avait une petite voûte, vestige d'une espèce de carrière. Tous s'y terrèrent. La patronne fut blessée à la main par un éclat d'obus.

« Deux cuirassés se tenaient au large. Vous auriez dû voir les pruneaux qu'ils nous balançaient..., se remémore M. Régnauld. De plus, à Fontaine-Henry, au sud de Bernières, les canons de 105 des Allemands n'avaient pas été détruits et nous étions pris entre deux feux. Ceux qui vous disent qu'ils n'ont pas eu peur vous racontent des bobards. »

Des cousins inconnus

Profitant d'une accalmie, le jeune homme, intrépide, défia le déluge de projectiles, alors qu'on entendait crépiter les mitrailleuses.

« Nous nous disons que nous ne sommes pas encore tirés d'affaire, reprend-il. Je me dis que les tirs ont diminué et que ça se passe surtout au-dessus de nos têtes. Je sors de la ferme, parcours une cinquantaine de mètres, vois un type qui déboule d'une haie et me demande ce que peut bien être ce gars-là. Le gaillard arrive à ma hauteur, me colle sa mitraillette sur le ventre et me demande : "Es-tu un Boche, toué ?" Je lui réponds en riant : "Ben non, je ne suis pas un Boche, tu le vois bien ! Mais toi, tu es français ?" C'est alors qu'il me dit : "Non. Nous autres, on est des Canadiens français !" Aussitôt, il appelle ses copains dissimulés dans la haie. Ils allument des cigarettes, me donnent du chocolat, et les rapports sont des plus fraternels. Ce fut mon premier contact avec des Québécois, ces cousins inconnus venus d'Amérique. J'ai tenté de retrouver ce soldat ; j'ai appris que le malheureux s'était fait tuer au cours de la suite des opérations. Un peu plus tard, je rencontre un officier canadien avec trois blessés. Un des brancardiers a reçu une balle perdue dans l'épaule. Je me suis proposé pour le remplacer et ils ont accepté. Ça tisse des liens. »

Georges conserve de nombreux amis québécois. Il en compte une quarantaine dans son carnet d'adresses, sans compter ceux qui ont disparu. Pendant la campagne de Normandie, il en a reçu plusieurs à la ferme où sa mère les régalait d'omelettes géantes, de frites et de rôti de porc pour leur faire oublier un instant les rations de combat de l'armée. Chez Georges Régnauld, le drapeau fleurdelisé du Québec flotte en bonne place. Certains disent que sa maison est une sorte d'ambassade québécoise honoraire, ce qui le fait sourire. Lorsqu'on lui demande quel est son meilleur souvenir du jour J, il répond, les yeux embués : « C'est d'avoir entendu ces militaires venus de si loin me parler en français ! »

Notre homme avait entendu d'autres soldats parler notre langue, mais sous un uniforme pro-allemand, comme celui de la Légion des volontaires français contre le bolchevisme (LVF), des collabos dévoués au nazisme. Il en existait dans la région de Bernières : des jeunes du coin un peu paumés qui s'étaient trouvé un idéal pervers pour valoriser leur vie en brimant leurs compatriotes et en faisant du zèle. Georges les exécrait car, à deux reprises, ils l'avaient menacé pour des motifs futiles. Ironie du sort, il fut tiré de leurs griffes par… des officiers allemands !

Lorsqu'on demande à Georges Régnauld à quoi servent les guerres, il cite son père, ancien combattant de 1914-1918 qui, avec un bon sens populaire, disait : « Tu sais ce que c'est, la guerre ? C'est faire amuser des gens qui se connaissent bien et s'entre-tuer des gens qui ne se connaissent pas. »

La petite fille au foulard

Janine Punelle a connu son « Jour le plus long » alors qu'elle n'était qu'une fillette, à Dives-sur-Mer, près de Cabourg. Elle entendait constamment le bruit des bombardiers alliés et le vacarme inquiétant – décrit par l'onomatopée « ack-ack » – que faisait ce que les Allemands appelaient Fliegerabwehrkanone et les Français la DCA (ou Défense contre avions) des occupants.

« Les bombardiers passaient par groupes que nous évaluions à une cinquantaine dans un bruit lancinant que je n'ai cessé d'entendre pendant une vingtaine d'années, nous confie-t-elle. Comme nous ne pouvions pas dormir, nous nous levions et sortions dans le noir, ce qui nous était interdit, bien sûr. Dans le faisceau des projecteurs, on pouvait voir des parachutistes. Nous savions ce que c'était, mais nous nous demandions comment ils pouvaient être aussi téméraires pour plonger dans une telle fournaise !

« En effet, à 150 mètres de chez nous, se trouvait une unité de DCA dont les servants, en plus de viser les avions, tiraient des balles traçantes sur les parachutistes. On raconte que les accords internationaux interdisaient ce genre de traitement contre un ennemi, mais les Allemands n'en avaient cure. C'est ainsi que nous avons passé une partie de la nuit à voir des parachutistes toucher terre et d'autres se faire cribler de balles ; nous en avons conclu que le débarquement si attendu était enfin arrivé. Le lendemain matin, les gens jubilaient. Nous nous sommes rendus à Houlgate, à environ 4 kilomètres de chez nous, pour voir la mer. Celle-ci était tapissée de bateaux au-dessus desquels on voyait comme des sortes de ballons dirigeables. On nous expliquait qu'il s'agissait d'une forme de protection contre les attaques en piqué des avions ennemis.

« Pour nous, enfants – j'avais alors dix ans –, le débarquement signifiait le départ des Allemands. Leur présence constante était lourde à supporter. Ils avaient installé des postes de mitrailleuses sur le toit en terrasse des écoles. Même si nous n'allions plus en classe dans ces bâtiments mais dans le château, ce n'était pas mieux, parce que nous étions près d'un dépôt militaire allemand et nous nous sentions constamment épiés. »

Janine Punelle se souvient qu'un jour, alors qu'elle racontait à ses copines une blague dans laquelle il y avait les mots « *Heil Hitler !* », trois Allemands qui l'avaient entendue se retournèrent et la regardèrent d'un air inquisiteur. Elle partit en courant et, pour le reste de la guerre, s'attendit à quelques représailles.

« Il est évident que nos occupants avaient à se soucier d'autre chose que de tels enfantillages, poursuit-elle, mais l'atmosphère qu'ils faisaient régner était si lourde et les adultes racontaient tant de choses qu'on se méfiait de tout. Il est certain que, parmi ces soldats, il y en avait qui étaient des gens sans malice qui auraient préféré être chez eux, mais il y avait aussi les SS, que nous savions par instinct, ou à cause de leur réputation, être des types fanatiques et cruels. »

La fosse commune du temps

L'un des souvenirs les plus vifs du Débarquement est la rencontre que Janine fit avec un certain « François » Jones – son vrai prénom était Marvin –, un parachutiste canadien, à Beaumont-en-Auge, un petit village à côté de Pont-l'Évêque. Accompagnée de ses parents et de ses sœurs, elle lui offrit, de la part de toute sa famille, un petit foulard et, peut-être aussi, des dessins. Jones leur avait fourni du chocolat et des friandises, pratiquement introuvables en France pendant la guerre. Les fillettes et les parents ont beaucoup parlé au soldat, qui leur a donné son adresse militaire : ils ont correspondu par la suite. Marvin a continué sa carrière dans l'armée, notamment en Corée. Au vingtième anniversaire du Débarquement, le parachutiste et la fillette, devenue une adulte de trente ans, se sont retrouvés. Puis le temps a passé, et ils se sont perdus de vue. Lors du cinquantième anniversaire, ponctué par la présence de la reine Élisabeth et de nombreux chefs d'État, Janine espéra revoir Marvin, mais il n'assista pas à l'événement. Ce que le poète Georges Brassens appelait « la fosse commune du temps » avait-elle englouti tous les souvenirs ?

« J'ai écrit aux ministères des Anciens Combattants de France et du Canada pour essayer de retrouver François Jones, mais en vain, explique Janine Punelle, car je n'avais pas sa date de naissance. Alors j'ai fait appel au journal des vétérans canadiens. François a vu mon annonce et a dit à sa femme : "Mais c'est moi qu'on cherche !" Nous avons repris contact et il est revenu nous voir en 1996. Depuis, on se téléphone de temps à autre. Toutefois, les rangs s'éclaircissent et rares sont les gens avec qui nous pouvons nous remémorer ces événements qui remontent maintenant presque à soixante-dix ans... En parlant de parachutistes, je garde le souvenir d'un grand rouquin prisonnier des Allemands, un fusil mitrailleur collé dans son dos, qui nous a souri malicieusement, comme pour nous rassurer, mais non sans tristesse. Qu'est-il devenu ? Nous avons appris par la suite que de nombreux paras alliés faits prisonniers avaient été assassinés froidement par les SS.

« Remarquez, apprenant cela, les Alliés ne faisaient pas plus de cadeaux à l'ennemi. Lorsqu'ils nettoyaient les maisons, certains commandos tuaient à l'arme blanche les Allemands qui se rendaient afin d'économiser les munitions et ne pas faire de prisonniers... C'est ce qu'ont confié d'anciens combattants à Marvin Jones. Ils étaient hantés par ces sinistres souvenirs. »

Ces rétorsions, qui ne figurent pas dans les manuels du parfait militaire et qui sont la plupart du temps niées ou passées sous silence par les autorités, étaient souvent subies par d'infortunés soldats qui auraient souhaité demeurer paisiblement en Allemagne si on leur en avait laissé le choix. Ils payaient pour les actes de leurs cruels camarades SS.

« Voilà pourquoi je n'oublierai jamais le sourire du grand rouquin », conclut Janine.

La fille du boulanger

En temps de guerre et de pénuries, dans les vieux pays, le boulanger avait une importance capitale, comme l'attestent de nombreux récits. Souvent, lorsque la soldatesque ennemie prenait des otages dans un village, elle en excluait le boulanger, non par compassion, mais parce que sa disparition aurait privé les troupes de pain. Dans le récit sur les enfants troglodytes, nous avons évoqué la mémoire de Jules Delaunay, le boulanger du château Labiche, à Sourdeval, qui, un beau dimanche matin, se fit abattre froidement au seuil de son fournil par un soldat allemand nerveux – qui, dit-on, s'était imaginé que l'artisan sortait une arme de sa poche, alors qu'il s'agissait simplement de clés.

Sa fille, Mme Marguerite Peslin, se souvient que, tous les soirs, sa famille allait coucher « en campagne » à cause des combats et revenait travailler tôt le matin au fournil. Après la mort de son père, sa mère a pris la suite pendant quelques mois, puis a vendu le fonds de commerce – on ne sait trop comment étant donné la précarité de l'époque. Une continuité s'est établie malgré les destructions. Le fils du successeur se rappelle que son père avait réussi à faire du pain dans les caves du château, où il y avait un vieux four. Il avait alors cinq ans et Mme Peslin vingt et un ans. Elle se souvient d'une sorte de mie grise à la farine mal blutée qu'on appelait du « pain allemand » – mais qui n'avait pas les qualités nutritives du *vollkornbrot* d'outre-Rhin. Cela valait toutefois mieux que le pain à la sciure de bois et autres matières mal définies que connurent certaines populations d'Europe.

Manger... source d'inquiétude permanente

Albert Coulmin se souvient des tickets qui permettaient d'obtenir du pain selon les catégories (J2, J3 pour les jeunes, T pour les travailleurs, etc.) et des galettes de blé noir – du sarrasin, une céréale non réquisitionnée par l'occupant –, qui permettaient tout de même de satisfaire sa faim. D'ailleurs, les Bretons sont des consommateurs traditionnels de sarrasin. M. Coulmin se souvient aussi de fermiers compréhensifs qui acceptaient de se départir de quelques œufs ou d'un poulet, car les petits cultivateurs étaient moins surveillés que les gros propriétaires, soumis à des quotas par les autorités françaises et allemandes. Les troupes d'occupation n'avaient pas de temps à perdre à surveiller les tout petits producteurs, mais ceux-ci se méfiaient des mouchards et des indiscrets, et fermaient parfois leur porte aux demandeurs d'aliments un peu plus substantiels que ceux qu'offraient les services de ravitaillement officiels.

Manger... Source d'inquiétude perpétuelle pour les Français soumis aux restrictions. « Donnez-nous aujourd'hui notre pain quotidien », imploraient les pratiquants. Du pain ou autre chose.

« Celui qui n'avait pas de contacts chez les paysans ou avec de petits débrouillards mangeait plutôt maigre, raconte M. Coulmin. Ma mère, avec ses six enfants de moins de quatorze ans, n'avait jamais suffisamment de pain. Mon père était mort en 1940 et il n'existait aucune loi sociale. Heureusement, nous avions un lopin de terre et élevions des lapins, un animal facile à nourrir avec de l'herbe, contrairement aux poules, qui exigeaient du grain.

« C'étaient des commissions spéciales qui nous allouaient les quantités de farine à panifier, reprend Mme Peslin. Nous avions tant de sacs par mois en contrepartie des tickets que nous collections. Je crois que les ruraux normands ont beaucoup moins souffert que les gens des villes. Mes parents envoyaient chez mes oncles et tantes parisiens ce que nous appelons des “pains de soupe” [un peu trop cuits]. Cela les aidait à boucler leurs fins de mois. C'est ainsi que beaucoup de gens de la campagne avaient leurs citadins “attitrés”, qu'ils aidaient comme ils le pouvaient. »

La fille du boulanger se souvient de l'époque de la bataille de Mortain, lorsque les obus tombaient un peu partout. Dans l'exploitation agricole où elle se réfugiait la nuit, la fermière eut soudainement à quitter les bâtiments avec quelques biens, du pain et un pot de crème qu'elle avait l'intention de baratter pour faire du beurre.

— Nous aurons au moins de quoi mettre sur nos tartines, avait dit la dame.

Cet à-propos campagnard prit tout son sens lorsque la famille de cultivateurs et Mme Peslin durent évacuer les lieux *manu militari* après qu'un commandant allemand y eut installé son PC. Ils se réfugièrent dans une autre ferme où un obus tomba et où une personne fut amputée – la région était devenue un véritable champ de tir. Malgré ces tragédies, leur pot de beurre prit une importance insoupçonnée en agrémentant leur maigre pitance.

Albert Coulmin, qui était alors un garçonnet, n'a pas de mauvais souvenirs des Allemands, du moins ceux de l'armée régulière, la Wehrmacht. « Ce n'étaient pas des fanatiques. Il y a avait parmi eux des Alsaciens, des jeunes de quinze ou seize ans, des “Malgré-nous” recrutés de force qui se trouvaient en porte à faux et avaient la trouille au ventre, se remémore-t-il. C'était la même chose pour les jeunes Allemands de souche. Celui qui a tiré sur M. Delaunay, le père de Mme Marguerite Peslin, avait probablement eu peur, c'est aussi simple que ça. Ces soldats nous apprenaient à nager et avaient nettoyé l'étang de ses nénuphars pour que nous puissions nous y baigner. Très peu de gens savaient nager dans notre coin. C'est aussi grâce à ces soldats que j'ai pu écouter pour la première fois un concert de musique classique. Il faut dire qu'avant la guerre, Sourdeval n'était pas une ville à la pointe de la modernité. Dans la ferme où j'étais réfugié, il y avait de jeunes soldats d'origine alsacienne. Lors des combats, le propriétaire leur a d'ailleurs conseillé de se rendre à l'arrivée des Américains et des Canadiens au lieu de suivre l'armée allemande en déroute. C'est ce qu'ils ont fait. Pour eux la guerre était terminée. »

Une grenade sous le nez

« Je n'ai pas d'aussi bons souvenirs, car j'étais plus âgée, intervient Mme Peslin. Ainsi, peu après la mort de mon père, lorsque je tenais la boulangerie, les Allemands nous demandaient du pain que nous leur refusions parce qu'ils n'avaient pas de tickets d'alimentation. C'est alors qu'un jour, un soudard agressif me montra une grenade qu'il s'apprêtait à dégoupiller, me la plaça sous le nez et me dit : “C'est du pain ou ça…” J'ai, bien sûr, obtempéré. Ce soldat appartenait à la 2e division de Waffen-SS Das Reich. J'ai appris plus tard que ces brutes avaient assassiné plus de six cents personnes, hommes, femmes et enfants, à Oradour-sur-Glane, en mitraillant ou en brûlant des gens dans l'église. » On ne saurait énumérer ici toutes les exactions perpétrées par cette unité de criminels de masse, tant elles sont nombreuses. On se rappellera des quatre-vingt-dix-neuf pendus de Tulle et des civils assassinés à Tourouvre, en Basse-Normandie. La petite boulangère avait eu chaud !

M. Coulmin ne s'explique pas les bombardements de Vire, le 6 juin et les jours suivants, à l'issue desquels 95 % de la ville furent détruits et quelque trois cent cinquante civils tués. « Seuls de rares Allemands ont perdu la vie lors de ces bombardements stratégiques par des centaines de forteresses volantes, alors que le gros des effectifs ennemis était au chaud dans ses casemates sur la côte, rappelle-t-il. Il ne faut pas s'étonner si, à Vire, les Américains ont été accueillis avec des sentiments mitigés. Il faut comprendre les gens. D'ailleurs, beaucoup de villages ont été détruits pour rien. On dira qu'il s'agit de dommages collatéraux, mais il n'y a pas besoin d'être grand stratège pour affirmer qu'il y avait sans doute d'autres moyens de faire la guerre. » C'est possible, mais les stratèges militaires n'ont pas encore résolu le problème. Le sera-t-il jamais ?

Mme Peslin a un meilleur souvenir des libérateurs, notamment des Canadiens passant de porte en porte dans le village en feu de Rânes, dans l'Orne, qu'ils étaient en train de délivrer. Comme pour plusieurs Normands, sa parenté et ses amis furent agréablement surpris de retrouver de lointains cousins sous l'uniforme des Tommies. Par rapport aux Américains, dont la langue était incompréhensible et dont les habitudes semblaient bizarres, les Normands se sentaient plus proches des Canadiens francophones.

À la Libération, le pain revint grâce à de la farine importée. Il y eut le pain de maïs, pas mauvais en soi mais qui verdissait lorsqu'on le gardait trop longtemps, puis le pain blanc, un peu trop blanc, à l'image du « pain Kleenex » américain fait de farine pratiquement dévitalisée. Les boulangers s'accommodèrent de ces matières premières de dépannage. Comme disait Benjamin Franklin, « l'affamé n'a jamais vu de mauvais pain ».

« Les aînés ont surtout de mauvais souvenirs des occupants et ça se comprend, remarque M. Coulmin, car ces derniers se comportaient comme s'ils étaient chez eux, nous pillaient et étaient surpris que nous n'approuvions pas. Cela dit, il y avait beaucoup d'Allemands qui auraient préféré être à la maison plutôt qu'à l'étranger en sachant que, pendant ce temps, leur famille était bombardée… »

« Après la guerre, les enfants ont pris des cours d'allemand au lycée, signale Mme Peslin, et nous avons par la suite reçu une jeune Allemande à la maison. C'était une demoiselle très gentille et bien élevée. Sur le coup, j'ai eu un vieux réflexe de prévention, mais je me suis dit qu'elle n'avait rien à voir avec certains Allemands que nous avions connus ; il faut dire que les soldats que nous étions obligés de loger chez nous étaient convenables et civilisés. Je me suis ressaisie. Plus tard, nous avons été fort bien reçus en Allemagne chez les parents de la jeune fille et avons gardé le contact. »

Si la quête frénétique du pain quotidien peut déchirer les hommes, elle peut aussi les rapprocher.

9
AUTRES ENFANTS DE LA GUERRE

« Le plus beau jour de ma vie »

Témoignage d'Alain Stanké

Même si la Lituanie est située à quelque 2 500 kilomètres de la Normandie, l'événement du 6 juin 1944 a eu des répercussions énormes sur le jeune Balte que j'étais. En effet, à peine un mois après l'opération Overlord, on m'a forcé à quitter mon pays et à me joindre à une horde de compatriotes déportés en Allemagne où des milliers de personnes, le plus souvent maltraitées et sous-alimentées, comblaient la pénurie de main-d'œuvre occasionnée par la guerre.

Je venais d'avoir dix ans.

Pour des esclavagistes, un gamin de cet âge pouvait fort bien déplacer des sacs de ciment ou des briques. J'ai appris plus tard, à l'école, que, même dans l'Antiquité, les esclaves pouvaient être mieux traités que nous, ne serait-ce que parce qu'en général, on les nourrissait suffisamment.

Je peux affirmer aujourd'hui que toute ma vie a changé à cause du Débarquement. Sans cet événement historique, je serais probablement mort d'épuisement, je n'aurais pas connu la France, où j'ai fait mes études, et je ne me serais jamais installé au Canada.

Je crois que je suis comme la plupart des gens qui ont vécu la guerre. Je n'aime pas en parler. Quand la période tragique fut terminée, certains voulurent savoir ce que j'avais vécu. Mais, comme je ne voulais toujours pas en parler, j'ai décidé de consigner mon témoignage par écrit en me disant : « Voilà, je vais tout expliquer dans un livre, ça ne va pas me faire de mal et si jamais on me demande de raconter ma vie, je dirai : "Vous n'avez qu'à lire mon bouquin." » Hélas ! je m'étais trompé. Une fois le livre paru, il s'est trouvé encore plus de curieux pour me poser des questions sur mon passé.

J'étais pourtant bien résolu à tirer un trait, à passer à autre chose.

Aujourd'hui, quand il m'arrive de repenser à mon enfance, je me regarde comme si j'observais quelqu'un d'autre qui aurait vécu tout cela. En compagnie de gens qui me sont très proches, je me laisse parfois aller à des confidences et me souviens de certaines choses qui m'ont vraiment marqué lorsque j'étais interné dans un camp de concentration.

J'ai « fait » trois camps sans notoriété particulière. On y entassait des personnes déplacées et des déportés en transit. L'un de ces petits enclos se situait dans un coin perdu d'Allemagne nommé Bug, un autre à Bitterfeld, où se trouvait la mine de charbon Grube Theodor, et le dernier à Wurtzbourg, une ville historique dont je n'ai pu apprécier les charmes lors de mon incarcération et qui, pour des raisons évidentes, n'a jamais fait partie de mes projets touristiques malgré ses richesses culturelles indéniables.

Dans le même ordre d'idées, que l'on me permette d'ouvrir ici une parenthèse. À l'occasion de la production de mon documentaire[1], je suis allé en Bavière pour filmer un certain Dr Peter Heisig, l'ancien commandant en second d'un sous-marin allemand coulé par une corvette canadienne

1. Luc Wiserman, *Ne tirez pas !* (ICI Radio-Canada Télé), Avanti Ciné Vidéo, 2007.

en plein Atlantique Nord. Son sauveteur était le lieutenant-commandant québécois Stanislas Déry. Cet homme étonnant avait contrevenu aux ordres en arrêtant son bâtiment pour recueillir les victimes du naufrage provoqué par ses propres grenades sous-marines. Il s'agissait d'une de ces « belles histoires d'une sale guerre » comme je les aime, car une fois le conflit terminé, les deux marins ennemis sont demeurés les meilleurs amis du monde jusqu'à leur mort. Ce reportage fit également l'objet d'un livre[1].

Le geôlier retrouvé

En discutant avec le Dr Heisig et après lui avoir mentionné mon involontaire séjour à Wurzburg, j'ai appris que son voisin était Tirpitz, l'ex-directeur du camp de Wurzburg où j'avais été interné. Il était, disait-on, le fils du célèbre amiral qui avait donné son nom à un redoutable cuirassé coulé par les Alliés en novembre 1944. Le bon docteur me demanda si, par hasard, je voudrais rencontrer mon ancien geôlier, qui était très âgé et dont la femme avait elle-même atteint sa 109e année ! N'étant point masochiste de nature, je déclinais cette offre. Trop de choses s'étaient passées dans ce camp et ce gardien de prison hors d'âge, apparemment toujours apologiste de son époque, m'aurait probablement débité la ritournelle de l'obéissance aux ordres et des grands travaux réalisés par son Führer. Il ne valait pas le temps que j'aurais pu lui consacrer. Qu'aurais-je eu à lui dire d'ailleurs ? « *Ach !* c'était le bon temps » ? Non, merci.

Dans tous ces camps, il n'y avait pas grand-chose à se mettre sous la dent. Il m'est même arrivé de manger du rat ! Tout ce que je peux dire, c'est que la viande de ce rongeur est sucrée…

1. Jean-Louis Morgan, Linda Sinclair, *Ne tirez pas !*, Éditions de l'Archipel, Paris, 2008.

Aujourd'hui, je porte encore les séquelles de ma sous-alimentation. En regardant mes mains à la dérobade, bien des gens se demandent pourquoi mes doigts ont subi des déformations. Je n'en ai jamais parlé mais, dans les années 1960, un éminent neurochirurgien montréalais, le professeur Wilder Penfield, s'intéressa à mon cas sans découvrir aucune cause relevant de sa spécialisation. Ma particularité digitale est simplement due à la malnutrition, endurée au moment de ma croissance dans les camps dont je suis sorti en assez piteux état. Bref, j'ai survécu en côtoyant la mort constamment. Mais, à force de la sentir tous les jours, j'ai appris qu'à côté d'elle tout devient dérisoire.

J'allais oublier une séquelle qui pourra peut-être paraître dérisoire à certains. Le souvenir des explosions, qui a longtemps retenti dans mes oreilles, m'a rendu les feux d'artifice insupportables !

Lorsqu'on se trouve coincé dans l'univers concentrationnaire, on s'efforce de se rendre disponible à l'instant présent pour que la vie qui nous reste à vivre ne soit pas qu'un rêve effleuré. On cherche des moyens de garder le moral. On se raconte des histoires. On pratique aussi beaucoup d'humour – noir, parfois – et l'autodérision. C'est peut-être de là que provient mon besoin de toujours rechercher le côté souriant de la vie, en toute circonstance, sans doute pour mettre un baume sur les plaies d'un lointain passé et exorciser les événements.

Que dire de la vie quotidienne dans les camps ? Notamment que, dans les pires situations de pénurie, il faut faire preuve d'imagination. Par exemple, nous avions des sabots, mais pas de chaussettes. Mon père, qui était ingénieur radio, connaissait évidemment le procédé de fabrication des câbles électriques. Il s'est rappelé que, dans ceux de gros calibre, on trouvait des couches d'isolant fait d'une sorte de papier légèrement extensible. Il suffisait de séparer le métal de l'isolant et d'utiliser ce dernier pour faire des bandelettes, comme celles des momies, puis d'en enrouler ses pieds pour les garder au chaud. Je n'ai jamais su où il avait trouvé ces fils, mais il avait dû faire preuve d'une grande débrouillardise, au péril de sa vie, bien sûr.

De temps en temps, nous jouions des tours aux Allemands… Mon père était astreint, comme tout le monde, à des corvées – par exemple transporter des planches d'un bout à l'autre du camp. Étant donné que les planches étaient longues, deux porteurs étaient nécessaires. Pour ménager leur peine et contribuer le moins possible à l'effort de guerre nazi, son compagnon d'infortune et lui repassaient toujours avec la même sacrée planche devant la sentinelle allemande et son chien policier qui les surveillaient. Le soldat opinait du bonnet en apercevant les hommes qui passaient ; toutefois, aux deux bouts du parcours, le nombre de planches ne variait guère. Ils continuèrent leur petit stratagème, digne des tours des conscrits tire-au-flanc des *Gaietés de l'Escadron* de Courteline, pendant plusieurs jours, jusqu'à ce que cela ne soit plus possible.

Dans le premier camp où nous avons séjourné, le travail de mon frère consistait à distribuer du charbon, très rationné, dans les baraques. Il se débrouillait pour avantager la nôtre en y laissant autant de briquettes que chez les Allemands. C'était autant de degrés gagnés…

En résumé, on comprendra que, pour survivre, les malheureuses personnes que nous étions devions recourir à un tas de petites combines qui avaient aussi l'avantage de manifester notre révolte contre un système inhumain, d'autant plus que nos geôliers n'étaient pas exempts de sadisme.

Je me souviens qu'un jour, dans la cantine, nous mangions une bouillie à chien infecte accompagnée d'un quignon de pain et d'une pomme de terre pourrie. Nous nous trouvions à la vue d'un gradé allemand qui nous observait. Assis devant nous, l'olibrius coupait, lentement, avec un air narquois, des morceaux d'un énorme steak qu'il savourait avec un plaisir ostensible. Il avait une bouteille de vin et se versait des rasades en nous fixant. Je crus un moment que quelqu'un se lèverait pour aller lui casser la figure. Personne n'était en mesure de le faire, bien sûr, mais tout le monde y avait pensé, ce qui semblait réjouir l'horrible individu.

La seule chose que j'ai conservée de l'époque des camps, à part mes souvenirs, est une fourchette au monogramme de la IG *Farbenindustrie* AG récupérée à la cantine. L'IG Farben était un conglomérat industriel considérable, des gens qui, tout en œuvrant dans l'industrie pharmaceutique (Bayer), de la pellicule photo (Agfa, Ansco) ou des produits chimiques (BASF), fabriquaient le célèbre gaz d'extermination Zyklon B. Cette honorable société, officiellement dissoute en 1952, faisait mourir à la tâche des déportés au camp d'Auschwitz III et profitait des « recherches » entreprises par les ignobles « médecins de la mort » SS dans les différents camps de concentration. Au faîte de sa puissance, l'IG Farben employait quatre-vingt mille travailleurs forcés. « *Arbeit macht frei* » – « le travail rend libre » –, affichait-on aux grilles de certains camps d'extermination. C'était exact. Joint aux mauvais traitements, le rythme de travail qu'imposaient les nazis aux déportés permettait à ces derniers de regagner assurément leur liberté… en quittant ce bas monde.

La piscine d'où l'on ne sort pas

Dans le dernier camp où je me suis retrouvé, à quelque 200 kilomètres de Buchenwald et 275 kilomètres de Dachau, des médecins dévoyés se procuraient des cobayes. Mon tour risquait de venir, car ce sous-camp était une écurie transformée où nombre de prisonniers avaient été triés sur le volet pour « participer à des expériences scientifiques ». C'est ainsi que, de temps à autre, nous remarquions qu'une personne partait, accompagnée d'un ou de deux gardes, pour aller soi-disant « se baigner à la piscine ». Nous trouvions étrange que ces détenus aillent se baigner sans emporter de serviette, et surtout qu'ils ne reviennent jamais au camp.

En fait, nous l'avons su beaucoup plus tard, ces mystérieux baigneurs faisaient l'objet d'expériences mortelles. On les plongeait dans des piscines, ou des bacs d'eau glacée, tandis qu'un criminel usurpant le noble titre de médecin observait d'un œil d'entomologiste, un chronomètre à la main, leur lente et douloureuse agonie. Ces épreuves *in vivo* avaient pour but de savoir pendant combien de temps un pilote ou un sous-marinier allemand pouvait survivre dans l'eau glacée, afin de leur fabriquer des combinaisons protectrices efficaces. Quoi de mieux que des déportés pour faire office de cobayes ? Charmant pour l'avancement de la science… Heureusement que les Américains sont arrivés à temps.

Je parlais, plus haut, d'humour. Cette forme d'esprit nous a vraiment aidés à traverser cette période difficile ; sans lui, je ne sais pas ce que nous serions devenus. Je me souviens que, dans un des camps où je me trouvais avec mes parents, ma mère était chargée de l'entretien. En d'autres termes, elle faisait le ménage. Elle qui, en Lituanie, avait à son service plusieurs aides familiales, assurait sans rechigner sa part des corvées, imposées à nous comme à nos compagnons d'infortune.

Le descendant de l'amiral

Je n'oublierai jamais cette scène. Le directeur du camp, celui que l'on disait être le fils du légendaire héros allemand Alfred Tirpitz, dont j'ai parlé précédemment, venait de temps à autre inspecter les lieux pour s'assurer de leur propreté. Pendant qu'il se promenait à l'intérieur du bâtiment, ma mère, qui ne faisait que son travail, avait consciencieusement savonné les marches des escaliers qui débouchaient sur la cour où se tenaient nombre de détenus pour l'appel. Soudain, la porte s'ouvrit, le bonhomme sortit, regarda fixement l'horizon et fit le salut nazi en claquant des talons. Il ne vit pas la première marche – très glissante –, pas plus que les autres d'ailleurs. Patatras ! Le voilà qui déboula et se retrouva dans une position ridicule, incompatible avec son rang… Ma mère avait utilisé un peu trop de savon.

Tous les internés présents étaient évidemment contents de voir leur orgueilleux cerbère se casser la margoulette, mais il fallait qu'ils se gardent de manifester le moindre signe de satisfaction. C'est là que j'ai appris qu'il n'y a rien de pire dans la vie que de vouloir rire et de ne pas succomber à l'hilarité sous peine de terribles représailles. Le descendant de l'amiral se releva tant bien que mal et poursuivit son inspection en boitillant et en se frottant les lombes. Le soir même, ma mère recevait, discrètement, maintes félicitations des internés.

Comme je viens d'une famille catholique pratiquante, la première chose que j'ai mise dans ma poche le jour de notre déportation fut un petit chapelet qui ne m'a pas quitté. Je l'avais souvent dans la main pour prier – prier pour qu'un miracle arrive, pour que des soldats tombent du ciel et me libèrent. Les adultes parlaient d'Anglais, d'Américains, de Canadiens, de Français et de Polonais libres. Bref, il y avait beaucoup de combattants amis qui auraient pu venir me sauver. Mais rien de tel ne se passait.

Les grains de mon pauvre chapelet – que je possède toujours – en étaient tout luisants. J'avais beau prier, personne n'arrivait. Je me suis un peu fâché avec le bon Dieu et lui ai dit de manière puérile :

— Je devrais ne plus croire en toi, car tu ne m'écoutes pas, na !

Puis, un jour, un soldat comme je l'imaginais a fait son apparition dans le camp. Pour moi, il était le plus beau spécimen de la race humaine. Je ne l'oublierai jamais. Il portait un foulard de soie très peu militaire, de couleur vive, alors que les Allemands étaient vêtus de vert-de-gris et de noir. Son véhicule arborait, pour une raison que j'ignore, la lettre A. Dans mon enthousiasme juvénile, je me suis imaginé que cette lettre était un signe du destin puisqu'elle est la première de mon prénom.

Mon jour J à moi

Ce fut le plus beau jour de ma vie, parce qu'un nouvel avenir commençait. On nous a amenés dans un camp de triage, où l'on trouvait des gens de tous les pays. On ne nous considérait plus comme des objets. Nous pensions que la guerre était vraiment terminée. Nous nous trompions, car un chasseur allemand obstiné venait survoler tous les soirs le camp et lâchait des rafales sur les baraques. Les Américains étaient là, mais ce pilote, sans doute un combattant d'arrière-garde, un *werewolf*, comme on disait alors, tirait au hasard, sans doute par dépit et par hargne.

Le troisième jour, un lieutenant du bataillon – qui, incidemment, était d'origine lituanienne – se mit à converser avec moi. Je me débrouillais dans plusieurs langues, mais ne parlais alors pas l'anglais. Un Américano-Balte, un vrai don du ciel ! Cet officier m'a adopté et je suis devenu la mascotte de son bataillon pendant deux ou trois semaines. C'était formidable. Un soir, il m'a dit :

— Viens, je vais te montrer quelque chose. On va faire la peau à ce salaud de pilote.

Je me suis assis à côté de lui, non loin d'une sorte de mitrailleuse antiaérienne. Lorsque le chasseur revanchard est passé, les Américains l'ont proprement abattu. Vlan ! Prends ça en pleine poire ! Tout le monde a crié : « Bravo ! » Ce lâche aviateur ne nous terroriserait plus. Il s'agit pour moi d'un souvenir heureux.

J'ai un autre bon souvenir de l'époque où je jouais le rôle de mascotte. Un jour, les soldats m'ont demandé de monter dans une grosse jeep, un *command car*, pour participer à la destruction de voitures civiles allemandes. Il y avait parmi ces véhicules des Mercedes et autres automobiles coûteuses. L'objectif était de les faire disparaître, parce que les Américains craignaient que les troupes nazies ne reviennent et ne les utilisent. Leur destruction pouvait donc, d'une certaine manière, accélérer la fin de la guerre. Tels étaient les ordres. Les soldats allaient, par exemple, chercher une auto du style BMW ou Mercedes que le *command car* poussait dans la rivière. C'était un gâchis, bien sûr, qui me semble maintenant aussi inepte que lorsque les gagnants d'une course célèbrent leur victoire en faisant gicler des bouteilles de champagne millésimé sur eux et dans la poussière. Disons que ces destructions ne visaient, en fin de compte, que de la tôle et qu'une raison stratégique s'y rattachait. Moi, assis sur le capot de la grosse jeep et me tenant au pare-brise, je criais :

— Hip, hip, hip, hourra !

Nous avons dû noyer au moins une bonne douzaine de ces voitures. Il faut avouer que ce n'est pas tous les jours qu'on peut participer à un derby de démolition aussi peu écologique pour une bonne cause.

La vie chevillée au corps

La question de survie alimentaire nous préoccupait bien plus que les histoires de voitures. Après notre libération, nous ramassions tout ce qu'il y avait dans les poubelles des Américains – qui étaient, il faut le dire, un peu gaspilleurs. Les militaires jetaient des choses encore comestibles que nous n'avions jamais mangées : des chocolats, des conserves, du pain, du fromage en boîte, de drôles de biscuits appelés crackers, dont je me suis un jour bourré jusqu'à l'indigestion après avoir avalé des litres d'eau pour les faire passer. Je ne savais pas qu'ils se consommaient en petites quantités, pour accompagner les soupes.

Cette manie de faire les poubelles a failli nous jouer un mauvais tour. Un bataillon d'artilleurs ayant séjourné près du camp, je remarquais un jour que ces soldats semblaient plus ordonnés que les autres et qu'ils n'avaient guère laissé de déchets. Je suis tout de même allé fouiller le champ où ils avaient campé. Il était vide, à l'exception d'un endroit où j'ai découvert quelques petits sacs contenant une sorte de grain qui me sembla être du riz. Je pris ces sacs et les rapportais au camp en annonçant à tout le monde :

— Chic, on va se taper du riz !

Nous commencions à faire chauffer de l'eau et à approcher les sacs du poêle lorsqu'un des détenus, un colonel polonais, est arrivé et nous a dit :

— Vous permettez ? Je vais prendre les sacs ; je dois vérifier quelque chose…

Puis il est parti avec le riz. Nous étions persuadés qu'il voulait le garder pour lui seul. Nous nous apprêtions à le poursuivre, lorsqu'il revint, la main ensanglantée.

— Vous l'avez échappé belle, mes amis, nous annonça-t-il. Ces petits grains sont des explosifs ! Si certains d'entre eux étaient tombés sur le poêle, votre compte aurait été bon.

Ouf !

Durant toute cette période de la Libération, j'ai été en admiration devant les soldats américains et ne savais comment les remercier. L'un d'eux est arrivé, m'a souri, m'a donné à manger et m'a fait cadeau de la première chemise digne de ce nom depuis ma déportation. C'était une chemise militaire beaucoup trop ample pour mon petit corps amaigri. Je l'arborais cependant avec fierté, car je portais la même liquette en loques depuis je ne sais combien de mois. Posséder une chemise propre – et militaire de surcroît – me valorisait et m'arrachait à ma condition d'esclave. Quelques jours plus tard, les soldats m'ont fait cadeau d'un blouson de cuir ayant appartenu à un aviateur qui, visiblement, n'était plus de ce monde. Ce vêtement avait un trou du côté gauche.

Ce sinistre accroc me permettait de ne jamais oublier le combattant foudroyé qui l'avait porté avant moi ; il rappelait à l'enfant que j'étais la précarité de notre existence. Je crânais drôlement avec ce blouson lorsque je suis arrivé en France, tout de suite après la Libération. Avec celui-ci et ma chemise militaire sur le dos, bigre ! j'étais devenu quelqu'un !

Jusqu'à mon heure dernière, jamais je n'oublierai ces hommes en uniforme qui ont risqué leur vie pour sauver la nôtre. Avec le recul, je peux dire que ces tristes jours passés en captivité n'ont pas été totalement négatifs.

Entre autres, j'ai appris comment résister au froid, à la faim. J'ai appris le goût du rat bouilli. J'ai appris à prier. J'ai appris à dominer ma peur. J'ai appris à quel point le rire peut se révéler un remède. J'ai également appris que la mort peut vous frapper au moment où vous vous y attendez le moins.

Mais ce que j'ai appris de plus important, c'est qu'il n'y a pas de plus grand bonheur que de se savoir en vie, d'avoir cette dernière chevillée au corps et de posséder la volonté de la poursuivre.

Je suis toujours étonné de voir comment un simple événement parvient à métamorphoser des vies. Le Débarquement m'a fait prendre une voie insoupçonnée. Il m'a conduit en Allemagne, en France, puis au Canada. Pour ajouter à mon ébahissement, je ne peux passer sous silence que c'est à Paris que j'ai eu la chance de rencontrer mon tout premier ami français, qui n'a pas hésité à m'adopter. Il s'appelle Jean-Louis Morgan. Une fois immigré au Québec, je l'ai invité à me rejoindre. Pour lui comme pour moi, la retraite est un mot qui ne fait pas partie de notre vocabulaire. Nous travaillons ensemble depuis soixante ans. Une fois de plus, notre double empreinte se retrouve dans le présent ouvrage.

Dans le domaine de l'édition, mon indéfectible ami Jean-Louis fut mon bras droit durant de nombreuses années. C'est grâce à son talent et à son travail acharné que j'ai pu « mettre au monde », entre autres publications, la toute première ainsi que la seconde *Encyclopédie du Canada*.

Je n'irais pas jusqu'à dire que, tout compte fait, les folies d'un certain Adolf ont eu des répercussions inattendues jusqu'au Canada, mais, à bien y penser, elles n'y sont peut-être pas totalement étrangères…

Ces gens venus de si loin…

Témoignage de Jean-Louis Morgan

Pendant qu'à plus de 2 500 kilomètres des événements du jour J la famille Stanké espérait beaucoup du débarquement du 6 juin 1944, dans le Var, un petit bonhomme de dix ans et demi écoutait avec ses parents les nouvelles de Londres et « les messages personnels » destinés à la Résistance. Ils lui semblaient insensés et, selon ses mots, « plutôt rigolos ». Son père, qui détestait viscéralement le IIIe Reich, les suivait attentivement. Ce monsieur fréquentait de drôles d'amis, des gens appelés « maquisards » et « résistants », qui passaient, parfois de nuit, dans son petit mas isolé et presque en ruine pour y cacher des armes et des documents que la famille dissimulait sous l'âtre d'une cheminée truquée, une cachette de paysan datant du début du XIXe siècle. Ces gestes évocateurs de romans chargés de mystère, dont l'enfant raffolait, ne passaient pas inaperçus et excitaient son imagination. Cette famille aurait pu être déportée, mais échappa par pure chance à ce sort terrible.

La mère du garçon, une Picarde ayant passé, durant la Première Guerre mondiale, une partie de sa petite enfance dans la cave de sa maison détruite, détestait ceux qu'elle appelait « les Boches », leur triomphalisme et leur morgue. Elle avait prévenu son fils que si, par fanfaronnade enfantine, il se vantait à l'école d'avoir vu des gens dissimuler des armes dans la maison familiale, elle le tuerait… Elle n'aurait jamais mis sa menace à exécution, bien sûr, mais le ton farouche de cette maîtresse femme effrayait suffisamment l'enfant pour le retenir de commettre une telle indiscrétion.

Ce gamin, c'était moi. Et mes parents, des Parisiens réfugiés dans ce qui avait été la « zone libre » jusqu'en novembre 1942, lorsque les troupes italiennes l'envahirent. Cette « occupation » fut peu contraignante, car les Italiens étaient rarement hostiles envers les Provençaux avec qui ils partageaient nombre de caractéristiques culturelles, sinon des origines communes, à une ou deux générations près, au hasard de l'immigration transalpine. Cela changea en septembre 1943, lorsque les forces allemandes remplacèrent celles du Duce, après la capitulation de l'Italie fasciste.

La terreur devint constante, ainsi que les visites inopinées et perquisitions des militaires allemands, et surtout des miliciens et de la Gestapo française, organisations parmi lesquelles on comptait non seulement des traîtres mais des tarés et des repris de justice. Je me souviens de l'un d'entre eux qui, devant notre porte, gifla ma mère à plusieurs reprises en la traitant de noms obscènes pour tenter de lui faire avouer qu'elle connaissait des « réfractaires » – c'est-à-dire des rebelles refusant d'aller travailler en Allemagne et dont certains rejoignaient le maquis. Le plus ironique, c'est que la personne qui mit un terme à ces sévices fut l'officier allemand qui accompagnait le « collabo ».

Je me souviens aussi de cette nuit où mon père échappa à une descente inopinée de la police nazie en quittant la chambre du premier étage, à l'insu de ses poursuivants, grâce à une corde d'alpiniste. Heureusement, les sbires ne surveillaient pas ce pan de mur et n'avaient pas amené leurs chiens.

Nous n'avons pas entendu parler de papa pendant plusieurs jours, jusqu'à ce que crépite le petit poste sans fil avertissant ma mère, « en code », que tout allait bien. Cela voulait dire qu'il avait envoyé son message d'une des montagnes que l'on voyait du mas et que les ondes passaient. Technologiste en appareillage médical, mon père avait confectionné ce moyen de communication, comme il avait d'ailleurs installé l'électricité chez nous grâce à une roue à aubes sur la rivière. Notre maison était si éloignée de tout que le courant de la compagnie d'utilité publique n'y arriva que dans les années 1960.

Nous ne cessions de recevoir la visite des troupes d'occupation nous demandant si nous avions vu des « terroristes », autrement dit des résistants, car nous vivions en plein massif des Maures et la forêt se prêtait aux activités de résistance. Le seul souvenir peu répulsif des occupants que je garde de ces visites martiales est celui de deux *feld-gendarmes*, pourtant impressionnants avec leur collier et plaque pectorale de métal. Ces soldats, toujours les mêmes, passaient toutes les semaines avec leur side-car BMW et demandaient invariablement à ma mère :

— Madame, avez-vous vu des terroristes ?

— Non, répondait-elle, c'est vraiment tranquille ici vous savez. Nous ne voyons pratiquement personne, sinon le facteur.

— Bien pour eux, bien pour vous, bien pour nous..., concluaient-ils. Auriez-vous des œufs, s'il vous plaît ?

Ayant remarqué que nous possédions quelques poules, ils amélioraient ainsi leur ordinaire et payaient scrupuleusement les malheureux œufs dont nous nous privions, nous limitant à ne leur en donner que deux unités par semaine lorsque nos cocottes étiques étaient peu productives. Un jour, apprenant que ma petite sœur Mary-Hélène, âgée de moins d'un mois, n'avait pas de robe de baptême, ils firent cadeau à ma mère d'un morceau de parachute blanc *für die enkelin* (« pour la petite »). En observant ces gaillards aux yeux bleus qui, sans leurs uniformes, auraient ressemblé à mes oncles maternels, dans le nord de la France, je me demandais comment des êtres humains aussi semblables pouvaient se massacrer. Mes *feld-gendarmes* semblaient las de la guerre et auraient probablement préféré être chez eux, en Bavière ou en Westphalie. Cependant, je n'oubliais pas que, s'ils avaient trouvé mon père à la maison ou quelques-uns de ses copains, ils auraient sans hésitation redressé la mitraillette qui leur barrait le poitrail pour les en menacer ou éventuellement les abattre, car le rôle de la *feld-gendarmerie* était, entre autres, de pourchasser les déserteurs de la Wehrmacht, les résistants ainsi que leurs sympathisants. Saloperie de guerre !

Lorsque ma mère fut arrêtée pour être « cuisinée » par la police allemande, à Draguignan, elle expliqua l'absence de son époux, qui préoccupait beaucoup les enquêteurs, par un prétendu abandon du domicile conjugal par son mari au profit d'une fille... de peu de vertu, bien sûr. Maman fut maltraitée, battue, mais soutint cette histoire pitoyable en ayant le culot de rappeler à ses tortionnaires que, tout comme elle, ils n'étaient que poussière et qu'ils retourneraient en poussière. Ces remarques lui valurent d'autres mauvais traitements par les nervis de la Milice.

Il lui fallait un certain cran pour citer ainsi la Genèse à des gens qui n'en avaient rien à faire, et leur rappeler leur très passagère importance en ce bas monde.

— Les Boches te respectent lorsque tu leur tiens tête ! me répétait-elle en évoquant le comportement teigneux de ses ancêtres vis-à-vis de ceux qu'ils appelaient les « Prussiens » lors de l'occupation de la Somme, pendant la guerre de 1914-1918.

Au bout de deux semaines, les policiers finirent par la laisser partir. Maman courage...

Il fallut alors redoubler de prudence, surtout pour écouter la radio de Londres. La surveillance de la famille se fit plus subtile. Un jour, une jeune femme prétendant avoir marché pendant 13 kilomètres vint demander un verre d'eau à ma mère, qui s'en méfia. Savamment décoiffée, transpirant à peine malgré les 40 °C ambiants, jolie comme Corinne Luchaire, la vedette française de cinéma de l'époque, la dame posait des questions bizarres sur la solitude des mères délaissées.

— Entre femmes, comment faites-vous, seule, ici, sans la protection d'un homme ? Vous n'avez pas peur ? demanda-t-elle.

Ma mère lui fit son numéro de femme abandonnée et de féministe avant l'heure sachant se passer des vilains maris. La visiteuse aux chaussures peu empoussiérées s'en alla, comme déçue. Maman la regarda discrètement partir. Se dissimulant derrière un buisson, elle vit la personne marcher une cinquantaine de mètres sur la route surplombant la maison avant qu'une grosse voiture allemande ne s'arrête et récupère la fouineuse.

Bien d'autres demandeurs d'eau s'arrêtèrent chez nous. Ma mère se montra compatissante, mais d'une méfiance extrême, car si l'on trouvait parmi ces piétons et cyclistes de véritables voyageurs altérés, il y avait aussi des agents provocateurs posant des questions sortant du cadre des banalités quotidiennes. Mon père étant toujours dans la clandestinité – et ayant officiellement « plaqué » son épouse –, il était étonnant de constater combien de passants pouvaient s'intéresser à sa modeste personne…

Le jour J, en Normandie, suscita de grands espoirs, mais il fallut attendre le 15 août 1944 pour que l'opération Anvil-Dragoon, c'est-à-dire le Débarquement en Provence, non loin de chez nous, dans le golfe de Saint-Tropez et à Cavalaire, vienne enfin nous libérer. Peu de temps après, en montant au village pour tenter d'y trouver du pain, je vis au détour d'un tournant, à environ un kilomètre, une brigade de l'armée allemande descendre la route à pied, sans doute pour se replier. Je fis demi-tour à la hâte pour avertir ma mère, et tous deux nous allâmes nous cacher dans la colline surplombant notre demeure, sans toutefois fermer les portes.

Bien nous en prit car, après avoir fouillé les lieux, les fuyards firent main basse sur nos maigres provisions et nos deux bicyclettes dans la grange, puis s'en allèrent.

Le lendemain matin, meilleure surprise, nous découvrîmes deux soldats américains endormis sur l'espalier en contrebas de la maison. Ils étaient arrivés de nuit avec leur tout-terrain GMC qu'ils avaient stationné sur notre chemin d'accès. En guise de petit-déjeuner, ma mère leurs servit de la polenta avec une ratatouille de tomates, ce qui sembla enchanter l'un des deux hommes qui était d'ascendance italienne. Ils eurent également droit à une bouteille de vin oubliée par les Allemands. Ils dévoraient comme des ogres en nous montrant leurs photos de famille lorsque firent irruption dans la salle à manger, pistolet en main, deux autres soldats américains portant les lettres « MP » sur leur casque.

Craignant que des civils aient « détourné » les GI et leur camion, les prévôts de la Military Police se méfiaient. Tout rentra dans l'ordre, mais les policiers militaires ne purent s'empêcher de nous admonester pour avoir donné du vin à leurs hommes. Avant de partir, l'un de nos deux invités me fit cadeau d'un blouson de *battle dress* kaki légèrement abîmé et de *comics*, des bandes dessinées. Ces gens venus de si loin pour nous libérer ne savaient quoi faire pour nous remercier de notre modeste accueil, même les MP. Ils nous laissèrent une caisse de rations de combat qui contenait plein de tablettes de chocolat vitaminé et autres friandises rares.

Pendant ce temps, papa, dont les services n'étaient plus requis dans la région, était monté en mission à Paris avec des camarades résistants. Son voyage en voiture du Midi à la capitale fut en soi une odyssée, tant il fallut éviter les derniers contrôles ennemis. Il prit part au soulèvement populaire qui facilita la libération de la ville par les forces armées, et je garde précieusement sa photo, prise place de l'Hôtel-de-Ville, dans un uniforme de fortune, le 25 août 1944. Il vécut, sans ostentation, une page d'histoire exceptionnelle.

Puis il passa à autre chose, pressé de ramener sa famille dans la capitale et de récupérer son appartement, pillé par des vautours beaucoup plus civils que militaires, et d'essayer de reconstruire sa vie. Il avait, pendant son séjour dans la clandestinité, étudié le sanskrit avec un compagnon de lutte, un érudit dissident de l'École nationale des langues orientales. Papa rêvait de lire la *Bhagavad-Gîtâ* dans le texte et s'intéressait aux écrits védiques. On se demande pourquoi l'un de ses petits-fils est théologien et étudie les religions de l'Inde…

Quant au fameux blouson de *battle dress*, disons que, tout comme celui d'aviateur qu'arborait fièrement Alain lors de notre première rencontre à l'école, il comportait un accroc que ma mère répara en ajustant le vêtement à ma taille. Je pouvais me vanter de porter un blouson « ayant fait le Débarquement ». Il symbolisait dans mon esprit la fin de la peur ambiante et constante, de l'atmosphère étouffante de l'Occupation. Il représentait aussi l'Amérique du Nord. Celle-ci prit pour moi la forme du Canada, où je devais suivre Alain, m'établir à l'âge de dix-huit ans et fonder une famille.

10
MISCELLANÉES

Bien des documents relatifs aux conférences qui eurent lieu au Canada pour préparer le Débarquement en Normandie furent classés « secret défense » par les autorités militaires, du moins jusqu'à ce que des historiens, chercheurs ou journalistes, en fassent la demande. Cela prenait parfois des années à aboutir. Ces papiers, classés « confidentiels », ne sortirent donc de leurs boîtes qu'assez tard aux Archives nationales du Canada.

Les documents secrets du Débarquement

« C'est ainsi que le Musée naval de Québec en hérita d'une partie, nous confie le directeur de cet établissement, M. André Kirouac. Il y a une quinzaine d'années, lorsque j'ai ouvert les boîtes, il y avait des milliers et des milliers de pages et des surprises un peu partout. Lorsque je suis arrivé sur "opération Neptune", j'ai mis ces documents de côté, car ils avaient perdu leur caractère de confidentialité. En m'y intéressant, j'ai alors découvert l'intense travail de préparation auquel les Alliés avaient dû s'astreindre. On y trouvait des tables des marées de la Manche, des photos aériennes des moindres villages et lieux-dits, des descriptions des fortifications côtières et des navires ennemis. Plusieurs volumes étaient consacrés à chacune des cinq plages : Utah, Omaha, Gold, Juno et Sword. Il ne faut pas oublier que les Allemands avaient construit leur mur de l'Atlantique de manière extrêmement minutieuse et qu'il fallait à tout prix l'abattre... »

Cette méticulosité fait penser à la boutade voulant que, pour faire de l'alpinisme en solo, il faille s'appuyer pratiquement poussière sur poussière ! Dans cette opération amphibie, chaque obus, chaque bombe, chaque blindé devait être pris en compte, sans oublier l'élément guerrier le plus fragile mais le plus indispensable : le combattant. Après tout, il s'agissait de la plus colossale campagne d'invasion de tous les temps.

« Par exemple, avant de débarquer, les Canadiens ont participé activement aux opérations de déminage, reprend André Kirouac, car il fallait dégager la voie aux quelque six mille navires alliés au moment opportun pendant que l'aviation, les parachutistes alliés, les résistants français s'affairaient à affaiblir les centres de résistance ennemis et à entraver les axes de communication. Là encore, ce n'était pas seulement grâce à de l'information glanée en dernière minute que l'on pouvait travailler, mais à des renseignements obtenus, vérifiés et revérifiés au fil de plusieurs années. Il n'est pas étonnant que ces documents aient été classés si longtemps top-secret. La photo plus ou moins "touristique" de Roosevelt, Churchill et Mackenzie-King symbolisant les conférences de Québec cache une coordination politique extraordinaire de la part des autorités alliées, fermement décidées à débarquer en Normandie. Elles ne s'étaient pas déplacées pour des questions de relations publiques ou une visite de courtoisie. S'il était relativement facile pour Franklin Roosevelt de se rendre de Washington à Québec, il n'en était pas de même pour Winston Churchill, qui devait traverser l'Atlantique Nord dans des conditions périlleuses. »

Après avoir enfilé des gants, comme tout bon archiviste, pour manipuler ces documents, le directeur du musée extirpe au hasard des boîtes poudreuses un gros volume intitulé

« opération Neptune ». Il contient, entre autres, les heures des marées, des schémas des défenses et des bâtiments sur les différentes plages, suggère le matériel à employer, fourmille de détails d'intendance, de photos aériennes, etc. Rien de très révélateur pour le profane, mais ces informations furent éminemment importantes pour les états-majors. On y évoque également le retour possible des bâtiments de guerre allemands dans les ports libérés et les opérations à entreprendre pour les neutraliser.

« Les Canadiens étaient précisément engagés dans cette opération de blocage, remarque André Kirouac, notamment des marins de Québec à bord du destroyer *Saskatchewan*. Parmi les textes de l'opération Neptune, on avait prévu la publication d'un livret pour les militaires anglophones afin qu'ils aient une idée des us et coutumes des Français. On y trouvait un lexique succinct contenant des phrases indispensables pour se faire comprendre. Les soldats devaient pouvoir expliquer aux populations de ne pas s'inquiéter, de se considérer dorénavant libres, car les bombardements répétés, les nouvelles contradictoires, les contre-attaques ennemies avaient terrorisé les civils. »

Rien n'est laissé au hasard dans ces gros manuels. On ne peut qu'être songeur en regardant ces pages d'histoire contemporaine, ces données techniques sur lesquelles se sont penchés des chefs d'État du monde libre. Les cyniques diront que l'histoire est écrite par les vainqueurs. Tout dépend de quels vainqueurs et de quels perdants il s'agit. Souvenons-nous de ces paroles de l'homme de paix qu'était Gandhi : « À travers l'histoire, on trouve des tyrans et des meurtriers qui, pendant un certain temps, semblent invincibles. Toutefois, ils finissent toujours par choir. Oui, toujours. »

Le Mahatma omet toutefois de mentionner que les régimes tyranniques s'effondrent rarement tout seuls.

Un singulier débrouillard

« Non, après vous, mon cher Alphonse ! » Telle est une vieille expression québécoise qui signifie que l'on passe volontiers la main ou qu'on laisse son tour. Dans leurs péniches, rares étaient les soldats qui se bousculaient pour être les premiers à toucher terre et s'asseyaient volontairement près de la rampe de débarquement, à la proue de l'embarcation. Non seulement à cause d'hésitations bien humaines, mais surtout parce que, une fois à terre, on est seul ; on ne peut guère compter sur la protection du groupe, plus psychologique que réelle, puisque tous les membres de la vague d'assaut peuvent être visés par l'ennemi.

Adélard Thibeault, du régiment de la Chaudière, originaire de Mont-Joli, fut l'un des premiers Canadiens français à poser le pied sur Juno Beach – certains précisent qu'il fut l'un des trois premiers, car il avait trente-cinq compagnons derrière lui dans la péniche. Cependant, à la manière des grognards de Napoléon, ce vieux soldat ne se gêne pas pour rouspéter contre ses chefs et autres stratèges qui, malgré eux, lui avaient réservé une drôle de surprise. En effet, à cause du temps exécrable et d'une mauvaise évaluation, il se retrouva, lorsqu'il débarqua, dans trois mètres d'eau… alors qu'il n'escomptait prendre, au pire, qu'un bain de siège. De plus, il ne savait pas nager !

« Poser le pied ? Tu parles d'une expression ! confie-t-il à Alain Stanké lors du tournage du reportage. C'était plutôt le grand bain ! Moi qui ne mesure que 4 pieds et 11 pouces [1,49 mètre], j'avais beaucoup d'eau à avaler… Et puis, mes chefs m'avaient tellement recommandé de garder mon fusil au sec ! Avec mon paquetage et mon chapeau de fer en plus, j'aurais voulu les voir dans mes bottes… Tu essayes de ne pas avaler d'eau, tu étouffes, tu en avales une grande gorgée, finalement tu réussis à mettre pied à terre. En me retournant, je voyais les bateaux du régiment se faire tirer dessus et les gars voler dans les airs. Le lendemain, nous ramassions des casques avec des têtes dedans ainsi que des membres et nous mettions ces restes humains de côté pour les enterrer. »

Petit mais râblé, Adélard fit donc le crabe au fond de la Manche pendant quelques instants en retenant sa respiration. À force de bonds, il finit par sentir le sol sous ses pas. À moitié noyé, il progressa et se retrouva sur le sable, avec son fusil et un barda mouillés. L'accalmie fut de courte durée. Il ne tarda pas à faire face à un « comité de réception » composé de plusieurs fantassins allemands. Qu'allait-il faire ? Sans se démonter, notre vétéran explique que, pour ne pas se faire surprendre avec un fusil détrempé, il avait préalablement ramassé un lance-flammes sur la plage.

— Ne me demandez pas s'il était à nous ou aux Boches, mais une chose est sûre, il fonctionnait, car je l'avais essayé, ajoute-t-il.

— Et ensuite ? lui demande-t-on.

— Ah ben ! Toryeu ! répondit-il en toute candeur, je les ai tous toastés !

Les aventures d'Adélard Thibeault ne s'arrêtèrent pas là. Ses dons de sauteur le servirent encore lorsque, quelque temps plus tard, il aperçut, droit devant lui, un Allemand qui s'apprêtait à lui tirer une balle dans la tête. En bondissant, Adélard réussit à ne prendre le projectile que dans le genou et à abattre son agresseur. Évacué en Angleterre, il se remit de sa blessure et, malgré l'avis des médecins, enleva son plâtre et partit à la recherche de son régiment. Après maintes péripéties, il parvint à prendre place dans une embarcation qui traversait la Manche, comme une sorte de passager clandestin. Mais le temps avait passé, et il ne fut pas en mesure de retrouver son régiment qui progressait vers l'est. Ne pouvant utiliser de transports en commun, il « emprunta » une jeep aux Américains, et partit à la recherche des siens en suivant les poteaux de signalisation militaires. La jeep tomba en panne d'essence. Qu'à cela ne tienne, il en subtilisa une autre. Ces véhicules étaient faciles à voler, car ils n'avaient pas de clé de contact. Le chauffeur qui voulait éviter de se faire dérober sa voiture devait enlever la tête du Delco ou toute autre pièce vitale. C'est ainsi qu'Adélard Thibeault rejoignit son unité en Hollande.

En le voyant, son supérieur explosa et lâcha une bordée de ces jurons que les Québécois appellent des « sacres » et qui font allusion à des termes ecclésiastiques. On se demandait ce qu'il était devenu. En revanche, ses camarades de combat l'accueillirent à bras ouverts. Adélard Thibeault déclare : « Ça a continué comme ça jusqu'en Allemagne. » Pour les braves et les coriaces, la guerre n'est pas compliquée, n'est-ce pas ? À condition de savoir « toaster » l'ennemi au moment opportun et d'être un adepte de ce qui pourrait être l'ancêtre de l'automobile libre-service...

L'officier canadien qui épargna les arbres de Paris

Pendant la Seconde Guerre mondiale, bien des Allemands, pas peu fiers des succès de leurs troupes au début des années 1940, faisaient volontiers courir une devinette. Il s'agissait de savoir pourquoi les Parisiens avaient planté tant de beaux arbres dans les avenues de leur ville. La réponse était celle-ci : « Parce que les soldats de la Wehrmacht aiment bien défiler à l'ombre. » Cette blague méprisante se retourna contre ses auteurs lors de la libération de la capitale, pendant les chaudes journées du 19 au 25 août 1944 : ces mêmes arbres servirent de boucliers aux résistants qui chassaient l'ennemi de la ville à coups de mitraillette et d'armes diverses. Pourtant, un grand nombre de ces arbres majestueux auraient pu être abattus sans l'intervention d'un officier canadien des Fusiliers Mont-Royal : le major Fernand Mousseau.

On se demandera ce que ce militaire faisait à Paris à cette époque, alors qu'il aurait dû se trouver en Normandie, où se battait son régiment. D'abord, il n'avait pas eu de chance. Débarqué en France en juillet 1944, il avait été blessé lors de l'attaque de Beauvoir-Trotteval, non loin de la célèbre crête de Verrières, puis transporté par les Allemands à l'hôpital de la Pitié, à Paris. Bien soigné, il aurait pu attendre tranquillement la fin des hostilités, mais, grâce à un réseau d'infirmières de mèche avec la Résistance, il parvint à s'échapper et à rejoindre les Forces françaises de l'intérieur, les FFI. C'est alors que les résistants, trop heureux d'avoir avec eux un officier allié en uniforme, infiltré de façon inhabituelle, le mirent en charge d'un groupe dont le QG se trouvait dans la préfecture de police.

Son intervention fut couronnée de succès, sa mission étant de désorganiser les routes d'accès de l'ennemi à Paris et la circulation des forces d'occupation en général. On sait le rôle que les barricades jouèrent dans cette stratégie. Les insurgés empilaient des objets hétéroclites pour bloquer les rues : vieux meubles, débris de chantiers, véhicules, pavés, branches. C'est alors que certains résistants eurent l'intention d'organiser un abattage massif d'arbres pour rendre les avenues impraticables. Le major Mousseau s'y opposa pour des questions de stratégie et proposa des solutions alternatives, moins destructrices. C'est ainsi qu'un grand nombre de représentants de la remarquable flore arboricole de la Ville lumière furent épargnés, pour voir enfin défiler les forces françaises et alliées. Pour son rôle dans la libération de Paris, le gouvernement français décora le major Fernand Mousseau de la croix de guerre avec étoile d'argent et, en 2006, le fit chevalier de la Légion d'honneur. Hormis les agents des Services secrets du SOE, il fut le seul militaire canadien à intervenir aussi ouvertement à Paris lors de ces glorieuses journées.

Paris libéré, il rejoignit son régiment et demeura sous les drapeaux jusqu'à la fin de la guerre. Rentré au pays avec le titre de lieutenant-colonel, Fernand Mousseau reprit ses études interrompues par le conflit, devint administrateur dans le secteur privé, puis haut fonctionnaire dans l'administration publique.

À la fortune du pot

Les reportages ménagent souvent des surprises. En effet, Alain Stanké a découvert un brave soldat canadien qui, s'étant retrouvé au cœur de l'action en Normandie, n'a pas eu à tirer un seul coup de feu et est revenu de cette grande aventure sain, sauf et médaillé ! Un certain M. Gustave Lamonde.

Alain a rencontré ce vétéran à Québec en 2011, alors qu'il célébrait son centième anniversaire. Peu de temps après avoir soufflé ses cent bougies, M. Lamonde s'est… éteint. Il ne s'agissait ni d'un embusqué, ni d'un objecteur de conscience, ni d'une personne souffrant d'un handicap. Simplement, aucune arme ne l'avait distrait de l'importante mission dont on l'avait chargé. Il était cuisinier. Chacun sait qu'une armée « marche sur son estomac » ; le cuistot est donc un personnage important qu'il faut ménager.

« Eh oui ! on avait besoin de nous, constatait M. Lamonde. Alors on gardait les cuisiniers en arrière. Certains soldats "plaignards" déploraient que nous ne fassions pas une aussi bonne cuisine que leur mère, mais, en général, on préférait ce que nous préparions aux rations de campagne, plutôt monotones. C'est ainsi que j'ai suivi nos armées tout au long des hostilités. Je n'ai jamais manié d'armes ou gagné une toque de grand chef, mais j'ai récolté deux de ces médailles de présence que reçoivent tous les vétérans. Il n'y a rien là pour se monter la tête. J'ai simplement fait mon métier, car si la guerre est un monstre qui dévore, pour le soldat, le besoin de manger est plus fort encore ! »

L'arme bien personnelle du correspondant de guerre

Semblablement à tous les pays alliés, le Canada avait ses correspondants de guerre comme Marcel Ouimet, de Radio-Canada, qui débarqua sur Juno Beach deux heures après les premières vagues d'assaut et devint en somme le reporter attitré de la bataille de Normandie. Il y avait aussi Maurice Desjardins, de *La Presse canadienne*, ou encore René Lévesque, qui couvrait les événements pour l'US Office of War Information, avant de devenir un journaliste de renom à Montréal, puis Premier ministre du Québec.

On se souvient moins de Placide Labelle, correspondant de *La Presse*. Il couvrait les activités du Royal 22e régiment peu après la bataille d'Anzio, en Italie, qui eut lieu en janvier 1944. Les lecteurs et lectrices nous pardonneront de citer un incident précédant la bataille de Normandie, mais l'aventure survenue à M. Labelle est suffisamment insolite pour qu'elle vaille la peine d'être relatée – d'autant plus qu'elle nous a été rapportée par le major Fernand Dostie, dont le témoignage apparaît précédemment dans ces pages.

L'histoire aurait pu faire l'objet d'un numéro de comique troupier de la Belle Époque. Voyageant avec les soldats du 22e dans un *no man's land*, Placide Labelle éprouva le besoin pressant de soulager sa vessie. S'il n'y avait là rien qui vaille d'être mentionné dans les annales militaires, ce geste prosaïque eut des répercussions inattendues. En homme bien éduqué, le correspondant s'éloigna vers un boisé bordant la route pour satisfaire ce besoin naturel en toute tranquillité. À peine avait-il commencé qu'à sa plus grande frayeur, un Allemand jaillit des taillis devant lui. Le journaliste crut sa dernière heure arrivée, mais le soldat ennemi ne tarda pas à lever les bras en criant : « *Kamerad ! Kamerad !* » Il s'agissait d'un combattant qui, après avoir connu le terrible front russe et les âpres combats en Italie, en avait plus qu'assez des ambitions du Führer. Il avait donc décidé de mettre personnellement un terme à la guerre et de se rendre. Placide Labelle le conduisit auprès des officiers de renseignement qui, selon la tradition, interrogèrent le prisonnier. Ce dernier fut apparemment si volubile que ses révélations permirent de sauver bien des vies alliées.

Le plus drôle est que Placide Labelle reçut une décoration pour la singulière capture qu'il avait involontairement effectuée. Il ne se poussait pas du col pour autant et riait volontiers lorsque ses amis lui disaient qu'il était probablement le seul Canadien à avoir capturé un soldat ennemi avec, en main, une « arme » plutôt peu dissuasive…

Le médecin anglais

Chaque année, en juin, Patrick Levigneur fête deux anniversaires : celui du Débarquement, le 6, et sa date de naissance, le 19. Contrairement au neveu de Jacques Richard, dont nous avons raconté l'histoire dans ces pages, il n'est pas né dans une tranchée, mais la bataille n'en faisait pas moins rage lorsqu'il est venu au monde.

« Lorsque je suis né, avec toutes les bombes et les projectiles qui volaient dans notre coin de pays, l'un des médecins, qui se trouvait à Courseulles, refusait de bouger, explique M. Levigneur. Alors mon père a pris son vélo et est allé frapper à la porte de l'hôpital militaire anglais, où un jeune docteur lâcha ses blessés pour se rendre accoucher ma mère. Il semblait si jeune que celle-ci en était gênée. Les personnes de sa génération préféraient en effet les médecins d'un âge certain. Mais à la guerre comme à la guerre ! »

Le tout se passa aussi parfaitement que les conditions le permettaient. Le plus incroyable, c'est que, pendant vingt ans, ce praticien britannique, le Dr Britten, revint régulièrement voir le bébé, l'adolescent puis le jeune homme qu'était devenu Patrick. Ce médecin aimait la Normandie et passait ses vacances dans la région, où il comptait beaucoup d'amis.

Patrick Levigneur, désormais âgé de soixante-dix ans, n'a malheureusement qu'un souvenir diffus du Dr Britten. Il se souvient surtout de ses visites, alors qu'il était enfant et adolescent. Devenu un jeune homme, M. Levigneur s'absentait souvent pour des raisons de travail et ne pouvait pas toujours rencontrer son bienfaiteur, qui rendait néanmoins visite à sa famille. Il y pense cependant souvent, d'autant plus qu'un beau jour, le Dr Britten cessa ses visites pour raisons de santé. Une telle fidélité de la part d'un médecin d'un autre pays ne peut qu'émouvoir. Le Dr Britten ne faisait peut-être qu'appliquer un vieux principe que l'on retrouve dans la version moderne du serment d'Hippocrate : « Je jure de toujours me souvenir qu'un patient n'est pas seulement un cas pathologique, mais aussi un être humain qui souffre. À celui qui entrera chez moi pour chercher simplement un réconfort, ce réconfort ne sera jamais refusé. Je donnerai mes soins à l'indigent et à quiconque me le demandera. Je ne me laisserai pas influencer par l'appât du gain ou la recherche de la gloire. »

Retour aux sources

Nombreux sont les vétérans canadiens qui reviennent sur les lieux de leurs faits d'armes et rendent visite à leurs amis normands. Plus rares sont les Canadiens qui émigrent en France. C'est pourtant le cas du sergent Léonard, dit« Léo », Gariépy qui, en 1967, s'est fixé à Courseulles. Il s'y est marié et y a fini ses jours, après avoir été un citoyen d'honneur de la ville, y avoir occupé un poste, et fait récupérer un char d'assaut canadien dans les profondeurs de la Manche afin de commémorer le souvenir des combats du jour J.

Lors du Débarquement, notre homme, qui appartenait au 1er régiment de hussards, était chef de char amphibie de type DD. C'est vers 6 h 40, avec quinze minutes de retard, que le panneau de la barge porte-tank s'abaissa et que son char fonça vers son objectif. Seuls neuf blindés semblables sur dix-neuf atteignirent la plage. Vers 8 heures, après avoir éliminé quelques points de résistance dans Courseulles, dont un nid de mitrailleuses, il prit le contrôle de la Kommandantur avec l'aide de l'infanterie et fit des prisonniers, les premiers de l'opération Overlord. La population commençait à sortir pour accueillir les libérateurs, mais un canon allemand de 88 mm bien dissimulé parvint à détruire cinq autres chars canadiens. Décidément, les pertes de blindés commençaient à être lourdes, et le terrible 88 se trouvait à 10 mètres du Sherman de Gariépy. Le sergent fit un signe à son canonnier, qui régla le compte de l'adversaire en deux coups, dont l'un abattit les quatorze servants et autres militaires aux abords de la puissante pièce d'artillerie allemande.

Les combats continuèrent. Le 14 août 1944, Léo Gariépy fut l'un des premiers à arriver au nord de Falaise, après de durs engagements. Seule la mitrailleuse de son char fonctionnait encore. Les Canadiens libérèrent plusieurs villages. Lors de cette opération, ils firent trois cent cinquante-deux prisonniers allemands, dont des officiers s'apprêtant à brûler des documents importants. Ces derniers avouèrent plus tard qu'en constatant la combativité de leurs adversaires, ils avaient cru que des renforts alliés considérables étaient en route, ce qui n'était pas le cas. Ils avaient simplement décidé, un peu prématurément, de se rendre. Léo accompagna personnellement les prisonniers sur une distance de 10 kilomètres, jusqu'à ce qu'ils soient en sécurité dans leur camp de détention provisoire, à Cauvicourt.

Après la bataille de Normandie, invité par ses supérieurs à rentrer au Canada pour compléter un cours d'officier, Léo Gariépy refusa et poursuivit ses campagnes en Belgique, en Hollande et en Allemagne. Il fut libéré avec honneurs de ses obligations militaires en 1947. En 1964, il revint à Courseulles-sur-Mer à l'occasion du vingtième anniversaire du jour J et, en 1967, s'installa dans cette commune où il occupa le poste de directeur des Travaux publics au sein du conseil municipal.

En 1970, il fit renflouer, avec l'aide du Canada, un char coulé lors du débarquement de son régiment. Restauré, ce blindé Sherman, semblable au sien, est exposé dans un mémorial recouvert de plaques commémoratives régimentaires représentant les unités canadiennes ayant pris part à l'opération Overlord. Les Courseullais surnomment familièrement ce lieu le « char de Gariépy ».

Notre héros a quitté ce monde en 1972, après avoir passé ses dernières années dans un pays qu'il a beaucoup aimé. Il n'avait que cinquante-neuf ans. Ce Québécois a, lui aussi, « revu sa Normandie ». Cependant, contrairement à ses semblables, tombés sur Juno Beach ou dans le Bocage, il eut la chance de pouvoir prendre le temps d'apprécier la beauté de cette province de France et la cordialité de ses habitants. Curieusement, les exploits du sergent Gariépy eurent davantage d'échos en Normandie qu'au Canada. Là encore, le vieux proverbe voulant que nul ne soit prophète en son pays trouve sa raison d'être.

L'historiographe des « gens sans histoire »

Entre Dieu et l'Histoire, certains grands auteurs – André Malraux n'est pas le seul – ont choisi l'Histoire. Avec un grand H, s'il vous plaît. Le journaliste normand Philippe Bertin ne prétend pas avoir fait ce choix. S'il s'intéresse, comme bien des gens, à l'histoire contemporaine, ce n'est pas tant aux leaders et aux grandes batailles, mais aux oubliés de celle-ci, aux citoyens lambda qui en ont subi les répercussions et parmi lesquels on retrouve souvent des héros du quotidien. En résumé, on peut dire qu'il est l'historiographe des gens apparemment sans histoire, et non celui des généralissimes.

« Je ne suis pas arrivé là par hasard. Journaliste, j'ai traîné mes guêtres un peu partout en Normandie, une terre fertile en événements humains qui ont eu lieu en particulier pendant la Seconde Guerre mondiale, explique M. Bertin. Or, j'ai constaté que si beaucoup d'ouvrages avaient été écrits sur le sujet, ceux-ci privilégiaient souvent l'aspect militaire. C'est pourquoi j'ai décidé de prendre des chemins de traverse et de me rendre au cœur de ce qui était assez peu raconté, d'essayer de voir finalement en quoi une vie pouvait se trouver bouleversée à cause d'un événement comme celui du 6 juin 1944. J'ai essayé de réfléchir à ce qu'avaient pu vivre les gens d'ici, des anonymes. J'ai essayé de trouver une autre dimension à travers leur témoignage, car nul besoin de côtoyer la célébrité, toujours relative, pour découvrir ce qu'il y a de plus humain en nous. La guerre est une chose évidemment terrible, car elle fait se déchirer les hommes, mais elle peut aussi parfois les pousser à s'aimer et à se rapprocher… »

Ce confrère journaliste a publié plusieurs livres, dont *Histoires extraordinaires du jour le plus long*[1], où il raconte notamment l'aventure de Georges et de Juliette, les mariés du 6 juin, ou encore celle des enfants troglodytes du château Labiche – des personnes interviewées par Alain Stanké et dont les témoignages sont consignés dans les pages du présent livre.

Philippe Bertin évoque également le cas de cet Allemand cantonné à Valognes, au cœur de la presqu'île du Cotentin, qui venait prier tous les jours au couvent des Bénédictines.

1. Philippe Bertin, *Histoires extraordinaires du jour le plus long*, Éditions Ouest-France, Rennes, 1994-2004.

L'image de ce pieux militaire ennemi bouleverse les clichés traditionnels que l'on entretient volontiers sur les occupants et surprend un peu.

« Bien des années après la guerre, un Allemand se présente au couvent des Bénédictines et demande à rencontrer une certaine religieuse avec laquelle il avait coutume de s'entretenir de sujets de nature théologique, raconte M. Bertin. La sœur tourière lui apprend que, malheureusement, cette religieuse est décédée. L'homme est évidemment très déçu.

— Je comprends votre déception, répond la tourière. La connaissiez-vous bien ?

— C'est elle qui m'a appris à prier Dieu et à découvrir ma foi, répond le visiteur.

— Je crois comprendre que vous vivez maintenant chez vous, en Allemagne ? Sans indiscrétion, puis-je savoir ce que vous faites aujourd'hui ?

— Je suis l'archevêque de Cologne. »

Comme le disait saint Paul : « Les voies du Seigneur sont impénétrables. »

Dans le même ordre d'idées, Philippe Bertin a rencontré, par hasard, un autre Allemand, revenu quarante-cinq ans plus tard dans le petit village de Tilly-sur-Seulles, dans la plaine de Caen. Cet homme, qui avait été l'interprète de sa compagnie pendant la guerre, cherchait une femme qu'il avait aimée durant cette période troublée. On sait l'opprobre dont étaient l'objet les Françaises qui fraternisaient avec les « Boches ». Les recherches ne promettaient donc pas d'être faciles. Grâce à l'aide de Philippe Bertin, ce monsieur en quête de doux souvenirs retrouva son ancienne bien-aimée, comme lui, chargée d'années.

« Cette dame, qui ne s'était jamais mariée, travaillait au presbytère, était devenue ce qu'on appelle couramment la "bonne du curé", relate M. Bertin. Lorsqu'ils se sont rencontrés, j'ai assisté à un moment formidablement émouvant. Ces deux vieux sont tombés dans les bras l'un de l'autre en pleurant. Je me suis dit que, quarante-cinq ans plus tard, leur amour était intact, que la guerre, qui les avait désunis, les avait également rapprochés. Au fond, rien n'avait changé et cette réunion avait quelque chose de magique. Je les ai laissés à leurs effusions. On se sent de trop en tel cas et, à vrai dire, je n'ai jamais su ce qu'ils sont devenus. »

Infatigable, Philippe Bertin poursuit sa chasse aux témoignages des simples citoyens et prépare une suite à son livre, qui a connu un grand succès depuis sa parution, en 1994.

« Au cours de mes recherches pour mon nouveau livre, j'ai découvert, par exemple, un monsieur, maire d'un petit village, né en prison quelques jours avant le Débarquement. Il n'a jamais connu sa mère, une résistante, déportée dans un camp de la mort. Le nouveau-né a été sauvé par une voisine de cellule qui a réussi à le faire sortir dans un paquet de linge. Il y a quelques années, le maire a retrouvé cette femme. Non seulement elle est devenue sa seconde maman, mais il a eu également l'occasion de lui sauver la vie », signale le journaliste.

On se demande pourquoi tant de metteurs en scène se donnent la peine de filmer des sujets aux personnages creux et tournant à vide alors que la « vraie vie » nous offre des scénarios réels mais si incroyables que l'on a envie de dire qu'il s'agit, selon l'expression populaire, de « cinoche ».

Le petit Simon

« Si vous ne vous intéressez pas à l'histoire, en réalité vous ne savez rien. Vous êtes comme la feuille qui ignore qu'elle fait partie d'un arbre. »

(Michael Crichton)

Simon Lapierre est un jeune Gaspésien de treize ans qui, contrairement à ses contemporains, ne considère pas les guerres auxquelles ont participé ses aînés comme des sujets de jeux vidéo ou d'émissions télévisées – où l'Histoire est envisagée sous le côté salace des affaires de mœurs. Il ne regarde à la télé que les sujets historiques qu'il juge sérieux, avec la gravité d'un étudiant rédigeant sa thèse. Cet intérêt est d'autant plus rare qu'au Canada, comme ailleurs, l'Histoire est loin d'être la priorité des ministères de l'Éducation. Alain Stanké a découvert Simon lors du tournage d'un document intitulé *Correspondance de guerre*[1], préparé pour Radio-Canada.

Dans un monde où les anciens combattants sont souvent considérés comme des vieillards folkloriques et radoteurs, on s'étonne de découvrir un garçon qui, malgré le fait qu'il éprouve parfois des difficultés à retenir les dates, porte un tel intérêt aux faits historiques de son pays. Issu d'une mère anglophone et d'un père québécois francophone, il compulse une majorité de documents écrits et télévisuels dans les deux langues, car il est parfaitement bilingue. Avec cette soif d'apprendre et de poser des questions, il n'est pas étonnant qu'il ait l'intention de devenir historien. Pourquoi cet intérêt ?

« Il est bien connu que ceux qui oublient les leçons de l'Histoire sont condamnés à répéter les erreurs du passé. Si nous faisons fi des enseignements de celle-ci, nous courons donc à notre perte. Les bonnes intentions ne suffisent pas. Comment oublier les millions de morts de la Première Guerre mondiale et, pendant la Seconde, les massacres de plusieurs millions d'innocents, par exemple au cours de l'Holocauste ? », rappelle l'adolescent.

En plus des belligérants morts des deux côtés, il évoque les innombrables civils ayant péri sous les bombes et les obus. Là, on parle une fois de plus de millions de malheureux. Lorsqu'on lui explique que certaines personnes refusent de célébrer le jour du Souvenir sous prétexte que cela glorifie le bellicisme, Simon s'insurge.

1. Viveka Melki, *Correspondance de guerre*, Tortuga Films, Rimouski, Québec.

« Je serais vraiment insulté de rencontrer des gens qui pensent ainsi, car le jour du Souvenir ne consiste pas à célébrer la guerre, mais à nous rappeler la mémoire des volontaires et conscrits qui ont donné leur vie pour défendre notre liberté. Imaginez-vous ce qui serait arrivé si, par malheur, la dictature nazie régnait maintenant sur l'Europe et chez nous et le militarisme japonais sur le Pacifique ? Nous ne pouvions pas laisser sacrifier des millions d'autres personnes – et nous avec ! »

Il trouve que les gens refusent de réfléchir sur la guerre, peut-être parce qu'elle comporte un aspect tabou, que peut-être ils n'en ont pas compris les enjeux et que le tout leur rappelle trop de douleurs. « La guerre ne devrait pas être un sujet tabou, dit Simon. Le Canada a joué un rôle beaucoup plus important qu'on ne le croit généralement dans la Seconde Guerre mondiale, et le genre de reportages que vous faites rappelle ces réalités et donne la parole aux vétérans avant qu'il ne soit trop tard. Ainsi, chez nous, on entraînait des pilotes alliés et, à la fin du conflit mondial, nos marines marchande et nationale étaient de première importance. On oublie que les sous-marins allemands coulaient nos navires dans le Saint-Laurent. J'aurais peut-être pu voir leurs schnorkels de nos rives… On oublie aussi que nous avons lutté contre les Japonais et que beaucoup des nôtres sont morts dans les camps de prisonniers des suites des mauvais traitements infligés par des militaires nippons fanatiques. »

Depuis, les appareils photo, gadgets et voitures de l'empire du Soleil-Levant nous ont fait oublier ces réalités. Pour Simon, il ne s'agit pas d'entretenir maladivement des rancunes envers des nations qui sont devenues paradoxalement nos alliées, mais de ne pas oublier les sacrifices de nos aînés – un raisonnement judicieux pour cet enfant plein de maturité, né à l'aube du XXIe siècle.

« En ce qui me concerne, je souhaiterais visiter un jour les plages du Débarquement en Normandie. C'est dans cet esprit que j'ai passé de longues heures au Musée canadien de la guerre à Ottawa, mais je n'ai pas eu le temps de tout apprécier. J'y retournerai. De toute façon, j'espère que de mon vivant les horreurs de la guerre resteront dans les musées et les lieux de souvenir », conclut cet enfant québécois qui, lui, se souvient vraiment[1].

En fond sonore imaginaire, il nous semble entendre cette chanson qu'interprétait Serge Reggiani – « Les Mensonges d'un père à son fils », le petit Simon – et dont le refrain disait :

Tu verras
On rit bien sur la terre
Marlborough ne s'en va plus en guerre
Il a fait la dernière
Tu verras…

Le début d'un sang nouveau

L'attente dévorante et interminable du Débarquement – qui a duré plusieurs années pour certains –, l'éloignement de la famille, l'angoisse de l'inconnu, la mort comme ultime compagne, toutes ces conditions furent décidément difficiles à vivre pour les centaines de milliers de jeunes soldats canadiens pris par le maelstrom d'un conflit qui les dépassait. Plusieurs d'entre eux rêvaient d'un havre miraculeux prenant la forme de la compagnie de jeunes femmes anglaises, souvent mobilisées par l'industrie de guerre. Elles aussi, désespérément seules, éprouvaient un semblable spleen.

Cette situation bien humaine a engendré quarante-huit mille unions entre des soldats canadiens et des jeunes filles non seulement originaires du Royaume-Uni, mais des Pays-

1. « Je me souviens » est la devise du Québec.

Bas, de Belgique, de France et d'Italie, l'Angleterre comptant le plus important contingent d'épouses de guerre à cause du cantonnement de très nombreux soldats alliés sur son sol. Les hippies prônaient de faire l'amour et non la guerre. Dans leur rage de vivre, certains soldats n'hésitèrent pas à choisir les deux options et à faire passer, selon la vieille expression québécoise, « Pâques avant les Rameaux », au risque de laisser des veuves et des orphelins avant l'heure. D'autres, plus prudents, décidèrent d'attendre que la guerre se termine avant de s'engager définitivement et de ramener leur épouse – et parfois leurs enfants – au Canada.

Les sentiments mis à part, les sujettes britanniques à l'immigration étaient avantagées. Elles arrivaient dans un pays d'accueil qui n'avait pas été touché par des pénuries trop sérieuses ou des destructions, dans une nation du Commonwealth familière avec la culture anglo-saxonne, où elles ne se sentaient pas dépaysées. Par contre, au Québec et en Acadie, elles devaient s'adapter à un cadre de vie différent du leur et faire l'apprentissage d'une nouvelle langue et de nouvelles coutumes. Quelque vingt-deux mille enfants firent également le voyage avec leur maman, même en pleine guerre, dans des bateaux menacés par les sous-marins ennemis. Après les hostilités, ces voyageurs pacifiques eurent droit à des navires plus luxueux que les *Liberty ships* et autres cargos du genre. Le gros de l'immigration eut lieu en 1946.

Les soldats canadiens devaient demander à leur commandant l'autorisation de se marier, car les autorités militaires n'encourageaient pas les unions précoces, pour des raisons évidentes. Les états-majors durent malgré tout composer avec le nombre de requêtes. Les épouses devaient ensuite faire à leur tour une demande d'immigration.

Certains, comme le fantassin Pierre Gauthier et l'auxiliaire Helen Hartnell, de l'Auxiliary Territorial Service, dont nous avons déjà parlé, avaient eu la sagesse de s'en tenir à des serments d'amour et d'attendre la fin de la guerre pour convoler. M. Gauthier avait demandé à sa promise si elle désirait encore l'épouser malgré le fait qu'il avait été blessé. Il ne leur restait plus qu'à remplir les formalités d'usage et à attendre leur tour pour s'établir au Canada. Celui-ci était accordé selon un système de points décernés à chaque combattant d'après ses états de service.

D'autres avaient mis la charrue devant les bœufs et s'étaient mariés pendant la guerre, au Royaume-Uni, comme l'aviateur mitrailleur Gilbert Boulanger qui, vers la fin des combats, appréhendait chaque mission comme si c'était la dernière. Il avait un avantage sur ses camarades : retrouver son épouse, Mary Reese, en revenant de mission. « Au début, je n'avais aucune crainte du danger. Je me croyais immortel. C'est toutefois vers la fin que je ressentais le plus la terreur de disparaître, surtout pour les miens », dit Gilbert, qui connaissait l'ironie du sort voulant que des soldats puissent périr au cours des dernières semaines d'un conflit, voire le jour du cessez-le-feu… Les missions devinrent pour lui comme des sursis dans le couloir de la mort d'une prison. C'était comme avoir la corde au cou en attendant que le bourreau ouvre la trappe. « Les adieux avec ma femme étaient déchirants, car j'occupais un poste dangereusement exposé. Entre les batteries antiaériennes, la chasse ennemie et plusieurs milliers de livres de bombes dans les soutes, nous avions le choix pour crever ! En dépit de ce contexte dramatique, ces adieux avec ma chère épouse font cependant partie de mes plus doux souvenirs. »

La majorité de ces mariages de guerre finirent aussi heureusement qu'on peut le souhaiter, mais il y eut des ratés. Par exemple, les épouses de certains ruraux découvrirent que leurs maris vivaient dans des régions isolées, sans raccordement électrique, que les distances et le climat étaient très différents de ceux d'Europe, que les contacts avec leur famille d'outre-mer étaient difficiles à maintenir – avec des communications téléphoniques longue distance coûtant la moitié d'une semaine de salaire pour trois minutes de conversation –, que les voyages en avion, d'un coût également très élevé, prenaient souvent plus de douze heures et que les installations aéroportuaires internationales, comme à Montréal à la fin des années 1940, étaient dignes de quelque poste avancé. Elles étaient logées dans des baraquements provisoires en papier goudronné.

Enfin, il fallait composer avec des personnes chroniquement insatisfaites, peu désireuses de s'adapter à un nouvel environnement ou souhaitant retrouver au Canada la réplique exacte de leur pays d'origine. Une épouse mécontente de son sort et refusant de rester au Canada n'avait pas de billet de retour et devait faire appel à la Croix-Rouge, ou à sa famille, pour regagner son pays. De tels échecs furent heureusement rares… et guère plus nombreux que pour les raisons invoquées dans les unions conventionnelles. Aujourd'hui, on peut dire que la grande majorité des épouses de guerre, ainsi que leurs enfants, sont devenus d'excellents citoyens contribuant au développement et au rayonnement de leur pays.

Les flèches de Cupidon n'épargnant personne, on remarque qu'un certain nombre d'hommes – surtout des Britanniques – en furent atteints et se marièrent avec des « soldates » ou auxiliaires féminines canadiennes. Ils furent considérés, eux aussi, comme des « époux de guerre ».

Amérindiens, Inuits et métis

On ne peut envisager le Canada sans les communautés autochtones : les Amérindiens, les Inuits et les métis. Les autochtones de chaque région ont servi dans les forces armées pendant la Seconde Guerre mondiale et ont participé à toutes les grandes batailles et campagnes. Pour servir leur pays, ces membres des ethnies dites des Premières Nations ont dû relever des défis culturels considérables. Leur courage, leurs sacrifices et leurs réalisations constituent une source de fierté pour leurs familles, leurs collectivités et l'ensemble de la population canadienne.

Au moins trois mille autochtones inscrits, dont soixante-douze femmes ainsi que des Inuits, des métis et des aborigènes dont le nombre reste inconnu, se sont enrôlés dans l'armée dès 1940. Leur nombre était sans doute beaucoup plus élevé, car les métis n'étaient pas toujours classés comme tels. Parmi les autochtones inscrits comme membres des forces armées, dix-sept ont été décorés pour des actes de bravoure.

Certains d'entre eux ont joué un rôle original durant ce conflit, en servant de *code talkers* (locuteurs aborigènes). Des soldats comme Charles Checker Tompkins, originaire de l'Alberta, traduisaient les messages de nature délicate en langue *crie* pour que l'ennemi ne puisse les comprendre. Reçues par un autre *code talker* parlant le *cri*, ces communications étaient ensuite retraduites en anglais. Cette technique était également utilisée aux États-Unis grâce aux Navajos. Des centaines de métis francophones de l'ouest et de l'est du Canada combattirent en Normandie et furent très bien accueillis par la population.

Souvent issus de tribus aux traditions guerrières, comme les Mohawks, les combattants amérindiens se distinguaient sur le champ de bataille et étaient redoutés de l'ennemi. On fit courir des bruits comme quoi certains autochtones se livrèrent en Normandie à des prises de scalps. Bien que parmi les horreurs de la guerre de telles dérives aient été possibles, il semble que ce genre de rumeur appartienne surtout à un ensemble de clichés inusables, comme la « Cabane au Canada ».

La fête interrompue

La période du Débarquement et de la Libération a généré des moments particulièrement exaltants, mais a aussi engendré des moments de vive inquiétude pour les personnes libérées qui avaient attendu si longtemps d'être débarrassées des occupants. M. Roger Tancerel, un organiste dont la réputation s'est étendue bien au-delà de sa région, nous décrit l'arrivée des tanks alliés à Romagné, en Bretagne, non loin de la Basse-Normandie. Nous sommes le 2 août 1944. Les combats avaient duré presque deux mois.

« Sur la route de contournement du bourg, les tanks alliés, déjà décorés de fleurs et de feuillage, arrivent en grondant, raconte M. Tancerel. Leurs équipages sont composés d'Américains mais aussi de Canadiens. Nous reconnaissons ces derniers au fait qu'ils parlent admirablement le français. Ils paraissent fatigués mais heureux. Il est environ 19 heures.

« Les chars se sont avancés tout près de la nationale 12 pour faire une pause et les libérateurs reçoivent l'hommage de la population en liesse. On leur offre du vin ou des liqueurs maison, une dame leur fait cadeau d'un poulet rôti qu'elle a prélevé sur ses provisions familiales. Tout le monde veut donner l'accolade aux soldats et les féliciter. Cuivres et tambours, soudainement retrouvés, font leur apparition avec un entrain jusqu'alors inconnu. La montée et la descente du bourg s'effectuent à plusieurs reprises et quelques lampions éclairent le cortège. On crie, on chante malgré la nuit qui tombe. C'est une soirée de rêve. »

Roger Tancerel raconte ensuite comment le maire, Pierre Monthorain, demanda le silence et, près du monument aux morts, devant la statue de Jeanne d'Arc, entonna « La Marseillaise ». Puis il demanda au public de se joindre en une pensée commune pour sainte Anne, protectrice de la paroisse, à laquelle les combattants canadiens-français vouaient également une grande dévotion. La fête se poursuivit. Heureusement, personne n'avait commis l'imprudence de faire sonner les cloches, car l'ennemi n'était pas loin. En effet, les Allemands avaient entendu les clameurs de la population en délire.

— Ça ne va pas se passer aussi facilement que ça, avaient-ils déclaré de manière hargneuse à l'un des habitants du bourg.

Les batteries allemandes et alliées se répondirent de Villeneuve à Bonne-Fontaine, par-dessus le hameau de Sainte-Anne. Puis ce fut le tir des snipers. Le cauchemar recommençait. Des cultivateurs quittèrent précipitamment leurs fermes, coururent vers leurs abris souterrains ou autres refuges de fortune. À Sainte-Anne, les habitants se rassemblèrent dans le petit sanctuaire pour prier la patronne de leur hameau et de la Bretagne jusqu'à la fin de l'après-midi.

« Prions le Ciel, mais gardons notre poudre au sec ! », dit un vieux proverbe anglais. C'est dans cet esprit que les libérateurs affrontèrent les dernières velléités belliqueuses des occupants, trop heureux de terroriser les civils une dernière fois… avant de se faire chasser.

Postface

Quand j'étais enfant et que j'écoutais ma mère me raconter les histoires de sa propre enfance, c'était toujours des histoires de souffrance, de privations, de survie et de libération dans la douleur. Un jour j'ai demandé : « Mais pourquoi en veux-tu aux Allemands plus qu'aux Alliés ? Ce sont ces derniers qui ont détruit ta maison, tué ta camarade de classe, qui ont mis ta famille sur les routes, exposée à tous les dangers. » La réponse est venue, catégorique et limpide : « Parce que nous vivions dans un pays occupé et que ces hommes-là sont venus nous libérer au péril de leur vie. Pour comprendre, il faut l'avoir vécu. »

Bien des années plus tard, devenue directrice du Centre Juno Beach, le musée canadien des plages du débarquement, je rencontrais Ghislain Simard, un vétéran du régiment de la Chaudière. Sa petite-fille, guide du musée, passionnée par l'histoire de son grand-père, avait réussi à convaincre le vieil homme de revenir en Normandie, pour la première fois depuis 1944. Il était là, dans toute sa splendeur, entouré de témoins français de l'époque. Je ne pouvais que constater une chose : ces gens-là échangeaient comme s'ils se connaissaient depuis toujours et semblaient s'être quittés hier. J'entends encore M. Simard me dire : « J'ai passé ma vie à essayer d'oublier. En revenant ici, je comprends qu'il faut surtout ne pas oublier. »

Essayer de comprendre, pour donner à comprendre. Entretenir le souvenir, par respect, par gratitude, par souci de l'avenir.

HISTOIRES VÉCUES DU DÉBARQUEMENT

Remettre l'homme au cœur d'une histoire de chair et de sang, une histoire qui a marqué des familles de part et d'autre de l'Atlantique. Voici le quotidien au Centre Juno Beach, souvent source de grandes émotions, de découvertes et de surprises. Comme ce jour où arriva Alain Stanké. Cet homme-là, il a vécu, il a compris, il se souvient, il partage et il nous aide à nous souvenir de nos vétérans, des souffrances de nos aînés, mais surtout du courage, de la solidarité et de la fraternité dont ils ont aussi su faire preuve au cours des années noires. Que l'on soit canadien, québécois, normand ou français, Alain Stanké est l'un des nôtres…

Nathalie WORTHINGTON
directrice du Centre Juno Beach

Table

DES MÊMES AUTEURS (suite de la p. 4)

Montréalités, Éditions de l'Homme, 1965.
Pourquoi et comment cesser de fumer, Éditions de l'Homme, 1964.
La Rage des goof balls, Éditions de l'Homme, 1962.
Un prêtre et son péché, Éditions de l'Homme, 1961.
Le journalisme mène à tout, avec A. Prévost, Éditions du Saint-Laurent, 1960.
Un mois chez les damnés, Le Petit Journal, 1955.

JEAN-LOUIS MORGAN

Élisabeth, les amours de la reine vierge, Les Éditeurs réunis, 2013.
Au service de Bloody Mary, la reine sanguinaire, Les Éditeurs réunis, 2012.
Charly Forbes, le dernier des fantassins (« Les vieux soldats ne meurent jamais »), Éditions Michel Brulé, 2010.
Ne tirez pas !, avec Linda Sinclair, L'Archipel, 2008.
Roch Thériault, dit Moïse, avec Francine Laflamme, Éditions internationales Alain Stanké, 1997.
Et que ça saute ! (Le Dernier Tunnel), avec Marcel Talon, Éditions internationales Alain Stanké, 1996 ; 2004.
Pax, lutte à finir avec la pègre, avec A. Stanké, La Presse, 1972.
« Ce combat qui n'en finit plus... », essai sur la vie et l'œuvre du Dr Armand Frappier, avec A. Stanké, Éditions de l'Homme, 1970.

REMERCIEMENTS

Tous nos remerciements à Georges Amar, qui a allumé la mèche, et à Marie-Claude Dufour, dont les recherches sur le Débarquement de Normandie ont contribué à aboutir au débarquement… en librairie du présent ouvrage.

Une partie des témoignages présentés dans ces pages provient du film *Code secret : Les carottes sont cuites !* produit pour la télévision de la Société Radio Canada à l'occasion du 70e anniversaire du Débarquement de Normandie.

Production : Jacques W. Lina / ORBI-XXI Productions, en collaboration avec Le Groupe Sighter Réalisation : Alain Stanké.

Cet ouvrage a été composé
par Facompo
à Lisieux (Calvados)

Impression réalisée par

Marquis Imprimeur

en avril 2014
pour le compte des Éditions de l'Archipel
département éditorial
de la S.A.S. Écriture-Communiciation

Imprimé au Canada

Dépôt légal : mai 2014